PAIDÓS EMPRESA

HACIA EL INFINITO

Ascenso y caída de Sam Bankman-Fried, fundador de FTX

MICHAEL LEWIS

PAIDÓS EMPRESA

Traducido por: Citlali Valentina Bonilla García

Diseño de interiores: María Elizabeth Estrada Morga

© 2024, Ediciones Culturales Paidós, S.A. de C.V.
Bajo el sello editorial PAIDÓS M.R.
Avenida Presidente Masarik núm. 111,
Piso 2, Polanco V Sección, Miguel Hidalgo
C.P. 11560, Ciudad de México
www.planetadelibros.com.mx
www.paidos.com.mx

Primera edición impresa en México: mayo de 2024
ISBN: 978-607-569-688-1

Impreso en los talleres de Impregráfica Digital, S.A. de C.V.
Av. Coyoacán 100-D, Valle Norte, Benito Juárez
Ciudad de México, C.P. 03103
Impreso en México - *Printed in Mexico*

En recuerdo de Dixie Lee Lewis...
Permaneces dentro de mí.

El infinito no se encuentra en la realidad, sin importar a qué experiencias, observaciones y conocimiento se recurra. ¿Pensar en las cosas puede ser muy diferente de las cosas en sí? ¿Pueden los procesos de pensamiento ser tan diferentes de los procesos verdaderos de las cosas? En pocas palabras, ¿puede el pensamiento estar tan alejado de la realidad?

David Hilbert,
matemático alemán (1862-1943)

ÍNDICE

PREFACIO

La primera vez que escuché sobre Sam Bankman-Fried fue a finales de 2021 por un amigo que, aunque parezca mentira, quería que lo ayudara a entenderlo. Mi amigo estaba a punto de cerrar un trato con él, un trato que uniría sus destinos a través de un intercambio de acciones de sus correspondientes compañías que valían cientos de millones de dólares. Estaba inquieto. Creía entender FTX, la plataforma de intercambio de criptomonedas (*exchanges*) que Sam había construido, pero Sam en sí mismo no le daba buena espina. Había pedido referencias por ahí y había descubierto que, aunque en realidad sabía muy poco de él, otras personas, incluso algunas que habían invertido millones de dólares en su compañía, sabían aún menos. Mi amigo pensó que la ignorancia generalizada podía explicarse por las circunstancias de Sam: FTX solo tenía dos años y medio de existencia, mientras Sam tenía apenas 29, era un poco extraño y había pasado casi los últimos tres años fuera de Estados Unidos. Todo eso podría explicar por qué nadie parecía conocerlo realmente. Mi amigo me preguntó si podría reunirme con Sam e informarle qué opinión tenía de él.

Unas pocas semanas después Sam se encontraba en mi porche en Berkeley, California. Se bajó de un Uber con unos shorts cargo, una camiseta, calcetas blancas desgastadas y tenis New Balance en mal estado (pronto descubrí que prácticamente no tenía más ropa que esa). Dimos un paseo —la única ocasión en los siguientes dos años que vería a esta persona, que siempre vestía como para ir a caminar, salir a dar un paseo—. Durante nuestra caminata lo atosigué con preguntas, pero después de un rato más bien me dediqué a escuchar. Lo que me estaba diciendo —debo decir aquí que todo lo que me dijo resultó ser cierto— era increíble. Para empezar, las cantidades de dinero en su vida. No solo los miles de millones de dólares que había acumulado durante los dos años previos, sino los cientos de millones que le daban los inversionistas de riesgo líderes de Silicon Valley, quienes pensaban (como uno de ellos después me contó) que Sam tenía una verdadera posibilidad de ser el primer billonario del mundo. Los ingresos de FTX crecían a una tasa extraordinaria: de veinte millones de dólares en 2019, a cien millones en 2020 y a mil millones en 2021. Durante nuestro paseo le pregunté cuánto se necesitaría para que la vendiera y se dedicara a hacer otra cosa que no fuera dinero. Meditó la pregunta. «Ciento cincuenta mil millones de dólares», dijo finalmente, aunque añadió que le vendría bien «una cantidad ilimitada de dólares».

Todo en él era peculiar, comenzando por sus motivos o cuando menos los que creía que eran sus motivos. No los reveló todos en nuestro paseo, tal vez porque se dio cuenta de lo inverosímil que le parecerían a un completo extraño. Necesitaba una cantidad ilimitada de dólares porque tenía la intención de abordar los mayores riesgos para la vida en la Tierra: guerra nuclear, pandemias mucho más mortales que la causada por covid-19, inteligencia artificial que se volviera en contra de la humanidad y nos eliminara y demás. A la lista de problemas que Sam esperaba atacar había añadido recientemente el asalto a la democracia de Estados Unidos, el cual, si resultaba exitoso, haría que todos los otros problemas tuvieran menores posibilidades de arreglarse. Ciento cincuenta mil millones de dólares era lo que necesitaba para lograr un impacto en cuando menos uno de los grandes problemas.

Además había un montón de problemas menores que el dinero podría resolver y que lo tenían meditando si también debería destinarlo a ellos. Por ejemplo, las Bahamas. Pocos meses antes de que lo conociera, y al parecer en respuesta a las severas medidas del Gobierno chino sobre las criptomonedas, Sam había trasladado toda su compañía de Hong Kong a las Bahamas. Lo bueno de este país, desde su punto de vista, era que había creado regulaciones (y que Estados Unidos no) para legitimar exchanges de futuras criptomonedas. Lo malo era que el covid había destruido su economía. El país carecía de la infraestructura para soportar el emporio financiero global que Sam esperaba construir, y ahora no tenía el dinero para crear una. Precisamente en ese momento estaba intentando convencer a unos cuarenta y tantos empleados, muchos de los cuales habían crecido en o cerca de China, de que se mudaran a más de 14 000 km, a una isla que no contaba con una escuela decente a la que quisieran mandar a sus hijos. Sam explicó que estaba tratando de decidir si debería pagar los 9 000 millones de la deuda nacional de las Bahamas, de tal forma que el país pudiera arreglar sus carreteras, construir escuelas y demás. Hacía poco que se había reunido con el primer ministro para discutir esta y otras ideas. Después me enteré (a través de uno de los asistentes del primer ministro) que luego de la elección general en septiembre de 2021 Sam fue la primera persona con la que se quiso reunir.

Todo esto habría sonado aún más absurdo si Sam no hubiera hecho lo que ya había hecho, o si él mismo no hubiera sido tan inusual. El dinero no lo había corrompido de la misma forma en que con frecuencia corrompe a la gente. No le gustaba presumir. Tenía sus opiniones, pero no esperaba que su oyente las compartiera, y fingió escuchar las mías aun cuando era evidente que lo que estaba diciendo yo no le interesaba. Ni siquiera parecía interesarle mucho su propia historia fantástica. Sus papás eran profesores de Derecho en Stanford a quienes no les interesaba en absoluto el dinero y estaban desconcertados al ver en lo que se había convertido su hijo —eso es básicamente todo lo que pude sacarle ese día y en los meses siguientes—. Por otro lado, en otros temas que no fueran él mismo, resultaba agradablemente espontáneo: parecía dispuesto a responder cualquier pregunta que se me ocurriera sobre la industria de las criptomonedas o su negocio. Era muy ambicioso, pero no era presuntuoso.

Al final del paseo yo ya estaba convencido. Llamé a mi amigo y le dije algo como: «¡Lánzate! ¡Intercambia acciones con Sam Bankman-Fried! ¡Haz lo que él quiera! ¿Qué puede salir mal?». No fue sino hasta después cuando me di cuenta de que no había respondido ni por asomo su pregunta original: ¿quién era ese tipo?

ACTO I

1

SIP

La mayoría de la gente que fue a trabajar para Sam Bankman-Fried terminó en trabajos para los que evidentemente no estaba cualificada, y Natalie Tien no era la excepción. Había crecido en Taiwán, hija de padres de clase media que esperaban que encontrara un marido rico. Era pequeña, simpática y nada rebelde; al reír se cubría la boca de forma instintiva. Con todo y eso estaba decidida a demostrarles a sus padres que la habían subestimado. Después de la universidad se había dedicado a buscar un trabajo en lugar de un esposo. Le preocupaba tanto su propia ambición que, antes de cada entrevista, escribía y memorizaba lo que quería decir sobre sí misma. Consiguió el primer trabajo que solicitó en una compañía de capacitación en inglés y se moría de aburrimiento. Luego, en 2018, a los 28 años, descubrió las criptomonedas.

El año anterior el precio de un bitcoin había crecido veinte veces, de mil a 19000 dólares y el volumen diario de transacciones había tenido un crecimiento tan enorme que era difícil de cuantificar con exactitud (lo más cercano a un recuento preciso de lo que ocurrió se obtuvo del exchange de criptomonedas Coinbase, en la que se muestra que el volumen de operaciones en 2017 fue treinta veces mayor que en 2016). Todos los meses surgían nuevos exchanges de criptomonedas por toda Asia para atender a la creciente población de jugadores. Todos tenían mucho dinero y una sed insaciable de mujeres jóvenes. «Los requisitos: bonitas, bien dotadas, que hayan hecho *streaming* en vivo con anterioridad, nacidas en el 2000 o después, de plática ligera», así decía el anuncio de trabajo en el que se solicitaban vendedoras para el nuevo exchange que crecía rápidamente. Para 2018 muchas jóvenes asiáticas intentaban reunir dichos requerimientos. Natalie adoptó un enfoque diferente: dedicó un mes a leer todo lo que encontraba sobre las criptomonedas y los blockchains. «Todo el mundo decía que era una estafa», y eso la preocupaba. Una vez adentro la impresionó que muy poca gente que trabajaba con criptomonedas podía explicar lo que era un bitcoin. Los mismos negocios no siempre sabían lo que estaban haciendo, o por qué. Contrataban mucha gente porque podían hacerlo, y las grandes nóminas indicaban su importancia. Lo que hizo que Natalie siguiera adelante, y que ignorara la sensación de que estaba desperdiciando su talento, era la idea de que las criptomonedas podrían ser la siguiente tendencia. «Lo veía como una apuesta en la que no había nada que perder», dijo.

Para junio de 2020 se encontraba trabajando en su segundo exchange de criptomonedas asiático cuando se enteró de la vacante en FTX. Al igual que los otros exchanges, FTX la contrató rápidamente después de una única entrevista, y se convirtió en la empleada número 49 de la compañía. FTX era diferente de los otros, principalmente porque el sujeto que lo dirigía, Sam Bankman-Fried, era diferente. Todos los hombres que Natalie Tien había conocido dentro de las criptomonedas habían estado interesados principalmente en el dinero y las mujeres, lo que no era el caso de Sam, aunque le llevó un rato descubrir cuál era su mayor interés. «Todo aquí es cinco veces más», pensaba. Cinco veces más trabajo, cinco veces más crecimiento, cinco veces más dinero, cinco veces más responsabilidad. Nadie salía a decirte que tenías que trabajar todo el tiempo o que no había espacio para tener una vida fuera del trabajo, pero en FTX no había cabida para nadie que intentara vivir una vida normal. Natalie encajó y a los pocos meses de haberse mudado a las oficinas de FTX en Hong Kong se encontró con un ascenso a jefa de Relaciones Públicas de la compañía. Lo extraño de esto, además del hecho de que no contaba con verdadera experiencia en relaciones públicas, era que FTX no tenía relaciones públicas. «Sam no creía en las relaciones públicas cuando entré. Creía que eran puras idioteces», dijo Natalie.

En un inicio se descubrió intentando persuadir a Sam para que hablara con los periodistas, mientras que al mismo tiempo intentaba persuadirlos a ellos para que hablaran con él. Mencionó: «En julio de 2020 no había un solo periodista que estuviera interesado en Sam. Nadie». La fiebre por las criptomonedas evocaba lo ocurrido en Rotterdam alrededor de 1637, cuando un simple bulbo de tulipán se comerciaba por más o menos el triple del valor de un Rembrandt. Y todos los días crecía el número de negocios que se realizaban en FTX. Y Natalie seguía presionando a los periodistas y a Sam.

Sam Bankman-Fried hizo su primera aparición en televisión en la mañana del 11 de mayo de 2021. Sentado en su escritorio, habló hacia la pantalla de su computadora con dos reporteras de Bloomberg TV. De su cabeza salían gruesos chinos negros en todas direcciones. La gente que intentaba describir su cabello se daba por vencida y se conformaban con decir que era «afro», pero no era afro. Era un simple desastre y, al igual que el resto de su apariencia, se percibía menos como una decisión y más como la decisión de no tomar una decisión. Siempre vestía la misma ropa: una camiseta arrugada y shorts cargo. Su rodilla desnuda subía y bajaba unas cuatro veces por segundo, mientras que sus ojos iban de izquierda a derecha y se cruzaban con los de sus entrevistadoras por pura casualidad. Su comportamiento general era el de un niño que fingía estar interesado cuando sus padres lo arrastraban a la sala para que saludara a las visitas. No había preparado nada, pero las preguntas eran tan sencillas que no importó. El faldón de Bloomberg decía: «Prodigio de las criptomonedas», mientras que los números a la izquierda de la pantalla mostraban que, tan solo en el año anterior, el precio del bitcoin había crecido más del 500%.

Natalie vio ese primer programa de televisión desde su escritorio, pero después, en futuras entrevistas, caminaba detrás de Sam para confirmar que, en efecto, sus ojos se movían mucho porque estaba jugando un videojuego. ¡Transmitiendo en vivo! Con frecuencia, durante estas entrevistas, Sam no solo se dedicaba a jugar videojuegos, sino que además contestaba sus mensajes, editaba documentos y tuiteaba. Si el entrevistador le hacía una pregunta, Sam decía: «Aaah, es una pregunta interesante», aunque en realidad ninguna pregunta le parecía interesante. Y Natalie sabía que únicamente estaba ganando tiempo para salirse del juego y volver a incorporarse a la conversación. Natalie no sabía cómo se suponía que una persona debía comportarse en un programa en vivo, pero sospechaba que esta no era la manera adecuada. Aun así, al observar la primera aparición de Sam en televisión percibió que podría funcionar. Sam se comportaba raro en la tele, pero también lo era en la vida real. La gente que lo conocía en vivo creía que era la persona más interesante que había conocido. Decidió no prepararlo para los medios de comunicación, o cualquier cosa que lo hiciera ver menos auténtico.

Poco después de esa primera entrevista para Bloomberg apareció la revista *Forbes*. En 2017, cuando *Forbes* había comenzado a rastrear las fortunas forjadas con las criptomonedas, el nombre de Sam ni siquiera había entrado en la lista de las personas cuyas fortunas debían rastrear; pero en ese año Sam no habría podido explicarte qué era un bitcoin y, en cualquier caso, su fortuna había sido aproximadamente de cero dólares. «Surgió de la nada», dijo Steve Ehrlich, el reportero que *Forbes* asignó para investigar el valor de la fortuna de este donnadie de 29 años. «Me impresionó. No era que hubiera comprado bitcoins y de pronto hubiera pasado a tener veinte mil». Al parecer, en el espacio de tres años, Sam Bankman-Fried había creado un negocio tan valioso que su sola participación implicaba que era ahora el hombre menor de 30 años más rico del mundo. «La primera vez que vi las cifras pensé: "¿Será cierto? ¿De verdad es posible que este sujeto valga 20 000 millones de dólares?". No había precedentes. Nadie más había logrado volverse tan rico tan rápido, salvo por Mark Zuckerberg, y estaba muy cerca», comentó Chase Peterson-Withorn, quien lideraba el equipo de investigadores de *Forbes*.

Después de esa pregunta brincaron rápidamente a otra: «¿Este sujeto podría valer más de 20 000 millones de dólares? Exactamente, ¿cuánto más podría valer?». Además del exchange de criptomonedas FTX, Sam también era dueño y dirigía una empresa de comercio cuantitativo de criptomonedas llamada Alameda Research. Un año antes, en 2020, con tan solo un puñado de empleados, Alameda había generado mil millones de dólares en ganancias, y estaba acumulando acciones en otras compañías y en *crypto tokens* a un ritmo desconcertante. Mientras más te acercabas a Alameda Research, menos parecía un fondo de cobertura y más se asemejaba a la guarida de un dragón llena de tesoros aleatorios. Los analistas financieros de *Forbes* siempre intentaban mantener las cosas simples: tus activos valían únicamente lo que otras personas estaban dispuestas a pagar por ellos. Ese acercamiento había funcionado con la burbuja de las empresas puntocom, cuando, aunque todo el mundo estaba de acuerdo en que pets.com era algo ridículo, de todas formas valía cuatrocientos millones de dólares debido a que los inversionistas estaban dispuestos a comprarla a ese precio. Pero con estas nuevas fortunas en criptomonedas, el acercamiento financiero de *Forbes* no funcionó tanto. Por ejemplo, ¿qué se debía hacer con los tokens de Solana que Sam poseía dentro de Alameda Research? A duras penas alguien sabía qué era Solana —una criptomoneda nueva diseñada para hacerle competencia a Bitcoin—, mucho menos sabían cómo valuarla. Por un lado, el precio actual de mercado implicaba que la reserva de Solana de Sam probablemente valía 12 000 millones de dólares; por otro lado, Sam poseía más o menos el 10 % de todo Solana en el mundo. Resultaba difícil saber lo que alguien pagaría por dicho porcentaje si Sam intentaba venderlo todo. *Forbes* ignoró el porcentaje de Sam en Solana, junto con el resto del contenido de su guarida del dragón.

Mientras Sam iba y venía con los reporteros de *Forbes*, a él —y a Natalie— le preocupaba que publicaran algo que requiriera más explicaciones de las que quería dar. Les explicaba lo que sabían o creían saber. Dijo: «Hablé con ellos por dos motivos. Primero, porque, de cualquier forma, el tema iba a salir ahí. En segundo lugar, esto hace que confíen más en nosotros». Aun así, le preocupaba que si le contaba todo a *Forbes*, le podrían decir a todo el mundo que era tan rico como él pensaba que era. «No les dije lo que valía. Hubiera establecido el tono equivocado. El número era demasiado grande. Sería raro que se publicara en *Forbes* que valgo 100 000 millones de dólares y arruinaría las cosas», aclaró. Por ejemplo, no les mandó la lista de los ciento y tantos negocios que había adquirido a lo largo de los dos años anteriores. Su historia podía ser fantástica, pero necesitaba que fuera creíble.

Resultó ser que Sam no tenía nada de qué preocuparse. En noviembre de 2021 *Forbes* publicó que su valor neto era de 22 500 millones de dólares, un nivel por debajo de Rupert Murdoch y un nivel arriba de Laurene Powell Jobs. Esa cantidad es más o menos lo que obtienes si estás de acuerdo con las principales firmas de capital de riesgo del mundo en que el negocio de intercambio de criptomonedas de FTX en sí vale 40 000 millones de dólares. Sam poseía el 60 % de FTX; el 60 % de 40 000 millones de dólares era 24 000 millones. Aun así, durante los cuarenta años desde que *Forbes* comenzó a registrar el dinero de los ricos, él era un caso aparte. «Era el nuevo rico (que había hecho su fortuna por sí solo) recién llegado a la lista, el más rico de todos los tiempos. Y podríamos haber justificado con facilidad un número mucho más grande. Quisimos ser conservadores», dijo Peterson-Withorn. El número de Sam era tan creíble que los ejecutivos de *Forbes* pronto preguntaron si tal vez también querría comprar su compañía.

Cuando Sam vio la respuesta a la lista de multimillonarios de *Forbes*, y la portada que siguió a ese número, se evaporaron las dudas que había tenido sobre la importancia de las relaciones públicas. El trabajo de Natalie se volvió más sencillo y más complicado al mismo tiempo. Sencillo porque ahora todo el mundo quería hablar con Sam y él estaba dispuesto a hablar con quien fuera, siempre y cuando pudiera jugar un videojuego al mismo tiempo. Sam pasó de ser alguien completamente reservado a convertirse en alguien hambriento de la atención de los medios. Era igual de feliz si parloteaba durante una hora de manera espontánea con el reportero del *Westwego Crypto Daily*, como si hablaba con *The New York Times*. Natalie le recopilaba listas con notas sobre los ciento y tantos periodistas que podrían cruzarse en su campo visual y le aconsejaba cómo tratarlos. Por ejemplo: «Este es un imbécil, así que ten mucho cuidado con él» o «No puedes evitar al sujeto del *Financial Times*, pero ten mucha cautela con cualquiera de ese periódico porque tiene una postura anticriptomonedas muy fuerte».

Ser la jefa de Relaciones Públicas de una corporación multinacional en pleno auge no era tan complicado. «Solo tienes que trabajar y aprender al mismo tiempo», explicó Natalie animadamente. La parte difícil de su trabajo era Sam. La demanda de su tiempo pronto hizo que Natalie asumiera otro papel, el de planificadora personal de Sam. El reportero del *Financial Times* siempre la llamaba a ella si quería concertar una cita con Sam; pero ahora también el padre de Sam debía llamarla si esperaba poder ver a su hijo durante 15 minutos. Para finales de 2021 Natalie y nadie más que Natalie sabía en dónde se encontraba Sam en todo momento, a dónde iría al siguiente y cómo lograr que hiciera lo que debía hacer. En realidad no tenía tanto en común con su jefe, pero para hacer su trabajo debía conocerlo a la perfección. «Debes aprender a llevarte bien con él. Y lograrlo es un poco misterioso», dijo.

Después de un año en el puesto, Natalie seguía sin poder predecir (como todos los demás) lo que Sam podría hacer y por qué. Y aun así, Sam le seguía pareciendo un acertijo. Por principio de cuentas, nunca estaba segura de dónde estaba él. «No esperes que te diga dónde estará ni cuándo. Nunca te lo dirá. Debes ser lo suficientemente inteligente y rápido para descubrirlo por tu cuenta», contó Natalie. Y Sam podía estar en cualquier lugar, a cualquier hora. Natalie podría haberle reservado una habitación para dos noches en el Four Seasons en Washington, D. C., e incluso Sam podría haberse registrado, pero no haber entrado nunca en la habitación. Tenía problemas para dormir, más que cualquier persona que ella hubiera conocido. Podía encontrarlo en su escritorio a las 2:00 a. m. hablando con algún periodista al otro lado del mundo, o paseando por una calle desierta mandando un tuit sobre una tormenta, o en cualquier otro lugar, menos en su cama. Y luego, a las 2:00 p. m., hora en la que se suponía que debía salir en vivo en la televisión, se encontraba dormido en el puf detrás de su escritorio. «Para él no existía el concepto de horario laboral», dijo Natalie. Había noches en las que ella se acostaba a las 3:00 a. m., ponía la alarma a las 7:00 a. m., se despertaba para revisar qué desastre de relaciones públicas podía haber generado Sam en el ínterin; ponía una segunda alarma a las 8:00 a. m. para volver a revisar, y finalmente ponía una tercera alarma para dormir hasta las 9:30 a. m.

La forma en que Sam abordaba sus compromisos era un tema aún mayor. Natalie planeaba cada minuto del día de Sam, no solo las apariciones en televisión, sino también las reuniones con otros directores ejecutivos, celebridades curiosas y gobernantes de pequeños países. No incluía en la agenda nada a lo que él no hubiera accedido. Por lo común era el mismo Sam quien le sugería alguna reunión o aparición pública, y con todo y eso él mismo trataba su agenda como si fuera algo opcional. La agenda era más bien algo teórico en lugar de un plan. Cuando alguien le preguntaba sobre sus horarios, imaginaban que le habían hecho una pregunta que ameritaba un sí o no como respuesta, y los sonidos con los que Sam contestaba siempre parecían más un «sí» que un «no». No sabían que en su mente había un dial con un cero en un extremo y cien en el otro. Cuando respondía que sí, lo único que había hecho era asignar una probabilidad que no fuera cero al uso propuesto para su tiempo. El dial giraba bruscamente mientras calculaba una y otra vez el valor esperado de cada compromiso, justo hasta el momento en el que lo cumplía... o no. «Nunca te dirá qué es lo que va a hacer. Siempre tienes que estar preparado porque puede cambiar en cualquier momento», explicó Natalie. Todas las decisiones que tomaba Sam involucraban un cálculo de valor esperado. Los números en su cabeza variaban todo el tiempo. Por ejemplo, en una ocasión, a la medianoche, le mandó un mensaje a Natalie que decía: «Hay un 60 % de probabilidades de que mañana vaya a Texas». A lo que Natalie respondió: «¿Qué significa un 60 % de probabilidades? No puedo reservar el 60 % de un avión, el 60 % de un coche o el 60 % de una habitación de hotel en Texas».

Claro que no le decía eso directamente a Sam. En cambio, intentaba anticipar el análisis de probabilidades antes de que Sam hiciera sus cálculos. Por ejemplo, aprendió a complacer al profesor en Harvard al decir: «Sí, Sam me dijo que accedió a venir y hablar frente a un salón lleno de gente importante de Harvard a las 2:00 p. m. el próximo viernes. Está en su agenda». Pero, incluso mientras decía esas palabras, ya había inventado la excusa que le daría a esa misma persona de Harvard, tal vez el mismo jueves por la noche, para explicar por qué Sam se encontraría lejos de Massachusetts. «Sam tiene covid». «El primer ministro necesitaba ver a Sam». «Sam se encuentra atorado en Kazajistán».

Lo curioso sobre estas situaciones era que en realidad nunca era la intención de Sam provocarlas, algo que, en cierta medida, las volvía todavía más ofensivas. No quería ser grosero. No quería provocar un caos en la vida de otras personas. Tan solo se movía por el mundo de la forma en que sabía hacerlo. El resultado era que los demás no entraban en sus cálculos. El tema con él nunca era personal. Si te dejaba plantado, nunca era por capricho o porque fuera desconsiderado. Era porque había hecho algún cálculo que demostraba que el compromiso contigo no valía la pena. «Siempre te estás disculpando con diferentes personas, y lo haces todos los días», dijo Natalie.

A ella le encantaba su trabajo. Sam nunca fue cruel, abusivo, ni siquiera coqueto. Justo lo contrario: sentía que él la protegía del abuso de los demás. En ocasiones la sorprendía con algún gesto amable, por ejemplo, después de una reunión privada con el presidente Clinton, en la que Sam le preguntó qué haría Estados Unidos si China invadía Taiwán. Lo que fuera que Clinton le respondió, lo hizo buscarla para sugerirle que sacara a sus papás de ahí. Eran raras las ocasiones en las que Sam no estaba de acuerdo con ella. Invariablemente parecía abierto a sus ideas, y en ocasiones, como con lo de Bloomberg, hacía lo que ella le había sugerido. «Sip», era lo que siempre decía. *Sip* era su palabra clave, y mientras menor atención pusiera a lo que le estuvieras diciendo, más la alargaba: «Siiiiiip». «La mayoría de las veces no es directo. Te dirá "sip" o "qué interesante", pero no lo está diciendo en serio. Entonces debes descubrir cuando lo dice por evitar un conflicto y cuando lo dice en serio», comentó Natalie.

A principios de 2022 la situación de Sam estaba completamente fuera de control. Todas las personas importantes del planeta parecían querer conocerlo. Les había dicho que sí a todas. Cualquiera en su situación habría construido una red enorme de organizadores, consejeros y guardianes. Sam solo tenía a Natalie, quien ya no era nada más su jefa de Relaciones Públicas y organizadora personal, sino también su guardaespaldas ocasional. Era una malabarista de circo con mil pelotas en el aire. Ninguna pelota era demasiado importante, pero ella sentía que cualquiera que se le cayera podría provocar una crisis en cascada. Y en la mañana del 14 de febrero una pelota la tenía particularmente preocupada.

Tres días antes Sam había abordado un avión privado de las Bahamas hacia Los Ángeles, y su equipaje solo consistía en su laptop y un cambio de ropa interior. Desde entonces había almorzado con Shaquille O'Neal, cenado con las Kardashian y visto el Super Bowl con el dueño de Los Angeles Rams. Había platicado con Hillary Clinton y Orlando Bloom, asistido a cuatro fiestas y visto a los emprendedores que querían que les comprara sus negocios; también se había reunido con el director ejecutivo de Goldman Sachs, quien estaba ansioso por conocerlo mejor. Natalie no estaba muy segura de dónde había dormido (o si lo había hecho siquiera) durante las tres noches anteriores, pero sabía que se había registrado en la habitación que le había reservado en el Beverly Hilton porque lo había visto hacerlo.

Sin embargo, en la noche del 14, la habitación del hotel parecía como si Sam nunca hubiera llegado. Las sábanas se veían frescas, las almohadas mullidas, los botes de basura vacíos y el baño reluciente. La única señal de vida humana en la habitación era el mismo Sam. Estaba sentado ante el escritorio con la misma camiseta arrugada y shorts cargo holgados que llevaba puestos el día en que abordó el avión. Como siempre, estaba haciendo varias cosas al mismo tiempo: revisando su celular, poniéndose humectante en los labios eternamente resecos, abriendo y cerrando ventanas en su laptop, todo mientras subía y bajaba la rodilla cuatro veces por segundo. Su tarea asignada, la que Natalie le había recordado la noche anterior y de nuevo esa mañana, era estar listo a tiempo para la reunión que tenía por Zoom y ya estaba retrasado. Pero otra persona muy importante que de verdad quería reunirse con él lo estaba esperando en su laptop.

—¡Ey, soy Sam! —saludó hacia su laptop mientras se habría la ventana de Zoom.

En la pantalla emergió Anna Wintour, la jefa de Redacción de la revista *Vogue*. Traía un vestido amarillo ajustado, estaba maquillada cuidadosamente, y un corte bob tan pronunciado que el flequillo bajaba y se curvaba alrededor de su rostro como un par de guadañas.

—¡Es un placer conocerte finalmente! —dijo ella.

—Ey, ¡también es un placer conocerte! —replicó Sam.

Pero en realidad no sabía quién era Anna Wintour. Natalie y los demás lo habían informado, pero no había puesto atención. Sabía que ella editaba una revista. Podía o no haber estado vagamente consciente de que Meryl Streep la había interpretado en *El diablo viste a la moda*; de que había gobernado el traicionero mundo de la moda de la mujer desde, bueno, desde antes de que Sam naciera. Se veía como un millón de dólares, pero su arte, al igual que todas las artes, era algo desperdiciado con Sam. Cuando le pedías a Sam que te describiera la apariencia de una persona, incluso una persona con la que hubiera dormido, decía: «No sé cómo responder a eso. No soy bueno para juzgar la apariencia de la gente».

Mientras Anna Wintour comenzaba a hablar, él presionó un botón y ella desapareció de la pantalla. En su lugar apareció su videojuego favorito: *Storybook Brawl*. Tenía unos cuantos segundos para elegir a su personaje. Escogió a Hoard Dragon; este era quizá el héroe favorito de Sam.

—Sip —contestaba Sam a lo que fuera que Anna Wintour le estuviera diciendo. Todavía podía escucharla a través de los audífonos. Si ella no veía sus ojos, no tenía motivos para pensar que no le estaba poniendo atención. Sam no quería parecer grosero. Tan solo era que necesitaba jugar ese juego al mismo tiempo que el de la vida real. Su nuevo rol social como el nuevo niño multimillonario más interesante del mundo requería que hiciera todo tipo de tonterías. Necesitaba que otra cosa ocupara su mente, aparte de lo que se esperara que estuviera pensando. Y así, curiosamente, mientras más importante se volvía ante los ojos del mundo, más importantes se volvían estos juegos para él.

Storybook Brawl tenía todo lo que a Sam le encantaba en un juego. Lo ponía a competir contra cinco oponentes en vivo. Necesitaba que tomara muchas decisiones rápidamente. Los juegos sin relojes lo aburrían. Lo revitalizaba tener segundos para reunir un pelotón de personajes de fantasía —enanos, brujos, princesas y demás—. Cada uno venía con dos números adjuntos: cuánto daño podía infligir a otros personajes y cuánto daño podía aguantar. Además, cada uno tenía características complejas, por ejemplo, la habilidad de lanzar hechizos aleatorios, o interactuar de formas particulares con rasgos específicos que recogía a lo largo del camino, o fortalecer a compañeros de una manera cuantificable. El juego era demasiado complicado para saber con certeza sus movimientos óptimos. Requería habilidad, pero también suerte. Necesitaba que estimara las probabilidades, pero también que hiciera suposiciones. Esto era importante; a Sam no le importaban los juegos como el ajedrez, en el que los jugadores controlaban todo y la mejor jugada era, en teoría, perfectamente calculable. El ajedrez le habría gustado más si tuviera voces robóticas conectadas al tablero que gritaran cambios en las reglas a intervalos aleatorios. «¡Los caballos ahora son torres! ¡Todos los alfiles deben dejar el tablero! ¡Los peones ahora pueden volar!». O cualquier otra cosa, siempre y cuando la nueva regla obligara a todos los jugadores a abandonar la estrategia que hubieran estado siguiendo para improvisar otra, una mejor. Los juegos que le encantaban a Sam permitían solo un conocimiento parcial de cualquier situación. El comercio de las criptomonedas era algo así.

—Siiiiiip —contestó Sam a lo que fuera que Anna Wintour le acabara de decir. Su pelotón de enanos, al que le había añadido una princesa o dos, estaba defendiendo al Hoard Dragon. Al mismo tiempo estaba atacando a su nuevo enemigo, el héroe de su oponente, un pingüino blanco y gordo llamado Wonder Waddle. Un enano de nombre Crafty asaltó a un debilucho tristón llamado Lonely Prince. Sleeping Princess aniquiló el Labyrinth Minotaur. Una doncella durmiente despertó para lanzar un hechizo que hizo que un personaje moribundo se convirtiera en otros tres vivos, generados de manera arbitraria. ¡Demasiadas cosas ocurrían al mismo tiempo! Habría sido imposible que Sam siguiera la acción, incluso si eso fuera lo único que estuviera haciendo.

—Siiiiiiiiiip —dijo Sam. Los ruidos provenientes de la mujer seguían siendo puras cosas de compromiso, no era nada importante. Pero cada «sip» de Sam era más cálido, más animado que el anterior.

Y era evidente que ella era muy amigable con él, al igual que todo el mundo estos días. Cuando tienes 22 500 millones de dólares la gente quiere, de verdad quiere ser tu amiga. Te perdona cualquier cosa. Ese deseo te libera de tener que ponerle atención, y eso es algo bueno, porque Sam no tenía mucha atención que dar. Otra batalla estaba a punto de empezar. Mientras los segundos iban pasando se apuró a elegir un nuevo ejército de árboles asesinos y enanos. Al mismo tiempo sacó un documento: las notas que Natalie había preparado para esta reunión y las vio por primera vez. Sí, Anna Wintour era la editora de la revista *Vogue*.

—Qué interesante —comentó al tiempo que la batalla comenzaba. Una vez más, terminó en segundos. Hoard Dragon ya estaba en problemas. Los números que indicaban su salud bajaban con mucha más rapidez que los de la competencia. Muchos de los héroes tenían características especiales desde un inicio; Hoard Dragon era uno de los pocos que adquirían poderes especiales a lo largo del camino. La forma de jugar con Hoard Dragon era comprar tesoros que le redituaban más que a cualquier otro héroe, pero los beneficios se obtenían durante el juego, o sea, unas ocho batallas después. Mientras tanto, tenías que conseguir tus recursos de la batalla actual. Sam no necesitaba ganar estas primeras batallas. Solo necesitaba mantener vivo a Hoard Dragon el tiempo suficiente para disfrutar los colosales beneficios de los tesoros que había ido acumulando. Anna Wintour le estaba dificultando eso. ¡Quería demasiada atención! Y por fin ya estaba llegando al motivo de la llamada: la Met Gala que organizaba la revista *Vogue*. Pero en lugar de explicárselo así y dejarlo en paz, le preguntó a Sam lo que sabía de ella.

Sam se removió en su silla, sacó de sus shorts cargo arrugados un humectante labial y jugueteó con él. Transcurrieron segundos valiosos. Por fin presionó un botón. Desapareció de la pantalla Hoard Dragon y reapareció Anna Wintour. Curiosamente, quería verla solo cuando él hablaba.

—No conozco tanto de tu industria como obviamente tú sí —respondió con cautela—. Sé algo de la información pública, pero desconozco mucho de lo que ocurre entre bastidores.

Algo de información. Estrictamente hablando, eso era cierto: Sam sabía algo de información. Sabía que la Met Gala era una fiesta a la que iban celebridades, pero no sabía mucho más allá. Por ejemplo, no te podría haber dicho si el significado de «Met» era Metropolitan Opera, Metropolitan Museum o, para el caso, la Metropolitan Police.

Era evidente que Anna Wintour estaba acostumbrada a ello y, para alivio de Sam, comenzó a explicarle lo que era. En el momento en que ella comenzó a hablar de nuevo, Sam vio en su rostro una página de Wikipedia:

> La Met Gala, anteriormente llamada Costume Institute Gala o Costume Institute Benefit y también conocida como el Met Ball, es un evento de recaudación de fondos anual en beneficio del Instituto del Vestido del Museo Metropolitano de Arte de la ciudad de Nueva York. Marca el inicio de la exhibición anual de moda del Instituto del Vestido. Cada año el evento celebra con un tema la exhibición del Instituto, y este marca el tono de las vestimentas de los invitados, ya que se espera que escojan sus vestuarios de acuerdo con el tema seleccionado.

—¡Qué interesante! —exclamó Sam—. Es muy interesante.

No obstante, mientras expresaba su interés, presionaba un botón que hizo que la página de Wikipedia desapareciera y en su lugar surgió una enorme hacha de guerra dorada. Hoard Dragon pendía de un hilo. Estaba a punto de comenzar otra batalla en contra de un personaje llamado Peter Pants. Este era lo opuesto a Hoard Dragon: era un personaje decisivo para bien o para mal cuyos poderes disminuían con el tiempo. Peter Pants debía matarte rápidamente; podría acabar con Hoard Dragon en una sola batalla. Sam solo disponía de unos cuantos segundos para organizar su fuerza de pelea. Necesitaba concentrarse y Anna Wintour no lo dejaba.

—Siiiip.

Anna Wintour ahora estaba diciendo que quería saber más sobre lo que había hecho FTX en lo concerniente a donaciones. Viéndose obligado a hablar, dejó que su rostro volviera a ocupar la pantalla de su computadora.

—Hemos hecho patrocinios en algunos lados —contestó—. Pero en un inicio fue algo así como por accidente. Tratamos de analizar cuidadosamente qué patrocinios tendrían más impacto. Es por eso que nos asociamos con Tom y Gisele.

Asociamos. Una vez más, en estricto sentido era cierto, pero no capturaba el espíritu de la relación. Sam había accedido a pagarle a Tom Brady 55 millones de dólares y a su entonces esposa, Gisele Bündchen, otros 19.8 millones, por veinte horas del tiempo de cada uno durante los siguientes tres años. Sam le pagaba a la gente más dinero por minuto de lo que nadie le hubiera pagado en toda su vida por hacer algo. A Larry David le había pagado diez millones para crear un anuncio de sesenta segundos, además de los 25 millones que costó producir y emitir dicho anuncio durante el Super Bowl, que Sam había visto apenas el día anterior. Fue un gran anuncio.

Hoard Dragon estaba muriendo.

Tal vez Sam no estaba completamente seguro de lo que era la Met Gala, o cuál era el papel que él podría desempeñar, pero presentía lo que buscaba Anna Wintour. No solo quería su dinero, lo quería a él. Que asistiera a la alfombra roja de la Met Gala a su lado armando revuelo. Sam también entendía lo que él podría obtener por su sacrificio: mujeres. O, más bien, acceso a las especuladoras de criptomonedas. FTX había gastado grandes sumas de dinero para atrapar la mente de los hombres. Desde su punto de vista, la moda ocupaba más o menos el mismo lugar en el imaginario de la mujer que los deportes en el de los hombres. Les había pedido a personas de marketing una lista de cosas que podría hacer en la moda para atraer a las mujeres y la Met Gala se encontraba en esa lista. Y entonces, aquí estaba, en una reunión por Zoom con la mismísima Anna Wintour, quien ahora parecía estar mandando señales de que Sam pagara todo el jaleo.

—Sí, claro —dijo Sam, pero su mente estaba en otra parte. Hoard Dragon había muerto. Anna Wintour lo había matado. ¿Qué debía hacer? Hizo un medio intento de comenzar otro juego y escoger otro héroe, pero luego cambió de opinión y lo cerró. Con frecuencia podía estar en dos mundos a la vez y ganar en ambos. No obstante, era evidente que no tenía oportunidad de ganar en uno a menos que pusiera menos atención al otro, y esta mujer, de alguna forma, había lanzado un hechizo que interfería con sus habilidades para hacer múltiples cosas a la vez, pues ahora no únicamente le estaba pidiendo su tiempo y su dinero, sino que quería saber todo sobre sus actividades políticas.

—Mi mamá trabaja de tiempo completo en la eficiencia de las donaciones para campañas políticas y mi hermano está en D. C. con los legisladores —dijo Sam poniendo el rostro de Anna Wintour en la pantalla de su laptop—. Estamos haciendo un esfuerzo considerable para ver qué tanto podemos dificultar que se roben una elección. Es una tristeza que ese sea el foro en el que tengamos que pelear, pero así es.

Durante un tiempo sorprendente pasó desapercibido el hecho de que Sam gastaba dinero en las elecciones estadounidenses. En 2020 había dado 5.2 millones de dólares a la campaña presidencial de Joe Biden sin que nadie se lo pidiera ni se lo agradeciera. Era el segundo o tercer mayor donador de Biden y aun así la gente de la campaña no se había molestado en hablarle. Desde entonces Sam había tirado decenas de millones de dólares en cien candidatos y comités de acción política (PAC, por sus siglas en inglés) diferentes, de tal manera que su identidad era difícil de detectar. Era otro juego —*Cómo influir en políticos estadounidenses*—, en el que estaba aprendiendo sobre la marcha, y era muy divertido, en particular cuando tienes el poder especial de la invisibilidad. Pero luego la «cagó», como él mismo decía. En una entrevista se le escapó que estaba pensando soltar mil millones de dólares en la siguiente elección presidencial. Ese comentario despertó a la bestia. Y ahora Anna Wintour se encontraba profesando su amor por Pete Buttigieg. También le preguntaba exactamente en dónde estaría durante las siguientes semanas para hablar más de Pete Buttigieg.

—Me encantaría conocerlo —dijo Sam—. Es alguien que me encantaría ver como presidente. —Si creyó que Anna Wintour se sentiría satisfecha con eso, estaba equivocado. Quería saber de un lugar y momento en el mundo real en el que fuera a estar Sam—. Estoy en las Bahamas el 60 % del tiempo —contestó, evadiendo limpiamente la pregunta—. Paso algún tiempo en D. C. Para bien o para mal, ahora el 30 % de mi trabajo consiste en decirles a los reguladores cómo debería ser la legislación sobre las criptomonedas en Estados Unidos.

Su pierna izquierda desnuda ahora estaba doblada bajo su trasero en la silla secretarial del hotel; su talón derecho estaba enfundado en una calceta blanca deportiva y subía y bajaba sobre la alfombra. Parecía más un niño de primer año que quería ir al baño que un magnate de las criptomonedas. «Pero ahora Anna Wintour estaba hablando otra vez, gracias a Dios». Liberado, se puso a revisar su *timeline* de Twitter. Dos noches antes le habían presentado a Katy Perry, quien quería saber todo sobre las criptomonedas; ahora publicaba en Instagram: «Voy a dejar la música para convertirme en becaria de @ftx_official ok 👏».

El tono de Anna Wintour había cambiado: ya había conseguido lo que quería, así que estaba terminando la conversación cálidamente. Lo único que Sam tuvo que hacer para liberarse de ella fueron sus sonidos habituales de aceptación total a lo que sea que estuviera diciendo. «Sip». «¡Genial!». «Esto tiene muchísimo sentido». «¡Sí, me encantaría!». «¡Nos vemos!». Con eso, Sam presionó un botón y Anna Wintour se había ido, y se había quedado con la justificada impresión de que Sam Bankman-Fried, el multimillonario más generoso que ha caminado sobre la Tierra, había accedido a ser su invitado especial a la Met Gala; que tal vez podría incluso pagar todo el evento. Por su parte, Sam no había pensado todo eso; ni siquiera había comenzado a hacer sus cálculos sobre la Met Gala. «Tengo que pensar muy bien si esto es algo a lo que quiero ir», dijo mientras guardaba su laptop en su mochila con el cambio de ropa interior y se dirigía a la puerta de la habitación de hotel de Los Ángeles para regresar a las Bahamas. «Estaría fuera de lugar ahí. Va a ser algo difícil».

En las semanas siguientes Sam no le dio al equipo de Anna Wintour motivos para creer lo contrario. La gente de marketing de FTX sondeaba a Louis Vuitton sobre la creación de una versión digna de la alfombra roja del atuendo de camiseta con shorts cargo de Sam. Otros empleados de FTX, tal vez tratando de cubrir los frentes de la compañía, le pagaron a Tom Ford para que diseñara un atuendo más convencional junto con unas mancuernillas de 65 000 dólares. Tras bambalinas, se había puesto en marcha toda la maquinaria, pero Sam en realidad nunca se comprometió en el proceso ni comentó qué pasaba por su mente. Revisó con desconfianza todas las estrategias de moda que había ingeniado el equipo de marketing. «No tengo idea de cuáles de estas cosas importan y cuáles no. No está claro si hay una forma de saberlo», comentó.

Durante toda su vida (desde que podía recordar) le había impresionado la manera en que la gente dejaba que la apariencia física moldeara su vida. «Comienzas por decidir con quién vas a estar con base en su apariencia. Luego, debido a ello, tomas malas decisiones sobre religión, comida y todo lo demás. Entonces estás dejando al azar quién vas a ser», dijo. Ya que lo pensaba, Anna Wintour representaba mucho de lo que le desagradaba de los seres humanos. «Hay muy pocos negocios contra los que tengo fuertes objeciones morales, y el suyo es uno de ellos. De hecho, siento desprecio por la moda. Siento un desprecio general por la importancia que tiene el atractivo físico, y esto es algo que proviene de ahí», confesó.

Sam hizo a un lado brevemente el desprecio que sentía por la industria de la moda e intentó hacer algunos cálculos. «Hay 4 000 millones de mujeres en el planeta. Digamos que una de cada mil se fija en la Met Gala. Digamos que una de cada cien se interesa en FTX...». Pero lo sentía como cuando intentas peinarte y tienes goma de mascar pegada en el cabello. Su mente no podía ignorar el hecho de que tenía que cambiarse sus shorts cargo. Y aun así hizo de lado la decisión, complicándola, durante meses. La Met Gala tendría lugar hasta el 2 de mayo. En su mente, tenía más o menos hasta la noche del 1.º de mayo para informarle a Natalie lo que planeaba hacer.

Natalie Tien estaba preparada para la decepción del equipo de Anna Wintour cuando le informara que Sam no asistiría. Fue su furia lo que la sorprendió. «¡Llamaron para gritar que Sam nunca volvería a poner un pie en el mundo de la moda!», dijo Natalie. Hasta ahí habían llegado los intentos por atraer más mujeres a las criptomonedas. Natalie no entendía por qué la Met Gala era tan importante. La decisión de último minuto de Sam de no asistir no generaría el caos que provocaban algunos de sus otros cálculos. Varios directores ejecutivos habían volado a las Bahamas bajo la falsa impresión de que Sam había accedido a comprar sus compañías. En el Foro Económico Mundial de Davos habían tenido que hacer malabares para llenar la agenda y cancelar entrevistas con los medios después de que Sam decidió, la noche anterior al discurso que daría ahí, no asistir. No había volado a Dubái para abrir la fiesta de la revista *Time* de las cien personas más influyentes del mundo, incluso después de que *Time* lo había incluido en la lista y lo había halagado. «En un paisaje de criptomonedas plagado de estafas, hedonismo y avaricia, Bankman-Fried ofrece una visión más amable y con mayor impacto impulsada por la tecnología incipiente», escribió *Time* la semana anterior a que Sam los dejara colgados. Tyra Banks, will.i.am y el resto de la gente influyente del mundo se encontraron de pronto siendo mencionados en comentarios preparados apresuradamente por un empleado no muy sobrio de FTX llamado Adam Jacobs, quien estaba asombrado por estar reemplazando a Sam. «Yo pensaba: "¿Qué hace el jefe de nómina dando este discurso?", "¿Por qué estoy bebiendo con will.i.am?"», dijo Jacobs.

Pero el equipo de la revista *Time* no había armado un alboroto. Nadie aparte del equipo de Anna Wintour lo había hecho: hasta el 2 de mayo, la regla había sido que Sam podía ser Sam. A Natalie no le pasó por la cabeza molestarse en lo más mínimo con él. Ella nunca se molestaría con él por los desastres que tenía que limpiar, porque sabía que nunca era su intención crearlos. Incluso podía perdonar a la gente que la llamaba para gritarle por culpa de Sam. Si ella misma no terminaba de entenderlo, ¿por qué habrían de hacerlo los demás?

2
Un problema llamado Santa Claus

Cuando le pedí a Sam una lista de las personas que podrían describir cómo era él antes de los 18 años, respiró profundamente y dijo: «Es una lista corta». Sugirió a sus padres, Joe Bankman y Barbara Fried. Comentó que tenía un hermano menor, Gabe. Dijo que aparte de ellos no tenía algún otro conocido que pudiera arrojar alguna luz sobre él, y no había tenido experiencias en la infancia que importaran mucho: «Estoy un poco confundido sobre mi niñez. No puedo entender qué hice con ella. Veo las cosas que hice y no puedo armar con éxito un día. Soñaba despierto un poco, leía algunos libros, jugaba algunos videojuegos, pero eso no fue sino hasta la preparatoria. Tenía uno o dos amigos con los que me juntaba de vez en cuando». No recordaba los nombres de esos amigos, salvo uno. Me dio feliz su fecha de nacimiento: 5 de marzo de 1992. No tenía mucho más qué decir aparte de eso, y no creía que su infancia revelara nada sobre él, lo que se me hizo algo extraño, ya que había pasado en ella más o menos dos terceras partes de su vida.

Había asistido a la escuela durante 13 años junto con otros niños. Se había quedado en universidades, y para ello los maestros deberían haberle escrito cartas de recomendación. Sus padres eran profesores conocidos. Me enteré de que la mayoría de los domingos Joe y Barbara ofrecían una cena que sus invitados recuerdan con cariño hasta el día de hoy. «La plática era emocionante», recuerda Tino Cuéllar, un profesor de Derecho de Stanford, quien llegaría a convertirse en juez de la Suprema Corte de California y luego jefe del Fondo Carnegie para la Paz Internacional. «El 15 % era plática sobre lo que ocurría en tu vida, 15 % era política y el resto eran ideas. Qué pensábamos sobre las cosas que nos interesaban: estética, música, lo que fuera». Sam había estado en esas cenas, pero no podía pensar en alguien entre esos invitados con quien valiera la pena hablar. Cuando lo presioné, sugirió que le hablara a su hermano, quien ahora trabajaba para él distribuyendo el dinero de Sam entre candidatos políticos. Gabe, tres años más chico, me dijo que perdía el tiempo. «No fuimos cercanos mientras crecíamos. No creo que le gustara mucho la escuela, pero en realidad no lo sé. Era muy reservado. Mi interacción con él era como con un inquilino en la casa», dijo cuando lo busqué.

Sus padres fueron un poco más útiles. Sam había sido su primogénito, entonces les había tomado más tiempo de lo normal descubrir que no tenía sentido criarlo siguiendo algún método. «La infancia fue algo curioso para Sam. Nunca se sintió cómodo con otros niños, o con el hecho de ser un niño», dijo Joe. Por un breve periodo intentaron imponerle una infancia normal antes de darse cuenta de que no tenía sentido. El viaje al parque de diversiones fue un buen ejemplo. Cuando Sam era pequeño su madre había localizado un Six Flags o un parque Great America. Lo acarreó diligentemente de atracción en atracción hasta que se dio cuenta de que Sam no se sentía atraído. En lugar de correr hacia los juegos solo la observaba *a ella*. «¿Te estás divirtiendo, mamá?», preguntó finalmente, y con ello quería decir: «¿De verdad esto es lo que ustedes consideran divertirse?». «Me di cuenta de que me había descubierto», dijo Barbara.

Para cuando Sam cumplió 8 años Barbara ya había abandonado la idea de que sus deseos y necesidades fueran como las de otros niños. Recordó el momento en que ocurrió. Había trabajado en Stanford durante más de una década, era colaboradora frecuente de artículos complejos en revistas académicas. Barbara recordó: «Un día lo llevaba caminando a la escuela y me preguntó qué estaba haciendo. Le dije que iba a entregar un artículo y me preguntó: "¿De qué se trata?", le respondí alguna tontería, pero me presionó y al final de nuestra caminata estábamos inmersos en una conversación profunda sobre el argumento. Las conclusiones a las que había llegado eran mejores que las de cualquier crítico. En ese momento cambié mi forma de crianza».

Para los amigos que acudían a las cenas de los domingos por la noche Joe era siempre ligero, y Barbara, más seria. Joe era divertido; Barbara, aguda. Gabe era un niño radiante y alegre a quien todos querían. Sam era siempre una presencia, pero era más silencioso y observador, y menos accesible que su hermano menor. A sus invitados les parecía que Joe y en particular Barbara tenían un poco de miedo de y por su hijo mayor. Y que les preocupaba cómo encajaría en el mundo. «Nos preocupaba el hecho de que Gabe iba a sobresalir, y que Sam escondería su talento», aceptó Barbara.

Sam necesitó un poco más de tiempo para darse cuenta de las enormes diferencias que tenía con otros niños. No entendía por qué no tenía amigos como los demás. Entre los 8 y los 10 años tuvo un par de revelaciones que, unidas, se convirtieron en una epifanía. La primera llegó un día de diciembre en tercer año. Se acercaba la Navidad y algunos compañeros comenzaron a hablar del polémico tema de Santa Claus.

Los Bankman-Fried no hacían grandes celebraciones. Festejaban el Hanukkah con tan poco entusiasmo que incluso un año se les olvidó, y al darse cuenta de que a ninguno le había importado, dejaron de festejar todo. «Fue algo así como: "Bien, ¿a alguien le molestó que se nos haya olvidado el Hanukkah?", y nadie dijo nada», recordó Sam. Tampoco festejaban los cumpleaños, pero Sam nunca se sintió privado de algo. «Mis padres eran... no sé, me preguntaban: "¿Quieres algo? Muy bien, tráelo, lo compraremos, aunque sea febrero. No tienes que esperar a diciembre. Si lo quieres, hablemos abiertamente de ello en lugar de que estemos adivinando"». Al igual que sus padres,

Sam no le veía el sentido a que alguien tuviera que imaginarse qué podría querer el otro. La indiferencia de la familia hacia las convenciones era natural e inconsciente. Nunca fue con la intención de: «Mira qué interesantes somos, no seguimos los rituales que definen la vida de tantos estadounidenses». «Tampoco es que dijeran: "Los regalos son una tontería". Nunca intentaron convencernos sobre los obsequios, no sucedió así», recordó Sam.

Los Bankman-Fried no hacían nada con el afán de presumir; no eran esa clase de gente. Meditaban mucho las cosas antes de hacerlas. Sam descubrió a los veintitantos que sus padres nunca se casaron. Tuvieron una unión civil como protesta silenciosa por el hecho de que sus amigos gay no podían casarse legalmente, y nunca les dijeron nada a sus hijos ni, hasta donde Sam estaba enterado, a nadie más. Después, Sam comprendió que «era evidente que tenían un sistema diferente de creencias». Como niño, lo único que sabía es que había cosas que otros niños daban por sentadas que él no. Una de ellas era Santa Claus.

Claro que Sam sabía sobre Santa. «Sí había escuchado acerca de él. Pero no había pensado realmente en ello», dijo. Pensaba en Santa más o menos de la misma forma en que pensaba sobre los personajes de caricaturas. De cierto modo, Bugs Bunny también existía, pero no era *real.* Ahora, a los 8 años, se dio cuenta de que otros niños creían que Santa era real, a diferencia de Bugs Bunny. Esto lo impresionó muchísimo. Esa tarde regresó a casa, se encerró en su cuarto y se puso a pensar en ello. «Imagina que no te inculcaron la idea de que Santa es real. Y entonces, un día alguien te dice que el 95 % de las personas de tu edad en el mundo creen en él. Que este hombre vive en el Polo Norte y que tiene elfos; que vuela en un trineo jalado por renos; entra por tu chimenea y te deja regalos, aunque si te portaste mal, lo que te deja es carbón. No obstante, por algún extraño motivo, en realidad nadie conoce a alguien que haya recibido carbón. Y esto lo hace una vez al año. Te deja pensando: "¿Qué carajos? ¿De dónde salió eso?"», dijo Sam.

Encontró una respuesta que le brindó un alivio temporal: solo los niños padecían esta locura. Sí, los niños creían en Santa, pero no los adultos. La locura tenía un límite. Pero luego, más o menos un año después, un compañero de clase dijo que creía en Dios.

Sam también había escuchado sobre Dios. «Dios era como algo de la tele. Dios apareció. Pero no pensaba que alguien realmente creyera en él», dijo. El hecho de que hubiera vivido casi diez años en Estados Unidos de América sin darse cuenta de que otras personas creían en Dios te dice algo no solo sobre Sam, sino también sobre su crianza. «Nunca me pregunté: "¿Por qué Dios existe si nadie cree en él?". Nunca había pasado por eso. No me había puesto a pensar si la gente cree eso». Ahora Henry le contaba que no solo él creía en Dios, sino que sus padres también, al igual que muchos otros adultos. «Y entonces me espanté», recordó. «Él se espantó. Ambos nos espantamos. Recuerdo haber pensado: "Un momento, ¿crees que me iré al infierno?". Porque eso parece ser bastante serio. Si existe el infierno, ¿por qué preocuparse por McDonald's? ¿Por qué estamos hablando de estas tonterías si existe un infierno? Si existe en realidad, es jodidamente aterrador, ¡demonios!».

Era una vez más como el tema de Santa, solo que peor. Dios —o más bien, el hecho de que alguien creyera en él— sacudió el mundo de Sam. Cambió su punto de vista sobre otras personas y lo que pensaban. Intentó preguntarles a los adultos —principalmente amigos de sus padres que iban a la casa a cenar— sobre Dios. Siempre le parecía más sencillo hablar con los adultos que con los niños, y siempre le salía mejor que a otros niños —hecho que él atribuía a la tontería de otros niños—. Los amigos de sus padres estaban sentados en la mesa un domingo por la tarde, disponibles para ser cuestionados. «Les pregunté: "¿Crees en Dios?". Me respondieron con ambigüedades —por ejemplo, dijeron algo sobre un ser que inició el Reloj del Universo—. Y yo me quedé pensando: "Déjense de rodeos, es una pregunta binaria: sí o no"». No entendía por qué adultos muy inteligentes mostraban renuencia a dar la respuesta correcta a la pregunta. «Me pareció raro. Nunca entendí por qué la gente se molestaba en fingir sobre esta estupidez», dijo.

Sam llegó a una conclusión de esta amplia creencia en Dios y en Santa: era posible que casi todo el mundo estuviera obviamente equivocado en algo. «Resulta ser que los delirios colectivos son un rasgo del mundo», comentó. Tuvo que aceptar el hecho de que no había nada que pudiera hacer al respecto. No tenía sentido que discutiera con los demás niños sobre su creencia en Santa, aunque tampoco sintió la más ligera necesidad de fingir que estaba de acuerdo. Solo aceptó el hecho de que el mundo podía estar completamente equivocado sobre algo y que él podía estar completamente en lo correcto. Debía haber una especie de equilibro en la que todo el mundo pudiera seguir equivocado y él pudiera seguir estando en lo correcto, en el que ninguno de los dos lados tratara de cambiar la forma de pensar del otro. «Hay ocasiones en las que nos limitaremos a mirarnos fijamente», dijo Sam.

Una interpretación de la infancia de Sam es que él solo esperaba a que terminara. Más o menos esto es lo que pensaba de ella: que estaba conteniendo el aliento hasta que los demás crecieran para poder hablar con ellos. «Nunca les encontré sentido a muchas cosas de la infancia. Si no te parece mágico pensar en Santa Claus, entonces es una estupidez», dijo. Aunque se le hacía más fácil hablar con adultos que con niños, las conexiones que hacía con los adultos no eran mucho más fuertes que las que hacía con otros niños. Muy en su interior, sentía que estaba separado de los demás seres humanos. Los entendía, pero ellos no podían entenderlo. «Hubo algunas cosas que tuve que aprender por mí mismo. Una son las expresiones faciales. Asegurarme de sonreír cuando se supone que debo hacerlo. Extrañamente, sonreír era lo más importante que no podía hacer». Otras personas decían o hacían cosas a las que se suponía él debía dar alguna respuesta emocional. Y en lugar de fingirla, cuestionaba la premisa: «Para empezar, ¿qué sentido tienen las expresiones faciales? Si me vas a decir algo, dilo. ¿Por qué tienes que sonreír mientras lo haces?».

Sam se dio cuenta muy pronto de que necesitaba adquirir habilidades que los demás daban por sentadas. Pero también sabía que él podía dar por sentadas habilidades que otros aprendían con dificultad. Cuando la profesora dijo que Sally tenía 13 manzanas en su canasta, y que luego había tomado el doble de las que ya tenía y las había puesto también en la canasta, Sam supo antes que sus compañeros cuántas manzanas tenía Sally en la canasta. Una maestra en el kínder les sugirió a Barbara y a Joe que lo sacaran de la escuela pública y lo metieran en una para niños avanzados. «Pensamos que estaba loca», dijo Barbara. Y durante los siguientes siete años no tuvieron motivos para pensar que se habían equivocado, hasta más o menos a mediados de la secundaria Sam fue un buen estudiante, aunque no excelente, caracterizado por el desinterés que mostraba ante lo que los maestros dijeran. «Era obediente en el sentido de que no hacía lo que se suponía que no debía hacer. Pero no necesariamente hacía lo que debía hacer. Nada más permanecía ahí sentado sumido en un estupor», expresó Sam.

Fue en la secundaria cuando se volvió consciente de que no era una persona feliz. La depresión adopta muchas formas, y la suya era constante y de bajo nivel. «Creo, en general, que la gente sabe cuando está deprimida. La mía no era una negatividad fuera de control; más bien no tenía positividad», dijo. Tenía una falla fundamental, la presión en ella se estaba acumulando y un día, durante el primer año de secundaria, estalló. Su mamá regresó del trabajo para encontrarlo solo y desesperado. Barbara recordó: «Estaba llorando cuando regresé a casa. Me dijo: "Voy a morir de aburrimiento"». Barbara y Joe reunieron a un pequeño grupo de padres para suplicarle a la escuela que dieran clases de matemáticas avanzadas. La escuela cedió y llevó a un maestro especial. «La clase era a las 7:00 a. m., y por primera vez, Sam se despertó de un brinco a las 6:30 a. m. Hasta ese momento nunca hubo un indicador claro de que era especial», recordó Barbara. Fue entonces cuando Barbara y Joe decidieron gastar el dinero necesario para enviarlo a una sofisticada preparatoria privada, la Crystal Springs Uplands.

Pero las cosas no fueron diferentes. «También detestaba ese lugar. Todo el tiempo. No me gustaban las clases, no me caían bien mis compañeros. Estaba aburrido», dijo Sam. El alumnado era una especie de quién es quién versión infantil de Silicon Valley (el hijo de Steve Jobs, Reed, estaba en el mismo grupo que Sam). De acuerdo con todos los estándares, era una escuela de nerds. Se consideraba atleta a aquel que practicaba carrera de pista. A Sam seguía pareciéndole poco seria. «Eran un montón de niños ricos con relativamente pocas ambiciones», y agregó: «Lo único que sabían era que no tenían que preocuparse, entonces no había mucha motivación, y no mucha presión. Todos fueron a Stanford». Él quería pensar en las cosas que no les interesaban a los otros niños —incluyendo pensar— y no le interesaba lo que ellos querían pensar. Ni siquiera intentó encajar. Todos los demás llevaban una mochila normal, solo él iba con una mochila con ruedas que traqueteaba sobre el adoquín cuando iba de un salón a otro. Cuando los estudiantes más flojos se juntaban antes de un examen, en ocasiones intentaban integrarlo con la esperanza de que los salvara. Sam no quería ser parte de eso. «Nos decía: "Lo siento, están solos"», recordó un compañero. «Creo que sentía que estaba por encima de todo eso. En clase adoptaba la actitud de estar por encima de muchas cosas. No nos caía ni bien ni mal, solo estaba ahí», dijo otro compañero. «Era el blanco de chistes que hacían personas que fingían que él estaba al tanto de ellas, pero no lo estaba». Durante el campamento de la escuela Sam ni siquiera intentó irse a dormir. Todos pensaron que era raro. «Me veían como el inteligente, como el nerd, no como alguien bueno o malo. No me veían en realidad como una persona. Inteligente e inofensivo y tal vez no del todo humano», dijo Sam. Lo que es peor, no estaba tan en desacuerdo con las evaluaciones de sus compañeros. «No me sentía incomprendido. Sentía que sus valoraciones a medias eran correctas».

En la preparatoria Sam ya había decidido que no le gustaba la escuela, algo raro para una persona que terminaría siendo una de las mejores de su generación. También había decidido que cuando menos algo de la culpa no yacía en él, sino en la escuela. Por ejemplo, la clase de inglés. Sus dudas sobre la clase de inglés venían desde sexto año. Ahí fue cuando los maestros habían dejado de preocuparse por la literatura simple y volcaron su atención en preguntas más profundas. «Perdí todo el interés en cuanto la clase pasó de "lean este libro" a tener que escribir ensayos sobre uno», recordó. Le parecía extraña la crítica literaria: ¿a quién le importaba lo que sentías o pensabas de una historia? La historia era la historia, no había forma de comprobar que hubiera una forma correcta o incorrecta de leerla. «Si me indicaban que hablara sobre lo que me gustaba o disgustaba, okey, podía hacerlo», dijo. Sin embargo, eso no era lo que le pedían que hiciera, le pedían que interpretara el libro y luego lo juzgaban por sus interpretaciones.

En la primaria leyó una y otra vez los libros de Harry Potter, pero en la secundaria había dejado de leer por completo. «Comienzas por asociarlo con un sentimiento negativo y deja de gustarte. Empecé a asociar los libros con algo que no me gustaba». Se guardó sus pensamientos sobre el negocio de la industria literaria toda la secundaria, pero en la preparatoria empezaron a escapársele: «Objeté la realidad fundamental de la clase», dijo Sam sobre la materia. «De pronto me dijeron que yo estaba mal… sobre algo en lo que es imposible estar mal. Lo que me ofendió fue que no era algo honesto en sí, era algo que estaba subjetivamente enmarcado como objetividad. Las calificaciones eran arbitrarias. Ni siquiera sé cómo es que se califica. No estaba de acuerdo con las afirmaciones fácticas implícitas que obtenían buenas calificaciones». Asistió con estupor a la secundaria, pero en la preparatoria ya estaba seguro de sus puntos de vista y estaba dispuesto a retar las queridas creencias de sus maestros de inglés con bases desconocidas para ellos. Por ejemplo, la creencia que tenían de que Shakespeare era un escritor particularmente bueno.

> El giro en *Mucho ruido y pocas nueces* —típico de Shakespeare— yace en personajes planos y poco realistas, tramas ilógicas y finales obvios, todo al mismo tiempo. Digo, por favor, ¿mata a alguien porque cree, con buenos motivos, que su prometida le es infiel? Beatriz está fuera de lugar de una forma absurdamente irreal; Benedicto es un tonto por hacerle caso, y se supone que todo esto debemos tomarlo con calma.

Desde el punto de vista de Sam, el caso en contra de Shakespeare podía armarse con estadísticas básicas:

> Podría hablar y hablar sobre las fallas de Shakespeare... pero en realidad no necesito hacerlo: las evidencias bayesianas son bastante condenatorias. Cerca de la mitad de la gente que ha existido desde 1600 nació durante los últimos cien años, pero se pone mucho peor. Cuando Shakespeare escribía, la mayor parte de los europeos estaba ocupada en los cultivos y pocos iban a la universidad; de hecho, pocos estaban alfabetizados: tal vez apenas unos diez millones de personas. En contraste, en la actualidad hay más de mil millones de personas alfabetizadas en el hemisferio occidental. ¿Cuáles son las probabilidades de que el escritor más grande haya nacido en 1564? Las evidencias bayesianas no son muy favorables.[1]

El hecho de que recibiera buenas calificaciones no disminuyó el escepticismo que sentía por el propósito de sus maestros. ¿Por qué le daban 10? ¿Por qué daban cualquier calificación a cualquiera por algo que solo era una opinión? «Convencí a los maestros de que era un buen estudiante y por tanto tenía buenas calificaciones. En cierta medida era algo autocumplido», mencionó. Le dieron 10 porque no querían

1 Tomado de un blog que Sam escribió como estudiante de segundo año en la universidad, pero hizo este argumento cuando entró a la preparatoria.

explicar *por qué* no le darían 10. Todas las materias de humanidades eran así para él: materias tontas de las que quería escapar, pero que de alguna manera siempre acechaban a la vuelta de la esquina. Al decidir a qué universidad iría, Sam buscó asegurarse de que nunca tuviera que volver a escribir un ensayo sobre Jane Austen.

Pero incluso el MIT, donde quedó finalmente, tenía humanidades obligatorias. Una sola clase de arte liberal, que cumplió al tomar historia del cine, pero incluso eso le resultaba molesto. «Cualquier alto al fuego que hubiera sentido anteriormente se desvaneció. Comenzó a llegarme una sensación de "no tengo por qué soportar más esto"», dijo. Apenas la primera pregunta del examen final lo hizo estallar. *¿Cuál es la diferencia entre arte y entretenimiento?* «Es una pinche distinción inventada por los académicos que buscan justificar sus trabajos», escribió Sam y entregó el examen.

No sentía nada al estar frente al arte. La religión le parecía absurda. Las opiniones de derecha e izquierda en política le parecían una tontería, eran menos una consecuencia del pensamiento que de la identidad tribal de quienes creían en ellas. Él y su familia ignoraban los rituales que marcaban la existencia de la mayoría de la gente. Ni siquiera celebraba su cumpleaños. Lo que a los demás les brindaba placer, consuelo y un sentimiento de pertenencia, lo dejaba frío. Cuando la familia Bankman-Fried viajó a Europa, Sam se dio cuenta de que nada más estaba mirando un montón de edificios viejos sin ninguna razón en particular. «Viajamos unas cuantas veces. Lo odié». Su implacable aislamiento tenía una excepción: los juegos. Cuando iba en sexto se enteró de un juego llamado *Magic: The Gathering*. Durante los siguientes cuatro años fue la única actividad que lo consumiría más rápido de lo que él podía consumirla a ella.

Magic fue creado a principios de la década de 1990 por un joven matemático llamado Richard Garfield. Fue el primero de un nuevo tipo de juegos, diseñado, quizá, por un nuevo tipo de persona. La premisa de Garfield fue una pregunta extraña: ¿podría diseñarse un juego de estrategia para permitir que los jugadores participaran con un equipo diferente? No estaba seguro de que fuera posible. No podías dejar que los jugadores de póquer llegaran con sus propios mazos de cartas arreglados, o que jugadores de ajedrez llegaran equipados con las piezas que quisieran. No era recomendable que los jugadores pudieran comprar material mejor y ganaran.

En el juego que diseñó Garfield los jugadores sí compraban sus propias cartas para jugar, y armaban sus mazos de cartas para competir. Cada carta tenía la imagen de un personaje mítico —una bruja, un demonio y así— y cada uno tenía características especiales y una capacidad cuantificable para infligir y soportar daño (si *Magic* te suena parecido a *Storybook Brawl*, es porque *Storybook Brawl* fue uno de los muchos juegos basados en *Magic*). Pero no podías comprar las mejores cartas así como así —porque nunca sabías cuáles serían las mejores—. El juego en sí era inestable. Las cartas cambiaban constantemente de formas que no era posible anticipar: se introducían nuevas cartas y las viejas se prohibían. Las interacciones entre ellas eran demasiado complicadas para comprenderlas en su totalidad —en algún punto, Garfield se dio cuenta de que ni él mismo podía predecir qué pasaría en su propio juego y eso le gustó—. «El juego es superficial si cuando lo creaste sabías cuál es la mejor forma de jugarlo. Debería existir dentro del juego un escenario en el que fuera imposible trazar una estrategia ganadora», sentenció Garfield.

Esta era una idea radical: no había forma de comprender el juego. Jugar mucho y memorizar las mejores jugadas te permitía avanzar hasta cierto punto, ya que de una partida a la otra las mejores jugadas cambiaban. «Esto hace que los jugadores tengan que adaptar constantemente su estrategia a cosas que nadie podría haber anticipado», explicó Garfield. Los que eran buenos en *Magic* fueron aquellos a los que les resultó fácil adaptar sus estrategias. Como la mejor estrategia no solo era difícil de conocer, sino también indescifrable, los que resultaron buenos para jugarlo también se sentían cómodos tomando decisiones, aunque sabían que eran inciertas.

Sam era bueno jugando *Magic*. Dentro del juego interactuaba con mayor facilidad con otras personas que fuera de él. Fue jugándolo que hizo al único amigo significativo de la infancia, un niño llamado Matt Nass.[2] Matt era tan tranquilo como puede serlo cualquier niño de 12 años. No tenía ninguna de las dependencias emocionales de otros niños. «Dado el antecedente de que *por principio de cuentas yo no entendía a los niños*, la dependencia emocional era un problema», dijo Sam. Matt no le hizo ninguna clase de exigencia ni social ni emocional. No necesitaba que Sam mostrara expresiones faciales, ni le hiciera preguntas sobre él, ni nada, solo que jugara *Magic*.

Fue la falta de dependencia emocional de Matt lo que hizo que Sam se abriera como nunca antes. Compraban sus cartas juntos y sus padres los llevaban en coche a jugar en los torneos locales contra adultos.[3] Finalmente acudieron juntos al circuito júnior: al final del primer año de preparatoria llegaron al campeonato nacional en Chicago. Matt veía a Sam como tal vez nadie más: «Creo que es fácil pensar que la gente extremadamente racional es robótica, pero de verdad creo que no aplica en Sam», opinó Matt. Él era una muy rara combinación entre hiperracional y extremadamente amable. Se separaron en la preparatoria, pero fueron a universidades que estaban a una hora de distancia en coche. Durante el otoño del primer año de universidad de Sam, fue y llamó a la puerta del dormitorio universitario de Matt. «Estaba jugando videojuegos y estaba muy distraído como para revisar mi teléfono, entonces no tenía idea de lo que había pasado», recordó

2 De adulto, Matt se convirtió en diseñador de juegos. Él creó *Storybook Brawl*.

3 Estos eran eventos extremadamente masculinos a los que acudía cierto tipo de sujetos. Te dice algo sobre la cultura alrededor de *Magic* que después de algún tiempo las reglas de los torneos incluyeran estándares de higiene personal, luego de que los jugadores empezaran a convertir en arma su olor personal.

Matt. Esa tarde el padre de Matt, a quien estaba muy unido, había muerto de un infarto. «Sam me dio la noticia en persona y luego me llevó a su fraternidad de nerds en el MIT, en donde jugamos juegos de mesa y videojuegos toda la noche para distraerme antes de que volara a casa al día siguiente».

Cada vida se define no solo por lo que pasa en ella, sino también por lo que no sucede. El comienzo de la vida de Sam es tan sorprendente por lo que no sucedió como por lo que pasó. Pudo ver que era diferente de los demás niños. No se esforzó por unirse a sus juegos, y ellos no entendieron el suyo. Mantuvo lo que después llamó un punto de vista «románticamente positivo» de sí mismo. «No creía que fuera algo feliz que yo fuera diferente. Yo pensaba que era algo genial», dijo. Su única arma para defenderse en contra de las burlas de sus compañeros de clase era un desprecio superficial y un débil sentido de su propia superioridad. «Pero nunca tuve un motivo de superioridad moral para ello. Más bien fue algo así como "mejor creeré eso, o si no, ¿qué tengo a mi favor?"». Tenía una gran seguridad tanto emocional como intelectual que pudo crear un culto de sí mismo. ¿Cuáles eran las probabilidades de que un niño dotado para las matemáticas en Silicon Valley a principios de la década de los 2000 *no* escogiera *El manantial* y descubriera su vida interior ahí? Pero eso nunca pasó.

Sam veía algunas ventajas en cierta clase de libertarismo. Pero escuchaba a verdaderos libertarios discutir por qué, por ejemplo, no debían pagar impuestos y pensaba: «Sí, claro que a nadie le gusta pagar impuestos, pero esa no es precisamente una filosofía». «Desvanecieron la línea entre libertarismo y el egoísmo como filosofías», dijo. Su cableado interno no captaba esta señal en particular. «La idea de que otras personas no importan tanto como yo me parecía exagerada. Creía que era extraño incluso el solo hecho de pensar en ello», exclamó. Una cosa era sentirse aislado, pero otra era creer que el espacio de aislamiento de uno es el centro del universo. O que tú y las cosas que te pasan a ti es lo único que importa. «Me parecía poco ambicioso que no te importara lo que le pasara al resto del mundo. Era una cortedad de miras pensar solamente en lo que me iba a afectar a mí», explicó Sam.

Sus padres seguían lidiando con la tensión en sus trabajos cotidianos, en la ley estadounidense, entre las libertades individuales y el bien común. Ambos eran identificados, de manera general, como utilitaristas: cualquier ley debía buscar no solo maximizar una noción abstracta de libertad, sino también el mayor bien para la mayoría. Nunca le impusieron sus puntos de vista a Sam, pero por supuesto que él los escuchaba. Y para él, en gran medida, sus padres tenían razón. Más o menos al mismo tiempo que dejó de leer libros se interesó en foros utilitaristas en internet. Tal vez no se sentía conectado con la gente de manera individual, pero eso lo único que hizo fue facilitarle considerar los intereses de la humanidad como un todo. «No ser tan cercano a muchos de manera individual hizo que fuera más natural que no me preocupara por alguien en particular, sino por todos. Mi cableado por *default* decía: "Sí, no hay nadie que no importe. Entonces me imagino que todos deben importarme por igual"», dijo. Un día, cuando tenía 12 años, salió de su cuarto y presentó un desapasionado caso en defensa del utilitarismo. «Me impactó cuando me di cuenta de qué era lo que había estado haciendo en su recámara», dijo Barbara. Como el mismo Sam diría después:

> Cuando tenía unos 12 años me volví políticamente consciente y comencé a pensar en temas sociales. El matrimonio gay no tiene mucha ciencia —no tienes que ser un utilitarista acérrimo para ver que es una estupidez hacerle la vida miserable a la gente porque es un poco diferente a ti, de una manera completamente inofensiva—; no obstante, lo que sí me molestaba un poco más era el aborto. Durante un tiempo me sentí bastante conflictuado: tener hijos no deseados es malo, pero también lo es el asesinato.

Entonces Sam enmarcó el aborto como lo haría un utilitarista: sin obsesionarse por los derechos de la madre o los del niño no nacido, sino evaluando la utilidad de cualquier curso de acción.

> Hay muchos buenos motivos por los que el asesinato es por lo regular algo muy malo: generas sufrimiento a los amigos y familia del asesinado, haces que la sociedad pierda un miembro potencialmente valioso en quien ya ha invertido mucha comida, educación y recursos, y le quitas la vida a una persona que ya ha invertido mucho en ella. Pero nada de eso aplica en el aborto. De hecho, si piensas en las consecuencias reales de un aborto, salvo por el sufrimiento que ocasiona a los padres (y que ellos son quienes mejor pueden valorar), hay unas cuantas diferencias en si el feto no hubiera sido concebido por principio de cuentas. En otras palabras, el aborto para un utilitarista se parece mucho al control de la natalidad. A fin de cuentas, asesinato es tan solo una palabra y lo que es importante no es si quieres aplicarla a una situación, sino los hechos de la misma que hicieron que la describieras como asesinato. Y en el caso del aborto, aplican pocas de las cosas que hacen del asesinato algo tan malo.[4]

Así fue como Sam descubrió quién era: pensando las cosas por sí mismo, sin preocuparse demasiado por lo que pensaban los demás. Sin embargo, hubo dos breves periodos en los que tuvo a alguien a su lado para pensar las cosas. Uno fue cuando jugaba *Magic* con Matt y el otro fue el campamento de matemáticas. Después del primer año de preparatoria acudió a un campamento de verano para jóvenes dotados en matemáticas en el campus del Colby College (Joe lo llevó y se perdieron, luego vio a un niño de aspecto incómodo sentado debajo de un árbol jugando con un cubo Rubik. «Ahí fue cuando me di

4 Del mismo blog de segundo año de universidad. En este caso, sus ideas vienen desde primero de secundaria.

cuenta de que habíamos encontrado el lugar», dijo Joe). El campamento de matemáticas fue una revelación para Sam: había niños con los que tenía algo en común. A nadie parecía importarle su falta de expresiones faciales. Ahí podía tener conversaciones con otras personas que se asemejaban a las que había estado teniendo consigo mismo. Cuando otros niños hablaban de política, no lo hacían para expresar alguna opinión tonta. Era para descubrir la mejor forma de modelar las elecciones y predecir los resultados. Cuando hablaban sobre su vida y sobre cómo la viviría, encontraba sentido a lo que decían. Los niños del campamento de matemáticas podían razonar hasta crear una creencia. «Y si no puedes razonar hasta crear una creencia, ¿cómo puedes razonar hasta llegar a la acción?», preguntó Sam.

En el campamento encontró gente atraída por el aroma del utilitarismo que tanto le atraía a él. «Por primera vez no era uno de los más inteligentes. Cada campista era más interesante que la persona más interesante de la preparatoria. Eran más inteligentes en todos los sentidos; también eran más cuantitativos. Pero estaban más alejados de la cultura estándar y sentían menos presión o tenían menos habilidad para conformarse», reconoció Sam.

El centro de la vida social del campamento no eran las matemáticas, sino los acertijos y los juegos. Sam sabía que le encantaban los juegos, pero después del campamento también le encantaban los acertijos matemáticos. Cuando regresó a casa decidió crear sus propios acertijos para que los resolvieran los demás. El campamento le enseñó que existe gente no muy diferente de él. Usó los acertijos para encontrarlos. Ponía un APB[5] en todos los sitios nerd de internet. Algunos fines de semana llegaba un centenar de humanos socialmente torpes, de todas las edades y de toda el área de la Bahía de San Francisco al campus de Stanford para encontrarlo esperándolos con un acertijo.

5 *All Points Bulletin* o APB es un mensaje enviado a medios de comunicación o a la policía en Estados Unidos con el fin de emitir una alerta. Se utiliza, por ejemplo, en casos de secuestros. Se puede entender como una «orden de busca y captura» (*n. del e.*).

Resolver el primero los guiaba a otro lugar en el campus en donde, si es que lograban llegar, se encontraban otro acertijo, también creado por Sam. Resolver ese acertijo los llevaba a otro lugar en el campus y a otro acertijo y así sucesivamente. De esta manera se la pasaban horas hasta que algún genio llegaba a, esencialmente, el *horrocrux* de Sam. Sus cacerías de acertijos eran en verdad complicadas; pero también hizo algunos más sencillos y los puso en línea (como el que se muestra en la página 61).

El acertijo más grande seguía siendo Sam. Antes del campamento de matemáticas se había convencido de que era más inteligente que los demás, pero el campamento desmintió su teoría. «Siento que, más que ningún otro lugar, este es el indicado para mí, pero estoy por debajo del promedio. No creía tener algo que me hiciera especial y eso me molestaba mucho. Nada de lo que hiciera —ningún conocimiento que poseyera— me diferenciaba en el campamento», dijo. De acuerdo con los estándares del campamento solo era mediocre en los acertijos y los juegos, aunque sospechaba que el tipo de juegos que jugaban ahí eran demasiado regulares para su mente. «En donde soy bueno es en hacer cosas que otras personas encontrarían sorprendentes», añadió. Todavía no tenía idea de en qué parte del mundo encontraría el lugar adecuado. O si es que existía.

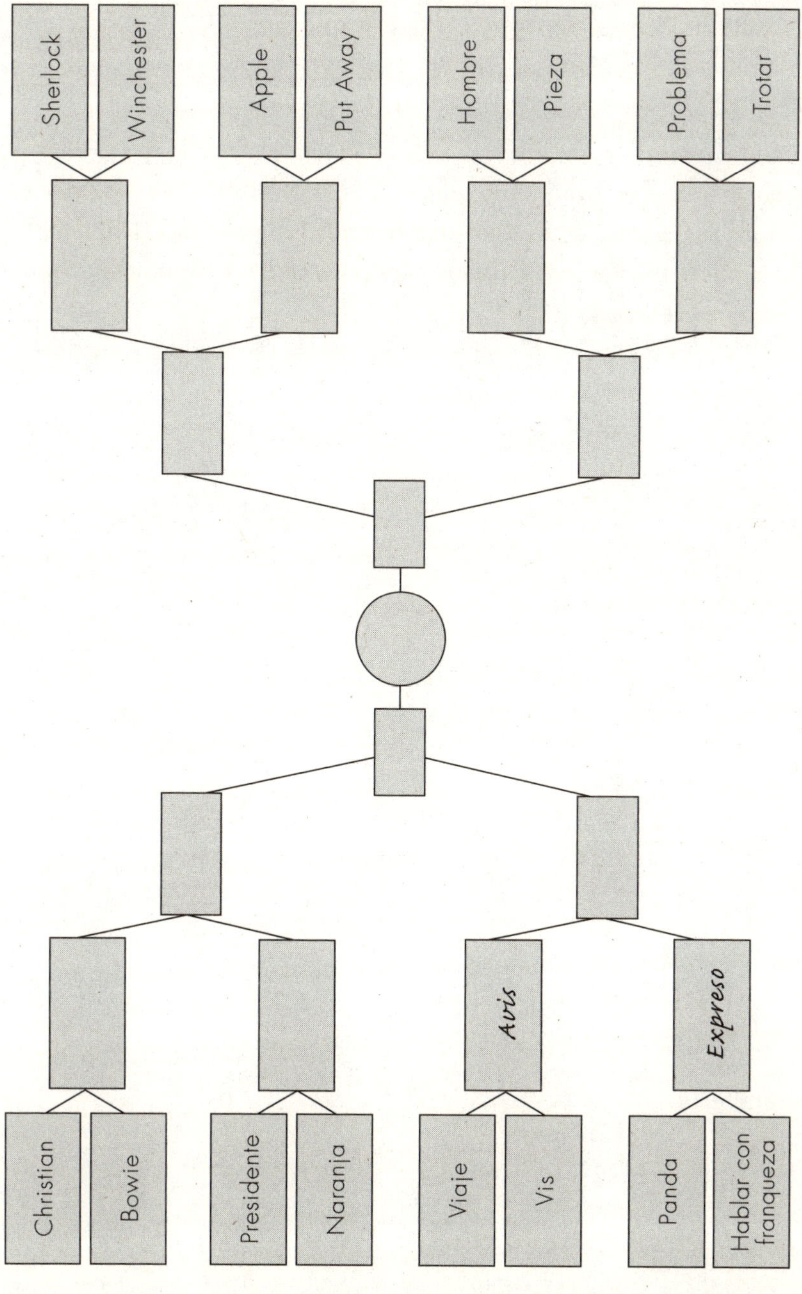
Sherlock
Winchester
Apple
Put Away
Hombre
Pieza
Problema
Trotar
Avis
Expreso
Christian
Bowie
Presidente
Naranja
Viaje
Vis
Panda
Hablar con franqueza

3
METAJUEGOS

Después de que no pasara mucho en la vida de Sam Bankman-Fried, dos grandes acontecimientos ocurrieron en el otoño de 2012 casi al mismo tiempo, tan juntos que pronto sería difícil recordar que no tenían ninguna relación entre sí. Sam había entrado al primer año en el MIT al igual que otro estudiante de Física que había perdido el interés en la materia. Ya casi ninguno de los estudiantes de física se convertía en físico. La mayoría se iba a trabajar para Google, o para empresas de negociación de alta frecuencia. Jump Trading, Tower Research Capital, Hudson River Trading, Susquehanna International Group, Wolverine Trading, Jane Street Capital: todas estas compañías de Wall Street de las que nunca había oído Sam llegaron a la feria del empleo de ese año en el gimnasio del MIT. Y él sintió un poco de curiosidad por ellas.

Incluso unos cuantos meses antes su curiosidad le habría sorprendido. Nunca había sentido el más mínimo interés por el dinero. No conocía ni le importaban las finanzas. Aparte de una idea firme de que debería evaluar sus acciones por sus efectos utilitarios, no tenía idea de qué hacer con su vida. Siempre había pensado que terminaría siendo profesor, como sus padres. «Había supuesto implícitamente que la academia era el centro de la moralidad. Era donde las personas cuando menos pensaban en cómo generar el mayor impacto en el mundo», dijo. Dos años de clases en la universidad y las prácticas del verano anterior, durante las cuales había ayudado con sus proyectos a los investigadores del MIT, habían matado esa suposición. Durante las conferencias de la universidad había experimentado un aburrimiento equiparable al dolor físico. No podía escuchar discursos prefabricados. Descubría hacia dónde quería llegar el profesor con lo que fuera que estuviera diciendo y, bang, se iba. Mientras más descubría la vida académica, más la sentía como un gran discurso prefabricado, creado principalmente por propósitos de carrera estrechos. «Empecé a verla desde una perspectiva diferente y me desilusioné un poco. Había muy poca evidencia de que estuvieran haciendo cualquier cosa para cambiar el mundo. O de que siquiera estuvieran pensando en cómo tener el mayor impacto en el mundo», expresó.

Habiendo descubierto apenas que no tenía planes para el futuro, había asistido a la feria del empleo en donde encontró todos esos *stands* dirigidos por empresas de Wall Street. Nunca había escuchado nada de ninguna, pero de inmediato pudo ver que, hicieran lo que hicieran, no todas hacían lo mismo porque buscaban diferentes tipos de personas. Unas buscaban «desarrolladores de core» o «programadores», mientras que otras buscaban «agentes». Sam no tenía talento para programar (los dos amigos cercanos que había hecho en el MIT eran programadores, y aun así no podía distinguir uno bueno de uno malo). En cuanto a los negocios, lo único que sabía era que no estaba obviamente descalificado para ellos. Dejó su currículum en las empresas que buscaban agentes. Se sentía como una travesura. «Alguien me dijo que muchos graduados de física van a trabajar a Wall Street y yo pensé: "Eh, tal vez, pero probablemente no"».

Se sorprendió cuando tres diferentes empresas de negocios de alta frecuencia le mandaron un correo para invitarlo a una entrevista para sus programas de prácticas de verano: Susquehanna, Wolverine y Jane Street Capital. «Resultó ser que era algo real», dijo. Seguía siendo un misterio lo que *eran*, aun después de que las empresas lo habían buscado. Aunque buscaras en Google «Jane Street Capital» no podías descubrir nada útil sobre el lugar, pues casi no había nada sobre la empresa en internet.[6] «No sabía qué esperar. Ni siquiera sabía qué tipo de entrevistas serían», afirmó Sam.

Tuvo tres entrevistas con los agentes de Jane Street, y no fueron para nada como las entrevistas que él conocía. Algo en su currículum debía haber llamado la atención de esa gente, pero no parecía que les interesara nada de lo contenido ahí. No le preguntaron sobre lo que estaba estudiando o a qué había dedicado las vacaciones de verano. No le pidieron referencias ni le preguntaron sus pasatiempos, vaya, no intentaron conocer nada de su vida en la tierra hasta el momento. Al parecer, los agentes de Jane Street no creían que fuera de utilidad ninguna otra evaluación aparte de la que ellos hicieran de él, para decidir si estaba capacitado para hacer lo que ellos hacían. No obstante, las preguntas que le hicieron fueron mayormente cálculos mentales. Las primeras fueron tan triviales que Sam pensó que solo intentaban ver cómo respondía su mente cuando estaba nervioso. «¿Cuánto es 12 × 7?», por ejemplo. Y: «¿Qué tan seguro estás de tu respuesta?». Mientras más respuestas correctas diera Sam, más complicado se volvía el cálculo mental. «Si tiras dos dados de seis lados, ¿cuáles son las probabilidades de que te salga cuando menos un tres?». Las probabilidades de sacar un tres con un dado eran, obviamente, de una en seis. La respuesta para las probabilidades de sacar un tres con dos dados, sin detenerse a pensar, era de una en tres. Lo erróneo de la respuesta podría verse si replanteabas la pregunta: ¿cuáles son las posibilidades de no sacar un tres con dos dados? Tienes una posibilidad de cinco en seis de *no* sacar un tres con un solo dado; para obtener las probabilidades con dos dados, multiplicas cinco sextos por cinco sextos. Entonces obtienes

6 Jane Street Capital, al igual que las otras empresas de negocios de alta frecuencia, tenía la fuerte creencia de que era mejor si el público no sabía lo que hacía. «La primera vez que apareció un artículo sobre ellos en *The New York Times* hubo una reacción nuclear», recordó un antiguo empleado de Jane Street, quien, al igual que los otros diez empleados, actuales y antiguos, que me ayudaron a comprender qué sucedía ahí, prefiere permanecer en el anonimato.

25 / 36. Hay una posibilidad de 11 en 36 de que, al tirar dos dados, te salga un tres.

La entrevista personal, que tuvo lugar a mediados de noviembre, fue diferente. Jane Street le hizo llegar un boleto de tren para Nueva York y le proporcionó coche y chofer para que lo llevara a un sitio de ayuda en casos de desastre en Totowa, Nueva Jersey. El huracán *Sandy* había provocado que Jane Street abandonara sus oficinas en el bajo Manhattan. El lugar al que lo llevaron tenía un misterioso aire industrial —todos los escritorios eran iguales, se necesitaba una llave para usar el baño—, pero Sam apenas se percató de ello. Lo que lo preocupaba era lo que Jane Street quería que hiciera todo el día: resolver acertijos y jugar juegos. Sin embargo, los juegos venían con una etiqueta de advertencia. El proceso de selección de Jane Street estaba diseñado para minimizar la cantidad de tiempo valioso que los agentes dedicaban a evaluar a los aspirantes. En el momento en que cualquier entrevistador desaprobara el juego de Sam, los juegos se acabarían y lo mandarían a hacer sus maletas. El agente que le proporcionó una pila de cien fichas de póquer le explicó que eso era lo que tenía para apostar ese día, y que nadie que hubiera perdido todas sus fichas en los juegos que estaba a punto de jugar había conseguido trabajo en Jane Street.

Por primera vez lo pusieron en un cuarto junto con otros dos aspirantes y un agente de Jane Street. Este último repartió una mano de póquer y luego le pidió a cada uno que revelara una sola carta. Después comenzó a sugerir una serie de estrategias extrañas en el póquer, por ejemplo: «Pueden pagar cuatro fichas para cambiar una de sus cartas por una nueva. ¿Alguien quiere hacerlo?». Después de cada carta nueva, el agente detenía el juego e intentaba convencer a Sam y a los otros dos para que hicieran apuestas paralelas entre ellos. «¿Alguien quiere apostar a que la siguiente carta será un corazón? ¿Cuántos tréboles tienen entre ustedes?». Eso no era póquer, era una especie de metapóquer. O un torneo de justas, pero con cartas. Sam descubrió rápidamente que la clave del juego era hacer juicios rápidos sobre el valor esperado de situaciones extrañas y actuar en consecuencia. Aun así, ninguna de las decisiones le pareció extraña. «Lo que me sorprendió de ellas fue la falta de elementos sorprendentes», dijo Sam.

Por supuesto, era imposible saber con cuánta precisión estos juegos identificaban futuros buenos agentes, porque no se le brindaba oportunidad de negociar a nadie que jugara mal. Aun así, al final de esa primera ronda, Sam estaba sentado con muchas más fichas que los otros aspirantes. En ese momento los entrevistadores lo separaron de ellos y nunca los volvió a ver; lo hicieron jugar otras cinco veces, cada una de 45 minutos. Todos los juegos resultaron ser tan peculiares como el de cartas. El de lanzar la moneda fue un claro ejemplo:

> Aquí hay diez monedas, cada una con un peso diferente. Una es una moneda normal con un peso uniforme y por tanto, tiene un 50% de posibilidades de caer en cara (o cruz). Las otras nueve tienen un peso desigual, aunque no hay dos que sean iguales. No te vamos a decir de qué forma está distribuido el peso, salvo que algunas están cargadas de tal manera para que caigan con mayor frecuencia en cara y otras en cruz. Por ejemplo, una moneda podría caer en cara un 62% de las veces mientras que otra podría caer en cruz 80% de las veces. Se te darán 30 minutos para lanzar cualquier moneda que desees. Se te permitirá hacer cien lanzamientos en total. Por cada cara ganarás otra ficha de póquer.

El agente de Jane Street que lo estaba entrevistando terminó de explicar el juego y luego preguntó: «¿Cuánto estás dispuesto a pagar para jugar?». Como podías escoger simplemente la moneda de peso uniforme y lanzarla cien veces, el valor esperado era de cuando menos cincuenta fichas. Sam supuso que debería estar dispuesto a pagar más o menos 65 fichas para jugar, aunque no había forma de saberlo, ya que no te daban ni una pista del peso exacto de las monedas. Esa debió haber sido, en el peor de los casos, una respuesta no tan mala a la pregunta, ya que el agente le permitió jugar. Una vez que comenzó a lanzar las monedas el agente lo interrumpió nuevamente para ofrecerle apuestas todavía más extrañas: «¿Quieres apostar qué caerá la siguiente vez? ¿Quieres apostar sobre el peso exacto de la moneda que acabas de lanzar cinco veces y que cayó en cara en cuatro ocasiones?». Sam pudo ver que no había una forma correcta de jugar, solo formas equivocadas. Por ejemplo, a menos que te rindieras, no tenía sentido lanzar la moneda con peso uniforme y con 50-50 % de probabilidades, ya que no te brindaba información nueva. Mucha gente inteligente desperdiciaba lanzamientos en busca de la moneda óptima, esto es, la más cargada hacia la cara. Lanzaban cada moneda, digamos, cinco veces, para reunir la información que necesitaban para hacer cálculos estadísticos decentes. Como estrategia no estaba tan mal. Pero las ganas de lograr una mayor certeza los hacía desperdiciar muchos lanzamientos con monedas inferiores. El instinto de Sam fue escoger una moneda de peso desigual y lanzarla hasta que cayera cruz. Tomando como base la cantidad de veces que había necesitado y algo de cálculos poco convencionales, decidía si seguía con la misma moneda o la cambiaba. Comenzó el juego dispuesto a no encontrar nunca la moneda óptima siempre y cuando encontrara una que fuera lo suficientemente buena. Percibió que el juego era para probar su relación con la información: cuándo la buscaba, cómo la buscaba y cómo actualizaba sus opiniones en consecuencia.

Ni el póquer ni el juego de lanzar la moneda de Jane Street eran los comunes y corrientes. Ninguno de sus juegos eran juegos precisamente, sino juegos dentro de juegos, o juegos sobre juegos. La parte más difícil de cada uno era ver exactamente qué era. «A un estadounidense promedio le tomaría unos veinte minutos descubrir de qué se trata el juego. Un estudiante de Harvard podría entenderlo, y un estudiante de matemáticas de Harvard podría entender el juego y la estructura matemática subyacente. Es muchísima información cuantitativa, pero no es perfecta. La idea es darte un conocimiento parcial y las relaciones solo pueden ser entendidas también de manera parcial. Y está la presión del tiempo», dijo Sam. Él pensaba que la presión del tiempo lo favorecía. No es que funcionara mejor bajo presión; era que no la sentía. No trabajaba mejor de lo habitual cuando estaba presionado, tan solo su rendimiento no era peor, y el de mucha gente sí lo era. Otras personas tenían emociones, él no. Frente a un problema complicado y con el sonido del reloj, la mayoría de la gente tenía dificultades para discernir con rapidez qué era importante y qué no, en especial si el problema no tenía una solución perfecta. Pocas de las preguntas de los agentes de Jane Street tenían respuestas perfectamente correctas. Lo estaban poniendo a prueba en busca de una habilidad para elaborar juicios desordenados y actuar con base en ellos —y que no le incomodaran demasiado preguntas para las que no tenía, y no podía tener, respuesta—. «Era el mismo tipo de decisiones intuitivas que se toman en *Magic*, solo que condensadas y más complicadas. Incluso *Magic* no te lleva ahí», explicó Sam.

Los acertijos que los agentes le pidieron que resolviera estaban diseñados, al igual que los juegos de apuestas, para exponer los puntos ciegos de su mente. El de beisbol es el ejemplo más sencillo. «¿Cuáles son las probabilidades de que yo tenga un pariente que sea un jugador profesional de beisbol?», le preguntó un agente.

El primer pensamiento de Sam fue definir el problema. Si no defines un problema, no puedes resolverlo. «Eso era lo que estaba poniendo a prueba con la pregunta», dijo Sam. «¿Me di cuenta de que la pregunta era ambigua?». Le preguntó al agente: «¿Qué se considera como "pariente"?». «¿A qué se refería con "jugadores profesionales de beisbol"?». En cierto sentido, todo ser humano está emparentado con los demás seres humanos. Y a muchas personas que no están en las ligas mayores se les paga para jugar beisbol. «Pariente», aclaró el agente, se consideraba a cualquier primo segundo o más cercano y en «jugador profesional de beisbol» se incluían las ligas tanto mayores como menores, pero nada más. Sam supuso que más o menos había cien equipos de beisbol que encajaban en esa definición, y que cada uno tenía más o menos treinta jugadores. Entonces: tres mil jugadores profesionales de beisbol activos, más, tal vez, otros siete mil retirados. Diez mil jugadores en una población de trescientos millones de estadounidenses. Luego: uno de cada treinta mil estadounidenses había jugado o jugaba beisbol de manera profesional. Sam no sabía de memoria cuántos parientes tenía el estadounidense promedio, pero creyó que treinta era una suposición razonable. Por lo tanto, las probabilidades de que este sujeto tuviera un pariente que fuera un jugador profesional de beisbol eran más o menos de una en mil.

Obviamente, los cálculos no eran correctos, tan solo eran un buen comienzo. Pero fue aquí donde Sam hizo una pausa en sus cálculos mentales y dijo: «Creo que existe una buena posibilidad de que me estés haciendo esta pregunta porque es importante para ti, porque tienes un pariente que juega beisbol de manera profesional».

Aquí el asunto se ponía delicado. El agente podría haber anticipado que Sam pensaría eso; podría haber hecho, intencionalmente, una pregunta sin ningún motivo en especial, solo para engañarlo. Aquí había otro aspecto del acertijo: tenías que descubrir cuántos niveles debías pasar antes de dejar de pensar. Sam decidió, como casi siempre hacía, que más de un nivel era demasiado ingenioso. Era mucho más probable que el sujeto tuviera algún motivo para hacer la pregunta a que no lo tuviera. No sabía con exactitud qué tanto, pero el simple hecho de que el agente hubiera hecho la pregunta cambiaba las probabilidades de que tuviera un pariente jugador profesional de beisbol a algo mucho mejor que una en mil. «Eso era lo otro que estaba poniendo a prueba. ¿Me di cuenta de que había información en la pregunta que me hicieron?», dijo Sam.

Por último Sam decidió que la probabilidad era de una en cincuenta. Y resultó ser que el agente de Jane Street sí tenía un primo segundo que había jugado beisbol de manera profesional. Pero nada de eso era el meollo del problema. El meollo era cómo lo había planteado o cómo había fallado en hacerlo. «No había respuestas correctas. Solo había respuestas incorrectas», recordó Sam.

Para cuando terminó el día de entrevistas, Sam sintió que había descubierto algo sobre sí mismo. «Pensé: "De esta forma se prueba correctamente algo que importa mucho, aun cuando me cuesta trabajo articular qué es"», dijo. Nada en la vida cotidiana —ni siquiera los juegos y acertijos que había jugado durante su infancia— podía servir de indicador de lo que hacían los «agentes» en Jane Street. «La infancia no te da nada que te haga creer que eres bueno en ello», agregó Sam. Su infancia le había dado las matemáticas, algo en lo que había sido bueno, pero no excelente; también le había dado varios juegos de mesa de estrategia y de cartas, en los que también había sido bastante bueno, pero no excelente. Los agentes de Jane Street habían evaluado su mente en busca de cualidades para las que nunca había sido evaluada. Y le pareció que Dios había alterado el comercio de varias formas, o cuando menos los juegos que simulaban el comercio, para diferenciarlo de las matemáticas y los juegos de mesa. Cada cambio había hecho que los juegos fueran más congruentes con su mente. «Cuando terminó el día, fue evidente que, por mucho, esto era lo mejor que había hecho», dijo.

Jane Street le ofreció unas prácticas de verano. Y también lo hicieron las otras empresas de negocios de alta frecuencia que lo habían invitado a aplicar. Una empresa detuvo la entrevista a la mitad para anunciar que como Sam había resuelto mucho mejor sus extraños juegos y acertijos que cualquier otro aspirante, ya no tenía sentido observarlo jugar. Tiempo después, en el piso de operaciones de Jane Street, una compañera agente seguía disfrutando de diseñar juegos y acertijos para dárselos a Sam, solo para observarlo jugar. Cualquier otra persona no tendría idea de lo que estaba hablando, ni siquiera entendería de qué se trataba el juego. Sam no solo lo entendía de inmediato, sino que lo jugaba bellamente.

—Perfume en el correo —le dijo ella en una ocasión.

—Aroma aireado —replicó él.

—Britney Spears ya no está trabajando.

—Ídolo inútil.

—Un analista de Goldman Sachs descubre un nuevo modelo de flujo de dinero que predice el futuro.

—Profeta aprovechado.[7]

Ante nuevos juegos extraños, los procesos de pensamiento relevante parecen ser lo de Sam.

Otro suceso extraño le ocurrió al inicio del primer año. De la nada, un profesor de Filosofía de 25 años de la Universidad de Oxford llamado Will Crouch[8] lo buscó y le pidió que se reunieran. Sam nunca descubrió cómo fue que lo encontró —tal vez por las publicaciones que había estado haciendo en varios foros utilitaristas—. MacAskill pertenecía a un pequeño grupo dentro de Oxford que había abrazado ideas concebidas desde hacía mucho tiempo por un filósofo australiano llamado Peter Singer. Will quería verlo para tomar un café y que luego asistiera a una plática que iba a dar en Harvard. En ese entonces Sam era quizá la última persona en Cambridge, Massachusetts, que asistiría voluntariamente a una plática de un académico al azar. Pero le llamó la atención el hecho de que dicho profesor lo hubiera buscado (lo que a Sam le indicaba una justificable ausencia de presuntuosidad), además del hecho de que mencionara el nombre de Peter Singer. Este último era en parte responsable de las ideas que Sam tenía sobre qué hacer con su vida.

---

7 Aquí el autor realizó un juego de palabras en el texto original: *sent, scent; idle, idol* y *profit, profet* (*n. del e.*).

8 Luego se cambió el nombre a Will MacAskill, entonces lo llamaré de este modo aquí también.

Dichas ideas, en su encarnación moderna, databan de 1971, cuando el mismo Singer, de 25 años, era también un profesor de Filosofía en la Universidad de Oxford. El detonante había sido una inminente hambruna en Bangladesh. La visión de gente muriendo de hambre que podría haberse salvado si tan solo otra gente, más rica, hubiera enviado comida, incomodó a Singer lo suficiente como para ponerse a meditar en ello. En un ensayo llamado *Famine, Affluence, and Morality* (Hambre, opulencia y moralidad), buscó una manera de dramatizar la naturaleza de este fallo moral. «Estaba intentando pensar en un ejemplo de cuando estuviera mal no ayudar, aun cuando no fueras responsable del problema», dijo Singer. El ejemplo que se le ocurrió fue el de una persona que estuviera paseando y que se topara con un niño ahogándose en un estanque. «¿Qué harías *tú* en esta situación?», preguntó. «Ni siquiera lo pensarías. *Saltarías* al estanque y salvarías al niño, aun cuando eso significara arruinar tus costosos zapatos nuevos. Entonces, ¿por qué somos tan lentos para enviar el equivalente a dichos costosos zapatos nuevos para evitar que un niño bengalí muera de hambre?», cuestiona Singer. «La forma en que vemos los temas morales —nuestro esquema conceptual moral— debe cambiar, y con él la forma de vida que ya damos por sentada en nuestra sociedad», escribió en la que sería la primera de una enorme serie de arrebatos similares. Deberíamos hacer algo más que arruinar nuestros zapatos nuevos. Finalmente llegó a la conclusión de que necesitábamos dar a otros lo que teníamos hasta que el costo para nosotros sobrepasara los beneficios para ellos. Necesitábamos dejar de pensar en la caridad como algo que era bueno hacer, pero que no había problema si no lo hacías, y comenzar a verla como nuestro deber.

El mismo Singer hizo esto, y comenzó a donar más y más de sus ingresos. Naturalmente, su ensayo generó miles de refutaciones por parte de otros filósofos. «Los maestros lo daban a los estudiantes y decían: "Su tarea es encontrar dónde está mal el argumento"», recordó Singer. Hubo muchas quejas obvias: su historia trataba de un solo niño, no era práctico salvarlos a todos. Una vez que comienzas a dar todo, salvo lo mínimo necesario que necesitas para sobrevivir, ¿en dónde pones el alto? («En ocasiones no está mal dejar que un niño se ahogue» era el título de un contraargumento). Debajo de mucha de la crítica estaba el sentimiento de que Singer estaba complicando demasiado que la gente opulenta común viviera una vida moral. «Algunos escritores han argumentado [...] que debemos tener un código moral básico que no esté demasiado alejado de las capacidades del hombre común, pues de otra manera habrá un colapso general en el cumplimiento del código moral», escribió Singer en una de sus propias respuestas a esta idea, en su ensayo original. «Dicho crudamente, este argumento sugiere que si les decimos a las personas que deberían refrenarse de asesinar y dar todo, en realidad no necesitan aliviar la hambruna, no harán ninguna de las dos cosas, mientras que si les decimos que deberían refrenarse de asesinar y que es bueno dar para aliviar la hambruna, pero que no está mal no hacerlo, cuando menos evitarán asesinar».

El debate académico resultó no ser tan importante en el mundo real, ya que la gente opulenta común simplemente ignoró a Singer. Durante casi cuarenta años, cada vez que surgían sus ideas, nadie hacía nada, salvo removerse incómodos. En Princeton, la escuela repleta de gente opulenta común en la que Singer terminó dando clases, se le permitió dar un curso de ética práctica solo después de que los estudiantes lo pidieran. Pero entonces, en 2009, un pequeño grupo de jóvenes filósofos de la Universidad de Oxford se dispuso a poner en práctica las ideas de Singer. Un estudiante graduado e investigador asociado llamado Toby Ord fue el que lo inició al anunciar que donaría una tercera parte de su salario a beneficencias que demostraran ser efectivas en países pobres y luego explicó su razonamiento: con apenas un pequeño inconveniente para Ord, su dinero salvaría, a lo largo de su vida, a ochenta mil niños africanos de la ceguera. Will MacAskill siguió con una ofensiva encantadora para reclutar gente joven en los campus para la causa. «Lo que Toby y Will hacían era decir: "No, creemos que el argumento es válido"», recordó Singer. El nuevo movimiento social surgió directamente del argumento de cuarenta años de antigüedad de Singer. Altruismo eficaz, así llamaron los filósofos de Oxford a su movimiento, después de fracasar en encontrar un nombre mejor.

El argumento que MacAskill le presentó a Sam y a un pequeño grupo de estudiantes de Harvard en el otoño de 2012 iba más o menos así: tú, estudiante de una universidad de élite, pasarás aproximadamente ochenta mil horas de tu vida trabajando. Si eres la clase de persona que quiere «hacer el bien» en el mundo, ¿cuál es la forma más efectiva de pasar esas horas? Sonaba como una pregunta para la que solo había respuestas cualitativas, pero MacAskill la planteó en términos cuantitativos. Sugirió que los estudiantes juzgaran la efectividad de su vida contando el número de vidas que salvarían durante esas ochenta mil horas. La meta era maximizar el número.

Luego mostró a los estudiantes una diapositiva enlistando el tipo de carreras que podían estudiar, si las utilizaban para salvar vidas. Las agrupó en cuatro grandes categorías y puso ejemplos de cada una: Beneficiario Directo (doctor, trabajador en una ONG), Generador de Riqueza (banquero, consultor de gestión), Investigador (investigación médica, especialista en ética) e *Influencer* (político, maestro). Les dijo que con el tiempo tendrían que escoger qué clase de carrera seguir. Cada clase brindaba la oportunidad de salvar vidas, pero el cálculo era diferente para cada una, algo parecido al cálculo que se hace para escoger al héroe para jugar *Storybook Brawl.* Un Investigador o *Influencer* tenían la oportunidad de salvar una gran cantidad de vidas. Por ejemplo, el agrónomo Norman Borlaug (Investigador) había inventado el trigo resistente a enfermedades, lo que había logrado que aproximadamente doscientos cincuenta millones de personas no murieran de hambre. Sin embargo, Investigador e *Influencer* eran opciones engañosas: era difícil predecir quién sería bueno en ellas e incluso más difícil pronosticar sus efectos. Las probabilidades de que cualquier Investigador o *Influencer* salvara muchas vidas eran ínfimas.

La opción más evidente —la opción de la que MacAskill habló en su plática— estaba entre Beneficiario Directo y Generador de Riqueza. Para decirlo sin rodeos: ¿debes hacer el bien, o generar dinero y pagar para que otros hagan el bien? ¿Era mejor convertirse en doctor o en banquero? MacAskill hizo un cálculo aproximado del número de vidas que un doctor salvaba trabajando en un país pobre, donde era más barato salvar vidas. Luego propuso la pregunta: «¿Y si yo me convirtiera en un *banquero altruista* que siguiera una carrera lucrativa para donar mis ingresos?». Incluso un banquero de inversiones mediocre podría esperar ingresos suficientes a lo largo de su vida como para pagar varios doctores en África, y así salvar muchísimas vidas más que un solo doctor.

Luego llevó el punto más allá, hacia el tema del banquero de inversiones. «Lograr una diferencia requiere hacer algo que de cualquier forma no habría sucedido», opinó MacAskill. Si no te conviertes en doctor, alguien más lo hará y se seguirá practicando la labor médica. Por supuesto, si no te conviertes en banquero, alguien más lo hará —pero puede que esa persona se gaste el dinero en casas, coches, escuelas privadas para sus hijos y tal vez haga algunas donaciones a Yale (que no salvarán vidas). Muy poco de los ingresos de tu banquero sustituto llegarán a doctores en África. Morirá toda la gente que podrías haber salvado si te hubieras convertido en banquero y donado tus ingresos. Así, cualquiera con la capacidad de ir a Wall Street y generar vastas cantidades de dinero tenía una especie de obligación moral de hacerlo —aunque Wall Street le pareciera ligeramente desagradable. «Muchas carreras lucrativas son en realidad bastante inocuas», agregó MacAskill amablemente.

Genera para donar, así llamó MacAskill a su idea. La diapositiva final era una invitación: «Si estás aunque sea un poco convencido por los argumentos expuestos arriba, por favor, ven y habla conmigo al final». Incluso antes de que hubiera terminado, sabía qué tipo de persona se acercaría a hablar con él: la clase de persona que había obtenido ochocientos en el SAT[9] de matemáticas, y entendía que la prueba era demasiado ordinaria para capturar por completo sus capacidades. Al igual que Jane Street Capital, el movimiento altruista eficaz había llegado a Cambridge, Massachusetts, por un motivo. Aproximadamente tres de cada cuatro personas que se acercaban a MacAskill después de una de sus pláticas eran jóvenes con aptitudes en matemáticas o ciencias. «El grupo demográfico a quien atrae esto es el que tiene una inclinación por un doctorado en Física», comentó. «Los niveles de autismo son diez veces más que el promedio, hay mucha gente dentro del espectro».

Unos cuantos días después MacAskill le escribió un e-mail a otro altruista eficaz recién llegado, pues esperaba presentárselo a Sam.

> El otro día conocí a Sam en Cambridge, MA, está en primer año de física en el MIT. A pesar de que tiene el correo más friki que te puedas imaginar,[10] me impresionó muchísimo. Sus padres lo criaron como utilitarista, son profesores en Stanford; él es serio, dedicado y comprometido con hacer el bien, y parece verdaderamente inteligente y sensato también (por ejemplo, se toma en serio algunas de las ideas más raras, pero no se obsesiona con ellas). Está pensando en generar ingresos para hacer donaciones o entrar en la política.

Sam estuvo solo un paso atrás de los primeros en responder a este llamado a las armas. En el otoño de 2012 un estudiante de Peter Singer en Princeton se acababa de convertir, hasta donde Singer sabía, en el

---

9 SAT son las siglas de *Scholastic Aptitude Test*, el examen de admisión a las universidades en Estados Unidos (*n. de la t.*).

10 La dirección de correo electrónico de Sam era una secuencia de Fibonacci, un conjunto de números, cada uno de los cuales, a partir del tercero, es la suma de los dos previos. 0 1 1 2 3 5 8 13, y así sucesivamente.

primer estudiante universitario en aceptar un trabajo en Wall Street con el único propósito de ganar dinero para donarlo. Su nombre era Matt Wage y lo había contratado Jane Street Capital.

Ante juegos nuevos y extraños, el proceso de pensamiento relevante parece ser lo de Sam. Ante la presencia de gente nueva y extraña… no tanto, aunque en Jane Street Capital les tomó un poco de tiempo descubrirlo. En eso no lo habían puesto a prueba. Pero a finales del verano de 2013, nueve meses después de que lo contrataran, los ejecutivos lo llamaron para hablar sobre su desempeño. Las fortalezas que había revelado en las entrevistas claramente seguían siendo fortalezas. Había obtenido los mejores resultados en todos los juegos de negocios que la mayoría de los becarios. Era evidente que su mente se adaptaba bien a los mercados financieros modernos, tanto que, tan solo unas cuantas semanas después de que iniciaran las prácticas de verano, le ofrecieron un trabajo de tiempo completo.

La novedad eran sus debilidades. Nadie le hizo pruebas de habilidades sociales cuando entró. A ninguno de sus entrevistadores le importó cómo se relacionaba con los demás. Los ejecutivos le decían que no pocas personas en la empresa se estaban haciendo la misma pregunta que se hacía toda la gente sobre él: «¿Quién es este sujeto?». Recopilaron el equivalente a un historial delictivo. Habían sucedido varias cosas durante ese verano que hicieron que los ejecutivos se sintieran menos seguros sobre lo que pensaban de Sam. Y todo involucraba interacciones sociales. A algunos empleados fijos les molestaban sus movimientos nerviosos constantes, en particular la manera compulsiva de barajar un mazo de cartas. Un ejecutivo sénior se había sentido muy ofendido por la rudeza con la que Sam reveló lo tonta que era la pregunta que le había hecho a un grupo de becarios. Tal vez lo más alarmante era que varios empleados estaban molestos por su indiferencia hacia los sentimientos de los demás. Los ejecutivos citaron como ejemplo lo que Sam le había hecho a un compañero becario, llamado aquí Asher Mellman.

Habían animado a los becarios a apostar entre sí y con los empleados fijos. Los becarios habían pasado el verano apostando sobre lo que se les ocurriera: qué equipo ganaría un partido, cuántas gomitas podía comer un becario en 45 segundos, quiénes recibirían ofertas para trabajos de tiempo completo y así. Para evitar que las cosas se salieran de control, Jane Street fijó un límite de cien dólares diarios por becario. Las apuestas eran una herramienta de enseñanza. Les enseñaba a convertir apuestas que la mayoría de la gente no haría, o que haría a ciegas, en números que podían ser analizados. Los obligaba a pensar de manera cuantitativa sobre cosas cualitativas; a pensar sobre todo rigurosamente, incluso una competencia de comer gomitas. Después de todo, lo que Jane Street buscaba eran agentes que pudieran pensar más rápido y mejor que todos los demás en los mercados financieros globales.

El día en cuestión Sam había estado tranquilo. Fue Asher Mellman quien se acercó a él, lo cual lo sorprendió, porque Sam no soportaba a Asher. Este había llegado a la compañía desde Harvard, y Sam había decidido, bastante rápido, que era «falso, presumido y mediocre (tenía la posibilidad de empezar a trabajar con Nate Silver y se aseguraba de que todo el mundo lo supiera)». Sam se dio cuenta de que sus sentimientos eran más un reflejo de sus propios gustos que de un odio general hacia Asher. «No es que sea un sujeto antipático. A muchos les cae bien. Pero si no te cae bien, no te cae bien», dijo Sam. No le gustaba en particular la forma en que Asher intentaba impresionar a los demás, porque lo que él consideraba impresionante de sí mismo eran precisamente las cualidades que a Sam le molestaban de los demás. Asher alardeaba sobre la comida que consumía, y dedicaba más tiempo que la mayoría de los becarios a pensar qué ropa se pondría. «Tenía opiniones sobre qué suéter era un buen suéter, y sobre cuáles no». Sam sabía que mucha gente, él incluido, era mala para distinguir sus propias manías de la crítica sincera. «Me alteraba en puntos específicos en los que sé que soy sensible. Una parte mía dice: "Dios, Sam, ¿por qué te importa que a él le importe qué suéter usa?"», dijo. Pero le importaba mucho.

Y Asher se había acercado a él una mañana en la sala de conferencias. Ante el grupo de becarios de Jane Street.

—Apostemos —le había dicho Asher.

—¿Qué?

—Cuánto perderá un becario hoy en las apuestas.

El primer pensamiento de Sam fue sobre la selección adversa. La selección adversa era un tema favorito en Jane Street. En este contexto significaba que la persona más ansiosa por apostar contigo es la persona con la que más deberías preocuparte por no apostar. Por lo regular hay un motivo cuando la gente quiere apostar —o negociar— contigo: saben algo que tú no (por ejemplo, que tienen un primo segundo que jugó en las ligas menores). Lo primero que haces cuando alguien se acerca con una apuesta es asegurarte de que no desconoces algo que esa persona sí pudiera saber: alguna parte de la información; algún aspecto no obvio del problema. Muchas apuestas resultan tontas después de ocurridas debido a que la otra parte no pensó en el motivo por el que la apuesta se sugirió en primera instancia. Jane Street machacaba este desagradable hecho todos los días, y estos juegos de apuestas eran la herramienta.

Un agente podía acercarse a un grupo de becarios y decir algo así como: «Tengo unos dados en el bolsillo. ¿Alguien quiere apostar cuántos?». Los becarios, listos para apostar, también estaban ansiosos por impresionar a los agentes. Y entonces algún becario menos sensato lo hacía. Lo meditaba y (porque había leído la guía de Jane Street sobre cómo crear mercados) respondería algo así: «Dos a cinco, uno arriba» (esto es, «compraría» a dos dados o «vendería» a cinco dados). Otro becario, quien «vendió» al menos sensato, apostaría que el agente tenía menos de dos dados en el bolsillo, y el más inteligente ganaría un dólar por cada dado menor a dos que el agente realmente tuviera («uno arriba»). Si el agente tenía cero dados en el bolsillo, el becario que había creado el mercado le debería al becario más astuto dos dólares. Cualquiera que hubiera «comprado» al becario en cinco estaba apostando que el agente tenía más de cinco dados en el bolsillo —y ganaría un dólar por cada dado arriba de cinco—. Así, si «comprabas» en cinco y el agente tenía solo dos dados en el bolsillo, le deberías al becario tres dólares. Por el otro lado, si el agente tenía nueve dados, el becario te debería cuatro dólares.

El agente no los estaba poniendo a prueba en busca de alguna habilidad para hacer suposiciones inteligentes sobre el número más grande o más pequeño de dados que tenía una persona que anduviera por ahí con dados en su bolsillo. Los estaba poniendo a prueba para ver si el becario tenía la idea de hacer metapreguntas: «¿Por qué me está preguntando el agente cuántos dados tiene en el bolsillo? ¿Qué riesgo puede estar disfrazando?». «Dos a cinco, uno arriba» parecía algo razonable —si no hacías esas preguntas—. Después de todo, el agente tal vez tenía *algunos* dados en el bolsillo, si no era así, ¿por qué estaría preguntando? Y si tuviera más de cinco dados en el bolsillo, seguramente se le vería un bulto. Sin embargo, «dos a cinco, uno arriba» no era algo razonable. «Dos a cinco, uno arriba» era lo único que necesitabas escuchar para saber que al becario nunca se le ofrecería un trabajo fijo como agente de Jane Street. Esto fue obvio para todos después de que el becario dijo: «Dos a cinco, uno arriba», y el otro becario, más astuto, hubo «comprado» a cinco. Y el agente extrajo de su bolsillo un saco que contenía un gran total de 723 dados extremadamente pequeños.

—Solo quiero aclarar —le dijo Sam a Asher Mellman—, que esto no se arreglará por encima de cien ni por debajo de cero, ¿verdad? —Esto es, lo más que cualquier becario podía perder en un día era cien dólares y lo mínimo era cero.

—Así es —contestó Asher.

—¿De verdad quieres apostar conmigo? —preguntó Sam.

—Sí.

—¿Por qué?

—Será divertido.

—¿Vendes o compras?

—Depende del precio —contestó Asher.

Para entonces Sam ya sabía la mayor parte de lo que necesitaba saber —que Asher no había pensado demasiado la apuesta que se le había ocurrido—. «Si yo fuera una persona más madura, no habría aceptado la apuesta», recordó Sam. En cambio dijo:

—Compro en cincuenta. —Como «comprador», Sam apostaba que un becario perdería más de cincuenta dólares ese día. Si el que perdiera más solo perdía cuarenta dólares, Sam le debería diez dólares a Asher, pero si perdía sesenta dólares, sería Asher el que le debiera a Sam diez dólares.

—Sesenta-cinco —replicó Asher. Sam aceptó de inmediato, luego volteó hacia los otros becarios en la habitación y gritó:

—¿Quién quiere lanzar una moneda conmigo por 98 dólares? —La conferencia del día no había comenzado, pero el cuarto de conferencias se estaba llenando. Un grupo de becarios ya esperaba por ahí—. ¡Le pagaré un dólar al que lo haga! —gritó Sam. («Para ese momento los becarios ya eran adictos a las apuestas y al juego con un valor esperado positivo más que nada en el mundo»).

De acuerdo con la manera de pensar de Jane Street, Sam estaba regalando dinero. Un becario sentía el equivalente a una obligación profesional de aceptar cualquier apuesta con un valor esperado positivo. El hecho de lanzar la moneda era una propuesta de 50-50, y entonces el valor esperado para el que aceptara la apuesta de Sam era un dólar: $(0.5 \times \$98) - (0.5 \times \$98) + \$1 = \$1$. El valor esperado de la posición de Sam era aún mejor, gracias a la apuesta que tenía con Asher con la que le pagaría un dólar por cada dólar que excediera los 65 que perdiera ese día cualquier becario. Después de lanzar la moneda, Sam o cualquier otro becario habría perdido 98 dólares: ganara o perdiera con lo de la moneda, Sam recibiría 33 dólares de Asher (la diferencia entre 98 y 65).

Asher era el único con un valor esperado negativo. Asher perdería pasara lo que pasara. Y estaba evidentemente avergonzado.

Sam ganó el primer lanzamiento, pero solo era el inicio. Para maximizar el sufrimiento de Asher, algunos becarios debían perder cien dólares.

—Le pagaré un dólar a cualquiera que lance una moneda conmigo por 99 dólares —gritó Sam.

Tenía una máquina de apuestas en las que ambas partes disfrutaban de un valor esperado positivo. El nombre de esa máquina era Asher. Los becarios hacían fila para aceptar la apuesta. «La gente se obsesiona con el dinero gratis si lo presentas de la manera adecuada», expresó Sam. Para ese momento ya se encontraba en pleno modo de apostador obsesivo. «Nada me iba a detener. Me habría sentido satisfecho si me hubiera pasado el resto de las prácticas lanzando la moneda». Y durante un tiempo pareció que así sería, ya que ganó el segundo lanzamiento.

—¡Le pagaré un dólar a cualquiera que lo haga por 99.5! —gritó.

Los demás becarios obviamente se sentían obligados a aceptar las apuestas, pero el ambiente en la habitación estaba cambiando en respuesta a los sentimientos de Asher. Además, ya había llegado el agente que iba a dar la conferencia y estaba observando todo. Pero Sam también ganó el tercer lanzamiento, entonces, desde su punto de vista, la apuesta todavía no había terminado.

—¡Le pagaré un dólar al que lo haga por 99.75! —gritó.

No fue sino hasta el cuarto lanzamiento que perdió, y para ese momento todos se sentían incómodos por la humillación de Asher, todos menos Sam. Y se sintió ligeramente sorprendido cuando, unas pocas semanas después, sus superiores expresaron su consternación por lo que había hecho. «Dijeron que el segundo lanzamiento ya había sido excesivo», dijo Sam. No le sorprendió enterarse de que Asher

Mellman se sentía herido; lo que lo sorprendió fue que sus jefes creían que no había visto el efecto que estaba teniendo en los demás. Pero había sabido exactamente lo que estaba haciendo. Lo que él le había hecho a Asher no era más que lo que Jane Street les hacía todos los días a sus competidores en los mercados financieros. «No era como si yo no supiera que me estaba comportado como un imbécil con Asher. Lo importante era: ¿debería decidir poner en primer lugar hacer sentir bien a la gente a mi alrededor o demostrar mi punto?», se preguntó. Sam pensó que sus jefes habían malinterpretado sus problemas sociales. Creían que necesitaba aprender a entender a los demás. Sam creía lo contrario: «Entiendo bastante bien a los demás. Pero ellos no me entendieron a mí».

4
La marcha del progreso

El piso de operaciones de Jane Street era un cuarto grande con montones de sonidos raros. Los efectos de sonido estaban seleccionados para alertar a los agentes de que había un problema potencial que debían atender. Por ejemplo, el ruido de cristal al romperse les advertía que sus máquinas habían hecho alguna transacción a un precio extrañamente malo. Había diferentes tipos de sonidos: el «1-UP» de *Super Mario Bros.*, el de Homero Simpson diciendo «¡Ou!», una voz del juego original de *StarCraft* gritaba con voz ominosa «You must construct additional pylons!», y si no sabías qué estaba pasando, sonaba como un *arcade*. En los momentos más ocupados el escándalo llegaba a tal extremo que un candidato al que estaban entrevistando por teléfono se quejó de que la entrevistadora estaba jugando videojuegos. Después de eso, Jane Street ordenó a sus agentes que cuando hicieran entrevistas telefónicas advirtieran de antemano que no estaban jugando. «El sonido provocaba que algunos enloquecieran. A mí me encantaba. Te sumergía en las transacciones», dijo Sam.

Había una danza entre los mercados financieros y los que trabajaban en ellos. La gente moldeaba los mercados, pero en respuesta los mercados moldeaban a la gente. Los mercados que estaban a punto de moldear a Sam Bankman-Fried habían sido, durante más o menos la década anterior, moldeados de forma que la mayoría reducía los sonidos que hacían. La crisis financiera de 2008 no era precisamente responsable de lo que estaba pasando, pero sí había contribuido en parte. Los bancos de inversión como Goldman Sachs y Morgan Stanley que alguna vez habían tomado las transacciones de riesgo más interesantes se habían vuelto más torpes y más estrictamente regulados. Los estaban empujando al aburrido papel de Wall Street que alguna vez jugaron los grandes bancos comerciales. La actividad financiera se movió a una nueva clase de empresas de transacciones privadas envueltas en secreto. Para 2014, cuando Sam comenzó a trabajar como agente fijo en Jane Street Capital, las instituciones financieras en el centro de los mercados —aquellas que fijaban los precios de los activos globales— no eran los viejos bancos de inversión, sino empresas de transacciones de alta frecuencia como Jane Street, de las que nadie había escuchado. Las cantidades de dinero que hacía la gente que dirigía estos lugares eran de una magnitud muchísimo mayor que las que habían hecho jamás los que dirigían los grandes bancos de inversión. En 2013 el sujeto que creó Virtu Financial, Vinnie Viola, desembolsó 250 millones de dólares por el equipo de hockey Florida Panthers. De acuerdo con *Forbes*, el que creó Citadel Securities, Ken Griffin, tenía una fortuna de 5 200 millones de dólares. Jane Street no divulgaba sus ganancias, ni siquiera a sus empleados, pero Sam podía ver el registro completo de sus transacciones e imaginaba que en cada uno de los cinco años anteriores era probable que hubiera generado ganancias por, cuando menos, un par de miles de millones de dólares para el puñado de socios. «Para 2014 lo único que tenías que hacer era ver el CI de la gente que iba a Morgan Stanley y la que iba a Jane Street para saber lo que estaba pasando», dijo Sam.

Los nuevos mercados financieros tenían algunas propiedades particulares. Por principio de cuentas, se estaban volviendo cada vez más automatizados. La gente no hacía transacciones directamente con otra gente. Las personas programaban las computadoras para hacer transacciones con otras computadoras. Quitar a los humanos permitió que las transacciones financieras crecieran y fueran más rápidas que nunca antes. La velocidad se convirtió tal vez en el único atributo de más valor en el sistema de transacciones. Los mercados estaban enfrascados en una especie de deforestación de la información: un intento de reducir a cero el tiempo que se necesitaba para registrar cualquier pieza de información en los precios de los activos financieros. «Es el juego más complejo y eficiente del mundo. Habían dedicado más esfuerzo en optimizar el juego que en nada más», explicó Sam. De las cantidades de dinero que se extraían del juego —y las cantidades de dinero que daban las empresas de transacciones de alta frecuencia a las bolsas de valores de Estados Unidos para conseguir acceso más rápido a su información— puedes ver que una ventaja de unos pocos milisegundos valía claramente miles de millones de dólares al año para quien fuera que la poseyera. Si la velocidad añadía algo de valor a la economía era otra cuestión: ¿realmente importaba si los precios de los activos se ajustaban a la nueva información en dos milisegundos en vez de en un segundo? Tal vez no, pero la nueva tecnología sí hizo posible que el sector financiero elevara las rentas que le cobraba a la economía real.

También cambió a la clase de persona que cobraba esas rentas. Para el verano de 2014 podías ver todavía, en la forma de los cuerpos en el piso de operaciones de Jane Street, los cambios que habían ocurrido en los mercados financieros. Los agentes más antiguos, cualquiera mayor de 30 años, estaban forjados de diferente manera que los jóvenes. Eran más grandes y más altos; sus voces más fuertes. Los que habían fundado Jane Street en 1999 eran un equipo variado de hombres blancos provenientes de todos lugares. Habían alcanzado la mayoría de edad en un tiempo en el que las transacciones todavía se hacían humano a humano, ya fuera en pisos de transacciones o en las áreas específicas de transacción. Sus cuerpos necesitaban verse en medio de una multitud y sus voces escucharse. También eran menos dotados intelectualmente. Tenían la tendencia a ser rápidos en cálculos mentales, pero no tanto en el pensamiento analítico de alto nivel.

En una de esas gráficas de «marchas del progreso» que dramatizaban la evolución del simio al hombre representaban tal vez la penúltima etapa del Hombre Financiero: casi sin cabello, apenas erguido, pero cargando todavía un garrote al hombro que utilizaba para imponer un mayor sentido de jerarquía sobre los agentes más jóvenes e igualitarios.

Los agentes más jóvenes eran *Homo sapiens* completos. Habían sido cosechados de la pequeña parte de la población identificada en una edad temprana como dotada de un pensamiento de alto nivel. Muchos habían asistido a un campamento de matemáticas en la preparatoria. Casi todos habían sobresalido en ciencias de la computación o en matemáticas en el MIT, Harvard, Princeton o Stanford. Eran menos hábiles socialmente que los agentes más grandes porque podían permitírselo. Ya que las transacciones se hacían máquina a máquina, importaba menos qué tan bien negociaran con otras personas. Lo realmente importante era su habilidad para ayudar a la máquina a reemplazar a los humanos en los mercados financieros, ya fuera de manera directa programando códigos, o indirecta dando instrucciones que podían ser codificadas. Para su mente era una tontería no dejar que la computadora hiciera todos los cálculos mentales.

Pero en Jane Street había límites sobre qué tan desagradable socialmente podía ser un agente. Sam los había puesto a prueba. Después de las prácticas de verano se dispuso a abordar las críticas de sus superiores. Desde hacía mucho se había dado cuenta de que su inhabilidad para expresar emociones generaba una distancia entre él y los demás. Solo porque no sentía la emoción no significaba que no pudiera expresarla. Comenzó con sus expresiones faciales. Practicó obligar a su boca y ojos a que se movieran de formas que no lo hacían naturalmente. «No es cualquier cosa fingir algo. Era físicamente doloroso, se sentía antinatural, y no era bueno en ello. No se veía bien», dijo.

Al principio no estaba seguro de que sus esfuerzos significarían una mejora en el *statu quo*, pero sospechaba que tampoco empeorarían la situación. La habilidad para sonreír no cambiaría la forma en la que trataba a Asher Mellman, pero tal vez podría cambiar la forma en que los demás se sentían al respecto. La habilidad para indicar a los otros cómo se sentía sobre lo que sea que fuera que dijeran o hicieran lograría, cuando menos, evitar muchos malentendidos. Como era de esperarse, en el piso de operaciones finalmente comenzó a ver un relajamiento superficial en sus relaciones con los demás. «No fue sino hasta Jane Street que me volví bueno en ello. Se volvió más fácil, como si mis músculos hubieran comenzado a aflojarse, e hizo que le cayera mejor a la gente. Me hizo capaz de encajar mejor», reconoció.

Jane Street lo instaló en el que era el lugar más rentable de la empresa, en el que se negociaban los fondos de inversión internacionales. Los fondos de inversión cotizados agrupaban activos (acciones, bonos, productos) que de otra forma a los inversores se les dificultaría comprar por cuenta propia. El primer fondo de inversión estadounidense listado, nacido en 1993, seguía siendo el más grande: un fondo creado por la bolsa de valores y State Street Global Advisors, que contenía todas las acciones en el S&P 500. Después hubo fondos de inversión para todo. Los fondos de inversión que solo tenían acciones de pequeñas compañías indias o de grandes brasileñas. Fondos de inversión llenos de acciones de la industria pesquera o únicamente acciones de compañías de marihuana o solo las empresas en las que invirtió Warren Buffett. Cualquier inversión que te pudieras imaginar podía expresarse en forma de un fondo de inversión y venderse al público inversionista —en 2021 alguien creó un fondo que invirtió en empresas cuyos productos eran amados por las mujeres estadounidenses de la clase media alta—. Sin nunca recurrir a capital externo, Jane Street pasó de tener en 1999 unos cuantos agentes con unos cuantos millones de dólares, a aproximadamente doscientos agentes con varios miles de millones de dólares en 2014. Un gran motivo fueron los fondos de inversión, cuyo valor global creció de menos de 100 000 millones de dólares a 2.2 billones de dólares (en camino a convertirse en diez billones en 2022). Cuando los fondos de inversión cambiaron de manos, con frecuencia Jane Street estaba presente para llevarse una mordidita de la transacción.

El papel del agente de Jane Street —una de las más grandes fuentes de ganancias— era mantener los precios de todos estos fondos de inversión en línea con los activos que contenían. El costo de cualquier fondo de activos siempre debía, en teoría, ser igual a la suma de los activos contenidos en el fondo. Negociar un fondo de inversión era como negociar un sándwich de jamón con queso, como lo expresa un agente. Si conoces el precio de una rebanada de jamón, de una rebanada de queso y del pan, sabes cuál debería ser el costo del sándwich: la suma de los ingredientes. Si el costo de estos excedía el precio del sándwich, comprabas el sándwich y vendías los ingredientes por separado. Si el costo del sándwich excedía el costo de los ingredientes, comprabas los ingredientes y vendías el sándwich.

Sam dedicaba parte del día alineando el precio de montones de sándwiches de jamón y queso con el de sus ingredientes. Pasaba los primeros nueve minutos de cada día descubriendo qué contenía el sándwich, ya que durante la noche cambiaba el contenido de los fondos de inversión. Aunque era la parte menos emocionante de su trabajo, el juego del sándwich tenía sus momentos. Las compañías que los habían creado únicamente exportaron el problema de ponerles precio a sus creaciones hacia Jane Street y otras firmas de alta frecuencia. Si un inversionista llegaba y decía que quería comprar, digamos, cien millones de algún fondo de inversión lleno de acciones indias, lo mandaban con Sam para que le diera un costo. Para determinarlo, y una vez que había descubierto cuáles eran los costos actuales de las acciones, Sam no podía hacer un cálculo sencillo con esos costos. Tarde o temprano necesitaría comprar las acciones individuales y su demanda elevaría los precios a una cantidad difícil de determinar. También tendría que pagar los impuestos indios de la transacción financiera —entonces necesitaba tomar eso en cuenta—.

La bolsa india abría hasta las 9:15 a. m., hora de Bombay, es decir, 11:45 p. m., hora de Nueva York. Sam podía comprar acciones indias hasta que abriera y estaría expuesto a cualquier noticia que pudiera afectar el mercado. Debía considerar la identidad del comprador final, ya que era posible que algunos compradores tuvieran mejor información que él sobre las acciones indias. De igual forma debía considerar la posibilidad de que una o más de las otras firmas de alta frecuencia a las que también se les hubiera pedido ofertar esas acciones estuvieran a punto de adelantarse a la operación y elevar así los precios. Encima de todo ello, contaba con tal vez 15 segundos para determinar un precio, aunque, si tenía suerte, tendría una pequeña advertencia y quizá unas horas para pensarlo. De cualquier forma, los otros agentes siempre estaban compitiendo para cerrar la misma transacción. En ninguna transacción había mucha ganancia.

Entonces, los fondos de inversión no estaban libres de riesgos. Como norma, Sam siempre estaba buscando cuál moneda cargada lanzar. Y el mundo real rara vez te ofrecía monedas cargadas evidentemente a tu favor. No lanzabas una moneda que estuviera 80-20; si tenías suerte, lanzabas una 60-40; lo más probable es que todo el día estuvieras lanzando una 53-47. Por supuesto, incluso una moneda cargada a tu favor podía caer del lado equivocado a lo largo de muchos lanzamientos, y entonces, aunque hicieras bien tu trabajo, podías perder dinero. La idea central en los negocios de Jane Street era asegurarse de que ningún lanzamiento o lanzador hiciera mucha diferencia. Los doscientos agentes de la firma tenían alguna aptitud inusual para identificar las monedas cargadas. En conjunto lanzaban monedas millones de veces al día. La ley de la probabilidad terminaba imponiéndose. Aun así, Jane Street también tenía días y semanas en los que perdía, e incluso, aunque raro, meses en los que perdía.[11] «El riesgo

[11] Lo que te dice algo sobre Jane Street. En 2014, el año en que Sam se unió a Jane Street, Virtu Financial presentó una solicitud ante la Comisión de Bolsa y Valores de Estados Unidos para vender acciones al público. Su propuesta revelaba que en 1 238 días

más grande era que no pudiéramos encontrar suficientes monedas para lanzar», dijo Sam.

Al igual que todos los agentes de la compañía, Sam siempre estaba buscando formas de automatizar sus decisiones de transacciones. Como dice el escritor Byrne Hobart, los agentes de Jane Street estaban enganchados «en un proceso constante de encontrar y extender la eficiente frontera en la que las computadoras pueden reemplazar a los humanos en las finanzas». El trabajo del agente de Jane Street no era nada más optimizar los mercados financieros sino optimizarse a sí mismo al mantener su atención enfocada en la decisión más valiosa que pudiera tomar. Enséñale a la máquina a tomar ciertas decisiones y te liberarás de tener que buscar nuevas monedas cargadas para lanzar. Para empoderar a la máquina únicamente debías identificar los patrones en los mercados que pudieran ser capturados en un código de computadora. Haz eso y, cuando los inversionistas te pidan ofrecer cien millones de dólares en el fondo de inversión indio, no necesitarás sentarte a calcular los impuestos que pagarás por la transacción financiera, hasta qué

---

de transacciones solo había tenido pérdidas en un día. Acababa de finalizar un año de haber generado ganancias en el mercado bursátil todos los días. El lector puede sabiamente preguntarse: «¿Cómo logra una firma hacer eso?». La respuesta está más allá del alcance de esta historia, pero se responde en parte en un libro que escribí en 2014 llamado *Flash Boys: la revolución de Wall Street contra quienes manipulan el mercado.* El objetivo aquí es que aunque de lejos las firmas de alta frecuencia parecían intercambiables —sus transacciones eran automatizadas, todas funcionaban como intermediarias en los mercados financieros—, se diferenciaban en la forma de generar ganancias. Compañías como Virtu y Citadel les pagaban a las bolsas de valores estadounidenses por la ventaja de la rapidez que les permitían negociar en contra de las otras en el mercado con muy poco riesgo, lo que explicaba por qué nunca tenían pérdidas. Terminaban el día sin posiciones (operaciones) en el mercado. Su habilidad, si se le puede llamar así, era generar una imagen del mercado de valores para ellos mismos, mucho más rápido que las demás —es por eso que, cuando buscaban talento joven, querían programadores que pudieran hacer que sus máquinas fueran más rápidas que los agentes que tomaban decisiones de riesgo—. Jane Street nunca había entrado en serio en los juegos de rapidez del mercado estadounidense de valores, y tal vez lo lamentó. Su fortaleza relativa habían sido siempre los discutibles mercados más justos, en donde no se podían comprar así nada más las ventajas que les ofrecía a los agentes de alta frecuencia, digamos, la bolsa de Nueva York. Si firmas como Virtu y Citadel jugaban un juego de velocidad, firmas como Jane Street jugaban un juego mental.

grado es nocivo el comprador, o incluso qué tanto podían subir las diversas acciones indias cuando abrieran los mercados. Podías presionar un botón y la máquina haría todas las valoraciones necesarias y la transacción podría llevarse a cabo o no.

Por supuesto que de cualquier forma debías vigilarla. Si, digamos, una bomba nuclear hubiera explotado en Bombay después de que cerrara el mercado indio, no necesitabas una máquina que estuviera preprogamada para comprar y vender acciones. El agente de Jane Street trataba a las máquinas como brazos robóticos; les permitían hacer mucho más de lo que podrían con sus propios brazos, pero aun así tenían que emplearlos para hacerlas funcionar. La mayoría de las veces la máquina era mucho más eficiente que los humanos en las decisiones de transacciones, en especial cuando el humano solo disponía de 15 segundos para analizarlas. «Me sentía más valioso cuando me dedicaba a identificar áreas que no habían sido automatizadas, pero que podían serlo. La máquina era mejor que la gente porque la gente tendría que hacerlo muy rápido», recordó Sam

Jane Street generaba ganancias en el negocio de los sándwiches. También lo hacía al encontrar patrones estadísticos en los mercados que otros no veían. Por supuesto, los agentes se han dedicado desde siempre a buscar patrones que los mercados han pasado por alto. La diferencia entre lo que ocurría en Jane Street y lo que pasaba en, digamos, el piso de operaciones en la década de 1980, era de grado en vez de clase. La información había reemplazado a la corazonada. El procedimiento estándar en la firma era que los agentes observaran de reojo a las máquinas hacer transacciones mientras ellos llevaban a cabo pequeños proyectos de investigación (las transacciones ocupaban más o menos el mismo lugar dentro de la atención de Sam que después ocuparían los videojuegos). Por ejemplo, un agente en el banco internacional de fondos de inversión podía comenzar con la siguiente pregunta: cuando el precio del petróleo se mueve durante las horas hábiles estadounidenses, ¿qué pasa en los fondos de inversión de acciones de compañías de los grandes países productores de petróleo, cuyos mercados están cerrados? Si el precio del petróleo subía durante la comida en Nueva York, las acciones de, digamos, las compañías nigerianas, probablemente subirían más —pero el mercado nigeriano de valores estaba cerrado—. Sin embargo, los fondos de inversión de acciones nigerianas estaban vivitos y negociando en las bolsas estadounidenses. ¿Tal vez estos fondos de inversión listados en Estados Unidos no respondían tan rápido como deberían haberlo hecho ante los movimientos en el precio del petróleo? ¿Tal vez hay oportunidad de anticipar el aumento que inevitablemente ocurrirá en las acciones nigerianas cuando la bolsa nigeriana abra mañana? ¿Tal vez nadie más había pensado en eso? No había forma de responder esas preguntas sin llevar a cabo un estudio del histórico de los movimientos del precio. Los agentes de Jane Street dedicaban mucho tiempo a estos proyectos de investigación financiera.

No era suficiente que el agente generara ganancias. Debías poder explicar por qué estaba generándolas. Un gran agente en Jane Street no era grande a menos que pudiera explicar por qué lo era —y vaya que había algunos grandes—. Como dijo un antiguo agente: «Era: "¿Por qué eres grande y cómo podemos duplicarte?". Y si no podías contestar la pregunta, dudaban de ti». Pero estos pequeños proyectos de investigación no necesitaban comenzar de una manera digna, con alguna teoría sobre por qué algún mercado podía ser ineficiente. Con frecuencia los disparaba un suceso extraño que el agente había observado durante la jornada. Por ejemplo, podrías ver, como hizo Sam en alguna ocasión, que justo 12 horas después de que el precio de ciertas acciones surcoreanas subiera en la bolsa de Seúl, el precio de ciertas acciones japonesas subió en la bolsa de Tokio. Tal vez tu primer pensamiento sería que se trataba de una simple coincidencia. Pero se seguía repitiendo. Entonces podías investigar un poco más en la información antigua y darte cuenta de que había venido ocurriendo lo mismo durante meses con esas acciones. Podrías haber hecho negocio ahí y comprar acciones japonesas en el instante en que subieran las de Corea del Sur. Tal vez lograrías alguna ganancia.

Sin embargo, con esto no habrías cumplido con el sistema de Jane Street, porque no supiste *por qué* subieron las acciones japonesas 12 horas después de las surcoreanas. Y entonces deberías investigar un poco más —como hizo Sam—. Y descubrió que los precios de ambos fondos de inversión eran manejados por un solo agente en un banco alemán. Cada cierto número de días el agente del banco alemán tenía un grupo de órdenes de compra que ejecutar, tanto en Corea del Sur como en Japón. Hacía sus compras en Corea del Sur antes de terminar de trabajar y pasaba las órdenes japonesas para que sus colegas asiáticos las hicieran cuando despertaran allá en Tokio. Entonces el agente de Jane Street podía, feliz de la vida, ver el movimiento en el fondo de inversión coreano y comprar el fondo de inversión japonés hasta que el alemán muriera, se retirara o descubriera cuánto le había costado su flojera.

Sam descubrió que el éxito de muchas transacciones se debía a la estupidez de algún agente o algoritmo. Las transacciones de Asher. Durante dos semanas seguidas el índice principal de la bolsa de valores de Canadá se comportó de manera extraña al inicio de operaciones cada mañana. A las 9:30 a. m. subía o bajaba con violencia y luego, a las 9:31 a. m., regresaba a sus niveles anteriores. Esa no era la forma en que se comportaba normalmente un mercado como respuesta a las noticias, algo más estaba ocurriendo. Sam llevó a cabo un estudio y descubrió que un mes antes alguien había hecho una operación multimillonaria en opciones sobre el índice del mercado de valores canadiense. El agente que la hizo necesitaba cubrir su posición cada vez que el precio del índice canadiense se moviera. Para ello había creado un bot que de manera automática compraba el índice canadiense cuando subía, y lo vendía cuando bajaba, con lo que provocaba que subiera o bajara más de lo que lo habría hecho de otra manera. En los días en que la bolsa de valores canadiense abría a un precio más alto que el día anterior, el bot compraba el índice, lo que hacía que su costo subiera aún más y que el bot comprara más. Hacía lo contrario cuando el índice abría a un precio menor que el día anterior. La mesa de operaciones de Sam hizo una pequeña fortuna durante dos semanas con el simple hecho de vender el índice canadiense después de que el bot lo hubiera comprado, y comprándolo cuando el bot lo hubiera vendido, hasta que el agente que había creado el bot se dio cuenta y lo apagó. «Básicamente fue ingeniería inversa del algoritmo tonto de alguien más», dijo Sam.

La cacería constante de patrones estadísticos en los mercados conducía a todo tipo de percepciones extrañas. Por ejemplo, cada vez que Brasil ganaba un partido de la Copa del Mundo, el mercado de valores brasileño se derrumbaba porque se creía que el hecho de que hubiera ganado incrementaría las posibilidades de reelección de la presidenta Dilma Rousseff, quien era considerada corrupta. Entonces, si lograbas tener acceso a una percepción más veloz y acertada de las probabilidades para el siguiente partido de la selección brasileña, obtendrías una moneda cargada con la cual entrar al mercado de valores brasileño. Por poner otro ejemplo, a finales de octubre de 2016 los mercados de valores mundiales se movían notablemente en respuesta a cualquier noticia que pareciera alterar las posibilidades de que Donald Trump se convirtiera en presidente de Estados Unidos. En ese momento parecía como si las próximas elecciones fueran a ser las más relevantes para los mercados bursátiles mundiales de la época moderna. Los agentes en la mesa de operaciones de fondos de inversión internacionales de Jane Street estuvieron peloteando ideas sobre la forma de negociar con eso; algunos señalaron cómo, lentamente, de acuerdo con los estándares de negociación de alta frecuencia, los resultados electorales se habían abierto camino en los mercados financieros.

Sam tomó el liderazgo en este proyecto en particular. No había un sistema nacional estandarizado para reportar el voto en una elección presidencial en Estados Unidos. Cincuenta estados decidían cómo y cuándo liberar la información de sus elecciones. Algunos estados se movían más lento que otros; algunos tenían sitios web decentes en los que sumaban los totales; otros no. «La mayoría de los estados tenía unos 17 sitios diferentes», dijo Sam. Aunque si los estados fueran, de alguna manera, muy eficientes en la recolección de información, había la posibilidad de que hubiera un retraso antes de que los resultados llegaran a los mercados financieros. «En Jane Street casi todos tenían la misma sensación», explicó Sam. «De que sería sorprendente si no podías lograrlo».

Esto es, sería sorprendente que Jane Street no se enterara de los resultados de la elección presidencial antes que los demás en los mercados financieros o, ya que estamos en esas, el mundo entero. Después de todo, los mercados bursátiles seguían enterándose de los acontecimientos de la misma manera que el público en general, viendo a John King en CNN. Su programa televisivo no estaba diseñado para maximizar las ganancias de los agentes de alta frecuencia. «Tenía comerciales, entonces John King no tenía que preocuparse por un retraso de dos minutos. Además, le tomaba 15 segundos atravesar el estudio hasta el mapa», dijo Sam. Los agentes de Jane Street se habían acostumbrado tanto a conseguir la información más rápido que los demás en los mercados financieros que habían dado por sentado que también lo podrían hacer en los mercados políticos.

En pocas palabras, construyeron un modelo —similar a los que usan las cadenas de noticias y el sitio web de predicción política FiveThirtyEight— para darle sentido a la información que estaban a punto de conseguir más rápido que nadie. Sam reclutó agentes jóvenes de otras mesas de operaciones para que se convirtieran en expertos en información electoral local. Le solicitó a cada agente que localizara la fuente de información electoral para cada estado. Uno escogió Míchigan, otro Florida, y así sucesivamente. Sam dio por sentado, junto con sus compañeros, que conseguir la información de las votaciones más rápido que nadie sería la parte difícil. La estrategia de negocios parecía tan obvia que no la pensaron realmente. En las semanas previas a las elecciones había habido un patrón: todos los mercados de valores se derrumbaban cuando había buenas noticias para Trump, y subían cuando las noticias eran buenas para Clinton. Las buenas noticias para Trump habían demostrado ser malas en particular para los mercados emergentes, como México. El plan de Jane Street no era tan complicado. Conseguirían los resultados de las votaciones antes que nadie, esa información cambiaría las probabilidades de la elección hacia un lado o el otro, y ellos comprarían o venderían las acciones tanto en Estados Unidos como en los mercados emergentes como consecuencia.

La noche del 8 de noviembre de 2016 la máquina que Sam había diseñado y supervisado funcionaba maravillosamente. Los agentes de Jane Street sí eran capaces de adelantarse a CNN, en ocasiones por segundos, pero por lo regular por minutos, y rara vez por horas. «¡Trump va arriba!», gritaba un agente y otro vendía acciones. Cinco minutos después John King confirmaba la noticia y el mercado se movía.

Conforme fue avanzando la tarde se relajaron las preocupaciones de Jane Street de que otras firmas de alta frecuencia pudieran estar haciendo lo mismo. «Los mercados se movían a la velocidad de CNN, no a la velocidad de la información. Estábamos seguros de que poseíamos mejor información que el mercado. Teníamos la idea de que si alguien más lo estaba haciendo, debía ser alguien pequeño», dijo Sam. Esa tarde, en siete ocasiones los resultados de las votaciones que llegaron cambiaron las probabilidades en un máximo de 5%, ya fuera en una dirección o en la otra, y en siete ocasiones Jane Street estuvo adelante en el movimiento del mercado. Los resultados en el extremo noroeste de Florida fueron los más dramáticos. Después del primer conteo de votos parecía que Clinton había ganado el estado —y por tanto, la elección—. Florida era muy importante, y el extremo noroeste apoyaba tanto a Trump que en el modelo de Jane Street movía sus probabilidades de ganar la presidencia de un 5 a un 60%. «Vimos lo que ocurriría en el extremo noroeste de Florida antes de que John King lo viera. Incluso tuvimos tiempo para espantarnos, para pensar que debía haber un error de tecleo, de verificar que no había tal error y decir: "¡Al demonio, vendamos!"», comentó Sam

Para cuando terminaron, Jane Street había apostado varios miles de millones de dólares en contra de S&P 500 y más o menos otros 250 millones en contra de los mercados de valores de otros países, en particular México, cuyas economías probablemente se verían afectadas por la presidencia de Trump. A eso de la una de la mañana, después de 24 horas electrizantes sin parar, Sam había dejado la mesa de operaciones para dormir un poco. Parecía que los mercados ya habían digerido las noticias del triunfo de Trump. Jane Street había logrado, quizá, la transacción más rentable que hubiera hecho jamás. «Fue el día más estimulante que había tenido en Jane Street», dijo Sam.

Regresó tres horas después para descubrir que los mercados habían cambiado de parecer sobre los efectos probables de Donald Trump en los mercados bursátiles mundiales. «Se suponía que sería un apocalipsis. Y tal vez lo fue, pero no en los mercados estadounidenses», mencionó Sam. De hecho, los mercados en Estados Unidos se habían recuperado, y la mayor parte de la apuesta de Jane Street había sido en contra del mercado de valores estadounidense. «Lo que había sido una ganancia de trescientos millones de dólares se había convertido en una pérdida de la misma cantidad. Pasó de ser la transacción más rentable a la que mayores pérdidas había generado en la historia de Jane Street», dijo Sam. Además, Donald Trump era ya presidente de Estados Unidos, un hecho que no complacía ni a Sam ni a nadie más que conociera en la compañía. «El universo nos había jugado una broma cruel», afirmó.

Lo sorprendió la siguiente jugada de Jane Street: no hacer mucho. No hubo un análisis de daños a nivel empresa. No se castigó a nadie, ni siquiera los cuestionaron. Por un lado, Sam admiró la forma en que la empresa diferenciaba el proceso del resultado. Un resultado negativo en sí no sugería que alguien hubiera hecho algo mal, no más que un resultado positivo sugería que alguien hubiera hecho algo bien. «En Jane Street no les gustaba culpar a las personas. Preguntaban algo así como: "¿Alguien hizo algo contrario a lo que se les había ordenado?". Cuando la respuesta era no, decían que bien podría haber sido el director ejecutivo quien lo había hecho», dijo Sam.

Por el otro lado, esta empresa opaca y reservada había estado en posesión de los resultados antes que nadie más en el mundo, de tal vez las elecciones presidenciales más relevantes de la época moderna y había perdido una fortuna. En retrospectiva, habían dedicado demasiado tiempo a conseguir la información y no le habían dedicado el suficiente a pensar cómo la emplearían. Habían dado por sentado que la victoria de Trump sería un desastre financiero mundial. En retrospectiva, el negocio que deberían de haber hecho era demasiado obvio (siempre lo era en retrospectiva): apostar a que el daño en los pequeños mercados extranjeros sería mayor que el daño a los mercados estadounidenses. Deberían de haber comprado S&P 500 y vender mayores cantidades de, digamos, el mercado de valores mexicano. «Había un negocio extremadamente bueno que arruinamos. Pensé que el análisis de daños debería concluir que casi lo logramos. Tuvimos éxito en todo en lo que invertimos nuestra mente», dijo Sam.

En lugar de tratar de descubrir cómo podrían mejorar una transacción parecida la próxima vez, los jefes de Jane Street decidieron que se habían equivocado al siquiera hacer semejante transacción. «Fue: "No tenemos el instinto para esto, no vamos a hacerlo, y no vamos a discutir sobre hacer transacciones en elecciones durante un tiempo hasta que no deje de estar grabado en nuestra memoria». Esto molestó a Sam. Lo hizo preguntarse si Jane Street sí estaba lista para maximizar su valor esperado.

Era sorprendente que muy pocos se iban de Jane Street por otras firmas de Wall Street, o por cualquier otro motivo. «Cuando un empleado de mayor antigüedad se iba con la competencia, había una sesión de llanto y bebida porque era algo muy traumático», dijo Sam. La firma atraía a jóvenes, quienes en cualquier otro periodo de la historia de la humanidad no habrían llegado a Wall Street y los mantenía suficientemente interesados, comprometidos y bien pagados para que no se pudieran imaginar haciendo otra cosa con su vida que no fuera trabajar para Jane Street. Convertían a gente de matemáticas en gente de dinero sin ninguna pérdida obvia para la felicidad humana. Incluso conservaban a los empleados que no eran tan buenos en su trabajo y los hacían sentir parte. «Jane Street nunca despedía a nadie. Era más barato pagarles por no hacer nada que dejar que hicieran transacciones para la competencia», dijo Sam.

La empresa se rompía el lomo para hacer feliz a Sam. Entrevistaron a dos de sus amigos más cercanos del MIT y contrataron a uno de ellos. Incluso contrataron a su hermano menor, Gabe, quien acababa de comenzar en el piso de operaciones. Dejaron que Sam jugara un papel central en la preparación y ejecución de una transacción en las elecciones presidenciales de 2016, la cual hizo que la empresa perdiera más dinero que en cualquier otro negocio en su historia, sin que nadie le dijera ni siquiera una mala palabra. En las revisiones anuales, sus jefes le hicieron saber que lo habían calificado dentro de los mejores de su clase en la compañía. No era el agente más rentable de la firma, pero todavía era joven y lo estaba haciendo muy bien. Le pagaban trescientos mil dólares después del primer año, seiscientos mil después del segundo y para el tercero, cuando tenía 25 años, estaban a punto de darle un bono de un millón de dólares. En su revisión, Sam presionó a sus jefes para que le hicieran un esquema de su futuro financiero en Jane Street. Le dijeron que dependía del desempeño en general de la empresa, pero si dentro de diez años seguía haciéndolo tan bien como hasta ese momento, estaría ganando entre 15 y 75 millones de dólares al año. «La idea de Jane Street era hacer tan feliz a la gente que no quisieran marcharse», explicó un antiguo agente.

Pero Sam no era feliz. Su infelicidad no era algo sencillo; era infeliz por tantas cosas que le habría servido inventar nuevas palabras para la emoción, así como los inuit crean todo tipo de palabras para el hielo. De vez en cuando, por lo regular mientras se bañaba, sus pensamientos sobre sí mismo y su situación se fusionaban y las escribía. El tono de estos escritos privados, en los que de hecho se estaba presentando a sí mismo, era totalmente diferente del tono con el que se presentaba a los demás. «No siento placer», escribió un día hacia el final de su trabajo en Jane Street. «No siento felicidad. De alguna manera mi sistema de recompensas nunca se activó. Mis momentos más altos, de mayor orgullo, llegan y se van, y no siento nada aparte del doloroso vacío en mi cerebro, en la parte donde debería estar la felicidad». Sabía que debería sentirse agradecido con Jane Street por descubrir el valor que tenía y que nadie más había encontrado, pero también sabía que no se sentía así. «Para estar verdaderamente agradecido debes sentirlo de corazón, en las entrañas, en la mente —la adrenalina del placer, de la amistad, del agradecimiento—», escribió. «Y no siento nada de eso. Pero no siento nada, o cuando menos nada bueno. No siento placer, amor, orgullo o dedicación. Siento que me encierra la incomodidad del momento. La presión de reaccionar de la manera adecuada, de mostrar que yo también los quiero. Y no lo hago porque no puedo».

Jane Street era la única institución con la que Sam había estado involucrado por la que no sentía desaprobación. Todo el día estaba rodeado de cientos de personas reunidas con un propósito en común: jugar el mejor juego de mesa jamás inventado. Y aun así se sentía apartado de los demás. Había aprendido a disimular las respuestas para lo que fuera que los demás acababan de hacer o decir, para que lo pudieran entender mejor. Lo único que había hecho en realidad era crear una mejor máscara, una que tal vez dificultaba que los demás supieran lo que en realidad ocurría detrás. «Disfruto de mis compañeros de trabajo, pero ellos no muestran ningún interés en ver quién soy realmente, en escuchar los pensamientos que no digo. Mientras más sinceras intento hacer nuestras amistades, más se desvanecen. Nadie siente curiosidad. A nadie le importa, no en realidad, el yo que yo veo. Les importa el Sam que ven, o lo que significa para ellos. Y no parecen entender quién es ese Sam —el producto de los pensamientos que decido que deben escuchar—. Mi cuenta de Twitter de la vida real», escribió.

Él se concebía a sí mismo como una máquina de pensar en vez de una de sentir. Se veía como una persona que pensaba su manera de actuar. En esto no estaba muy equivocado. Los grandes cambios que había hecho en su vida por lo regular ocurrían después de que alguien más le había presentado un argumento que no podía refutar. Por ejemplo, días después de su llegada al MIT conoció a otro estudiante de primer año, Adam Yedidia —el amigo que al final contrató Jane Street—. Terminaron por platicar sobre utilitarismo. Sam sostenía que era la única filosofía sensata en la vida, y que el motivo principal por el que la gente no lo veía era el miedo de a dónde la podría llevar. «Lo que más asusta a la gente sobre el utilitarismo es que fomenta el desinterés». Adam lo había escuchado hablar sobre sus creencias hasta que al final dijo: «Si realmente creyeras todo eso, no comerías carne. Reducirías mucho sufrimiento con un esfuerzo mínimo de tu parte». A Sam le importaba realmente minimizar el sufrimiento. También le gustaba el pollo frito, pero ese no era un verdadero argumento. «Lo que me dijo me había estado molestando, pero había estado evitándolo por algo en lo que no quería pensar. Y ese algo era: "Paso media hora disfrutando el pollo y el pollo tiene que soportar cinco semanas de tortura"», dijo Sam. Lo único que podía hacer era modificar su dieta, y eso hizo. «Hay vegetarianos flexibles y los hay radicales, y él era radical. Es poco común lograr un cambio tan complicado», comentó Adam.

Algo similar le ocurrió cuando conoció a Will MacAskill. El argumento del filósofo de Oxford le pareció completamente correcto.

Hacía mucho había decidido que una persona debía juzgar su vida por sus consecuencias. MacAskill las había hecho tanto dramáticas como cuantificables: debía maximizar el número de vidas que salvaba. Sam le creyó al instante. «Fue muy rápido y conciso. Lo que dijo me pareció obviamente correcto. Me proporcionó un curso de acción práctico: hay cosas concretas que hacer. Puedo hacerlas. Hay mucha gente que puede hacerlas», dijo Sam. Después de tres años de trabajar en Jane Street, seguía completamente comprometido con generar tanto dinero como le fuera posible para canalizarlo en causas que salvaran vidas de forma más eficaz. Había donado la mayor parte del dinero ganado en el piso de operaciones a tres organizaciones benéficas identificadas por los filósofos de Oxford como particularmente eficaces para salvar vidas (dos de esas organizaciones, 80 000 Hours y el Centre for Effective Altruism, las habían comenzado los mismos filósofos. La tercera era The Humane League).

Y aun así, de alguna manera, Sam había entregado su vida a maximizar la felicidad en la tierra sin él mismo sentirla. No había tomado vacaciones entre el verano de 2014, cuando comenzó a trabajar en Jane Street, y el verano de 2017. De hecho, llevaba trabajando diez días cuando cerraron los mercados estadounidenses —la actividad en los mercados extranjeros era particularmente intensa cuando los agentes estadounidenses no ponían atención—, por lo que para los registros de la compañía había acumulado días de vacaciones negativos. Se descubrió haciéndose una pregunta en el piso de operaciones: «¿Cuál es la probabilidad de que este trabajo al que llegué por accidente genere mi valor máximo?». En primera instancia le pareció inverosímil. Incluso hizo una lista de cosas que podría hacer en lugar de trabajar para Jane Street: trabajar en la política, ser periodista, convencer a otros de que fueran altruistas eficaces, comenzar una compañía de tecnología (aunque no tenía idea de cuál), hacer transacciones por cuenta propia. «Fue una lista como de diez cosas. Intenté calcular el valor esperado de cada una, y todas eran muy similares. Elegir entre Jane Street y cualquiera de ellas era difícil, pero la elección entre Jane Street y todas las demás era clara. Me pregunté: "¿Cuál es la posibilidad de que esta empresa sea la mejor opción?". Baja. Pero era evidente que no iba a descubrirlo estando ahí. La única forma de hacerlo era experimentar e intentar alguna de esas cosas», recordó Sam.

Finalmente tomó vacaciones a finales del verano de 2017. Una vez que estuvo libre para experimentar, le tomó poco tiempo ver que una de las opciones de su lista era diferente de las demás. En ese año las criptomonedas habían pasado de ser un caballito de juguete extraño, que no le interesaba para nada, a ser un mercado financiero semiserio, completamente separado de los otros. Tan solo ese año el valor de todo ese mercado se había disparado de 15 000 millones de dólares a 760 000 millones. Jane Street no hacía transacciones con criptomonedas. Y tampoco, hasta donde Sam estaba enterado, las hacía ninguna de las otras firmas de transacciones de alta frecuencia. Las criptomonedas ponían tan nerviosa a la gente de Jane Street que ni siquiera permitían que sus agentes hicieran ese tipo de transacciones en sus cuentas personales (Sam ya había preguntado). Aun así, todos los días en ese mercado se efectuaban operaciones con un valor aproximado de mil millones de dólares, y se llevaban a cabo de una forma tan primitiva, que podrías pensar que el negocio de alta frecuencia no se había inventado.

Sam hizo un cálculo aproximado: si podía captar el 5 % de todo el mercado (un número modesto de acuerdo con los estándares de Jane Street), podría hacer un millón de dólares al día o más. Como el mercado no cerraba nunca, eso significaba ganancias de 365 millones de dólares al año o más. Dijo: «Esa era mi cifra estimada. Me parecía una locura. Entonces lo reduje en un factor de diez. Pensé en unos treinta millones al año, pero me daba pena mostrarle ese número a alguien más, me habrían dicho: "Vete al carajo, Sam"».

Sin embargo, no sentía *tanta* pena. Antes de regresar a Jane Street para renunciar habló con su amigo de la universidad, el que lo había retado a dejar la carne. «Sam era único en el sentido de que cuando expresaba su opinión, lo hacía con total seguridad, que con frecuencia era muy alta», recordó Adam Yedidia. «Antes de irse de Jane Street dijo con total seguridad: "Podría hacer mil millones de dólares". Y yo le contesté: "No vas a hacer mil millones de dólares"».

ACTO II

5

Qué pensar de Bob

Caroline Ellison solo necesitó un par de semanas trabajando con Sam para llamar a su madre y llorar en el teléfono mientras le decía que había cometido el peor error de su vida. Había conocido a Sam en Jane Street durante el verano anterior a su último año en Stanford, luego de que a él le asignaran el grupo en el que estaba ella para que les enseñara a hacer transacciones. «Él me aterrorizaba», recordó ella. Al igual que Sam, Caroline era hija de académicos; su padre, Glenn Ellison, había sido jefe del Departamento de Economía en el MIT. Al igual que Sam, para ella las matemáticas habían jugado un papel importante desde temprana edad —la primera vez que escuchó sobre Jane Street fue en las competencias de matemáticas que la empresa patrocinaba para conocer jóvenes como ella—. Al igual que Sam, había descubierto el altruismo eficaz en la universidad y había encontrado en el mismo un sentido de propósito intelectualmente coherente. Permitió que las matemáticas la condujeran a un lugar moral, tal vez un poco más que Sam. «Me sentía atraída por la gente que se dedicaba a pensar qué hacer de forma cuantitativa y rigurosa. Antes de eso no recuerdo haber sentido el impulso de hacer algo bueno en el mundo», dijo.

Y también, al igual que Sam, Jane Street la había contratado como agente fijo. Pero, a diferencia de Sam, era insegura y susceptible de ser influenciada por las opiniones de los demás, en particular de los hombres con los que estaba involucrada. A diferencia de Sam, ella quería una vida normal, con emociones, hijos y quizá una camioneta pequeña para llevarlos y traerlos. Después de un año en Jane Steet comenzó a percibir que, en el mejor de los casos, era promedio en su trabajo, y de cualquier forma ella no sentía nada parecido a lo que Sam sentía por el lugar, ni compartía su adicción al trabajo. «Me sentía un poco insatisfecha. Faltaba algo. No estaba segura de estar haciendo mucho bien», recordó. Al mismo tiempo había formado un vínculo inestable, lleno de promesas y a la vez carente de esperanza con otro agente del lugar, Eric Mannes. «En retrospectiva, mi relación con Eric Mannes me da escalofríos», escribió después, al intentar explicar su viaje emocional, y como lo estaba escribiendo para Sam, lo redujo a puntos clave:

- Me decía que probablemente nunca me amaría.
- Esto me hacía sentir muy triste y mal conmigo misma.
- No quería que supiera lo mal que me hacía sentir, porque me preocupaba que debido a ello rompiera conmigo.
- En cambio, oculté mis sentimientos e intenté mostrarme alegre y relajada en todo momento.
- Evité hablar o pensar en cosas que me hacían sentir mal.
- Por ejemplo, escuchar sobre sus antiguas parejas me hacía sentir celosa e insegura, entonces nunca le pregunté por ellas.

«Con Eric tenía la sensación de que si me llegaba a conocer de verdad no querría estar conmigo y por tanto necesitaba ocultar quién era», añadió.

En el verano de 2017 la habían mandado a Stanford por parte de Jane Street para reclutar para el negocio de alta frecuencia a sus amigos dotados en matemáticas que no habían sido considerados. Cuando llegó, llamó a Sam para pedirle que se reunieran. Fueron a tomar un café a Berkeley,[1] Sam se mostraba reservado sobre lo que estaba tramando. Caroline recordó: «Era: "Estoy trabajando en algo secreto y no puedo hablar al respecto". Le preocupaba contratar gente de Jane Street. Pero después de un rato conversando me dijo: "Supongo que podría decirte"». Al término de esa plática Caroline pensaba que tal vez debería renunciar a Jane Street y unirse a la empresa de criptomonedas que estaba armando en secreto Sam. El trabajo le parecía similar: haría el mismo tipo de investigación en criptomonedas para el nuevo fondo cuantitativo de Sam que el que hacía para Jane Street en acciones. Preguntar cosas como: «¿El precio del bitcoin varía significativamente a determinada hora del día? ¿El precio del bitcoin se mueve en relación con los precios de todas las otras monedas?». Pero el propósito subyacente del trabajo sería completamente diferente, porque lo estaría haciendo únicamente con otros altruistas eficaces. Jane Street, como Sam decía, era «nada más un lugar en donde la gente va a trabajar todos los días para jugar un poco e incrementar los números en sus cuentas bancarias, porque, ¿qué otra jodida cosa van a hacer con su vida?». Alameda Research, como llamaba a la nueva empresa, iba a ser diferente: un navío para salvar grandes cantidades de vidas.

Caroline le dijo a Sam que necesitaba pensarlo. Pensar en lo que significaría regresar a Jane Street para preguntarle una última vez a Eric Mannes si la amaba. Resultó ser que no la amaba, lo que, aunque era triste, la liberó para renunciar a Jane Street y unirse a Alameda Research.

Renunciar no fue tan sencillo como Caroline pensó que sería. Los agentes de primer año a quienes Jane Street acababa de pagarles 200 000 dólares no se levantaban y renunciaban así nada más, en es-

1 A finales de 2017 Berkeley había reemplazado a Oxford como la capital financiera del altruismo eficaz. Un motivo fue que el cofundador de Facebook, Dustin Moskovitz, y su esposa, Cari Tuna, indicaron sus intenciones de donar la mayor parte de su fortuna multimillonaria a causas de altruismo eficaz, pero hubo otros. Oxford seguía siendo el centro intelectual del movimiento, pero el Área de la Bahía se había convertido en el lugar más probable para recaudar el dinero necesario para comenzar el equivalente a un fondo de cobertura altruista eficaz.

pecial no para irse a trabajar a una *start-up* de comercio con criptomonedas poco confiable. Caroline presintió acertadamente que su partida había alertado a la compañía de una alarmante nueva amenaza. Jane Street y las demás firmas de negocios de alta frecuencia habían estado a la pesca de agentes en los mismos estanques en los que Will MacAskill y los otros filósofos de Oxford pescaban en busca de altruistas eficaces. La gente con capacidad de calcular el valor esperado de complicadas apuestas financieras era la misma que se sentía atraída por la creencia de que podían calcular el valor esperado de toda su vida. De acuerdo con los estándares de Wall Street, Jane Street no era un lugar codicioso. Sus directivos no alardeaban de su riqueza como les encantaba hacer a los que habían fundado otras firmas de negocios de alta frecuencia. No compraban equipos deportivos profesionales ni tiraban dinero a las universidades de la Ivy League para que les pusieran su nombre a los edificios. No se *oponían* a salvar unas cuantas vidas. Pero Jane Street seguía estando en Wall Street. Para sobrevivir, necesitaba que sus empleados se encariñaran con sus bonos anuales, se acostumbraran a sus departamentos de cinco recámaras en Manhattan y a sus pequeñas y tranquilas casas de verano en los Hamptons.

La avalancha de altruistas eficaces en la empresa era preocupante. Esta gente había llegado con su propio sistema de valores. Tenían profundas lealtades en otra cosa que no era Jane Street. No tenían la misma relación con el dinero ni les importaban de la misma forma los bonos como se suponía que debía suceder con la gente de Wall Street. Sam Bankman-Fried había sido capaz de abandonar su lucrativo trabajo en Jane Street por un loco plan de intentar ganar más dinero por su cuenta porque no tenía apegos materiales. «No iba a afectar su estilo de vida porque no tenía un estilo de vida», comentó un antiguo agente de Jane Street.

Caroline era la segunda altruista eficaz que renunciaba a la oficina de Jane Street en Nueva York en cuestión de unos cuantos meses, diciéndoles de camino hacia la puerta de salida que se iba para maximizar su valor esperado. Esta vez estaban listos. Su gerente, un socio de la empresa, la jaló a su oficina. «Estaba enojado», dijo. «Frío». Luego procedió a retar sus más profundas creencias. Le dijo que el altruismo eficaz no tenía sentido para luego sacar todos sus sinsentidos: no había una forma precisa de medir las consecuencias en el futuro a largo plazo de tus acciones presentes; si se pudiera hacer, lo más probable es que eso lo haría mejor el mercado; nadie te pagaría tanto como Jane Street, por lo tanto, tu valor más alto estaba ahí. Y así sucesivamente. Era la primera vez que una casa de bolsa de Wall Street, cuyo negocio se basaba en su habilidad para contratar a las mentes matemáticas más brillantes, se veía obligada a presentar argumentos sobre los límites de las matemáticas en la vida. «Fue una plática que duró horas en la que el socio intentó convencerme de quedarme porque el utilitarismo tenía fallas. Pensé: "Esto no es algo que vayamos a resolver en una hora"», recordó Caroline.

Le sorprendió la falta de emoción por parte del socio después de que sus argumentos no generaron el impacto que había imaginado. «Una vez que vio que no iba a cambiar de parecer sobre el utilitarismo, mis cosas ya estaban dentro de una caja», dijo. Nadie en el piso de operaciones la abrazó siquiera. Con la caja de sus cosas, Caroline Ellison salió a las calles del bajo Manhattan. Una vez ahí y por su cuenta su primer pensamiento fue: «Dios, cometí un gran error».

Pero ese pensamiento se fue y en marzo de 2018 se mudó al Área de la Bahía y se tomó un tiempo para sí misma antes de presentarse en su nuevo trabajo. Describió en su blog sus sentimientos de liberación.

> Yo después de vivir durante una semana en el Área de la Bahía: la monogamia es un caso perdido y está muriendo. Bien podría ser todo un platillo para hombres alfa mientras sigo siendo lo suficientemente joven y atractiva y congelo mis óvulos para después.

Comenzó a trabajar a finales de marzo. La situación al interior de Alameda Research no era para nada como Sam le había hecho creer.

Había reclutado más o menos a veinte altruistas eficaces (AE), la mayoría de veintitantos años y solo uno de ellos tenía experiencia en las transacciones en los mercados bursátiles. La mayoría no conocía o no le importaban las criptomonedas; tan solo le habían creído a Sam el argumento de que en este mercado increíblemente ineficiente podrían utilizar su enfoque de negocios al estilo de Jane Street para extraer miles de millones de dólares. Todos vivían en el mundo de Sam, y no escondían su descontento. «Exigía y esperaba que todos trabajáramos 18 horas al día y renunciáramos a tener algo remotamente parecido a una vida normal, aunque él no se presentaba a las reuniones, no se bañaba en semanas, todo a su alrededor era un desastre con comida vieja por todos lados y se quedaba dormido en su escritorio», contó Tara Mac Aulay, una joven matemática australiana quien, en teoría, dirigía la compañía junto con Sam. «No gestionaba nada y creía que si la gente tenía preguntas, deberían preguntarle a él. Luego, cuando se reunía de manera individual con la gente, jugaba videojuegos».

Las finanzas de la empresa ya eran un caos. Habían comenzado poco a poco unos meses antes, con el medio millón que había quedado después de los impuestos del bono que Jane Street le había dado a Sam, pero en unos cuantos meses había conseguido que otros AE más ricos le prestaran 170 millones de dólares para hacer transacciones con criptomonedas. Ya habían perdido varios millones, aunque nadie sabía con seguridad cuántos. Para febrero, su sistema de transacciones ya había perdido medio millón de dólares *por día*. Aparte de las pérdidas en el negocio, unos cuantos millones más simplemente habían desaparecido. Nadie sabía a dónde se había ido el dinero, los empleados estaban en pánico total. «No era que casi todo el equipo directivo quisiera irse. *Todo* el equipo directivo quería irse», dijo Ben West, uno de los cinco miembros. Los otros cuatro mantuvieron una serie de reuniones, cada vez más tensas, con Sam. En la primera, Ben le preguntó a Sam cuál era su papel ideal dentro de la compañía. «Dijo que era ser el centro neurálgico, la araña al centro de la telaraña», recordó Ben.

«Que la gente debería acudir a él con ideas y él decidiría si eran buenas o no». Sam creía que su trabajo era escuchar lo que los demás tenían que decir, pero los integrantes del equipo directivo, junto con prácticamente todos los demás de la nueva compañía, no sentían que oyera una sola palabra de lo que le decían.

En medio de toda esta confusión, Sam vivía en su propia realidad. Su actitud sobre el dinero faltante era: «Ey, lo más probable es que aparezca en algún lado. ¡Hagamos negocios!». El primer golpe que le dio a un sistema automatizado de transacciones estaba perdiendo dinero a un ritmo alarmante, pero había creado otro supuestamente mejor. Se llamaba Modelbot. Modelbot había sido programado para explorar los exchanges de criptomonedas del mundo, en busca de ineficiencias que se pudieran explotar. Si cuando menos durante unos segundos era posible comprar bitcoins en algún exchange singapurense por 7900 dólares y venderlos por 7920 en un exchange en Japón, Modelbot lo haría una y otra vez, miles de veces por segundo. Pero ese ejemplo hacía parecer a Modelbot más sencillo de lo que era. Estaba programado para hacer transacciones en más o menos cinco tipos diferentes de criptomonedas en más o menos treinta diferentes cripto exchanges, la mayoría en Asia, y ninguno de ellos estaba regulado. Una explosión similar a lo ocurrido con los bulbos de tulipán, pero en el mundo de las criptomonedas durante el año anterior, fomentó la creación de cientos de nuevas monedas. Modelbot no hacía distinción alguna entre las monedas más conocidas y con mercados más grandes, como bitcoin y ether (el token de blockchain de Ethereum), y los llamados shitcoins que apenas se negociaban, como Sexcoin, PUTinCoin y Hot Potato Coin.[2] Modelbot cazaba cualquier moneda que pudiera comprar para venderla a un precio más alto.

---

2 De acuerdo con CoinMarketCap, a finales de 2018 había en circulación 2177 monedas diferentes. Variaban en valor con el bitcoin, con una capitalización bursátil de alrededor de 60000 millones de dólares, hasta un token llamado shade, con una capitalización bursátil apenas por debajo de veinte dólares. Las diferentes monedas pretendían,

Modelbot era quizá el punto más grande de desacuerdo entre Sam y su equipo directivo. Su fantasía de liberar al kraken era presionar un botón y dejar que Modelbot operara intensamente en los mercados de criptomonedas 24 horas al día, siete días a la semana. No había podido dejar que Modelbot funcionara libremente como hubiera querido, porque todos los demás humanos en Alameda Research hacían todo lo que podían para detenerlo. «Era muy posible que pudiéramos perder *todo* nuestro dinero en una hora», dijo alguien. «Ciento setenta millones de dólares que de otra manera podrían utilizarse en el altruismo eficaz se podían desvanecer», ese pensamiento aterraba a los otros cuatro AE al frente de Alameda Research. Una tarde, Tara discutió acaloradamente con Sam hasta que él cedió y aceptó lo que ella consideraba que era un compromiso razonable: podía activar Modelbot siempre y cuando él y, cuando menos, otra persona estuvieran presentes para vigilarlo, pero lo apagaría si comenzaba a perder dinero. «Dije: "Okey, me voy a casa a dormir" y en cuanto me fui, Sam lo activó y se quedó dormido», recordó Tara. A partir de ese momento todo el equipo directivo dejó de confiar en Sam.

Cuando comenzó, Caroline escuchaba los detalles sórdidos por parte de los socios desencantados de Sam. «Me dijeron: "Por tu propio bien, deberías saber que aquí hay problemas"», recordó. Al final de su segunda semana hicieron una reunión para anunciar que habían persuadido a los AE que les habían prestado los 170 millones de dólares para que exigieran que se les regresara el dinero, lo que significaba que en unas cuantas semanas Alameda Research no tendría dinero para hacer transacciones. Caroline no sabía a quién creerle. Se sentía enga-

---

cuando menos, tener un propósito o proyecto especial: sus creadores generalmente publicaban el equivalente a la misión de la empresa. Por ejemplo, Sexcoin alegaba querer facilitarle a la gente comprar juguetes sexuales. PUTinCoin decía que apoyaba a la economía rusa y que «había sido creada como tributo al pueblo ruso y a su presidente». Hot Potato era la mejor y, en cierto sentido, la más honesta. Un sencillo mecanismo de apuestas que se autodestruía en treinta días.

ñada porque Sam no le había advertido lo mal que iba Alameda Research antes de que renunciara a su trabajo en Jane Street, pero no conocía a ninguna de estas personas. Creía conocer a Sam, pero también creía que, si toda la dirección hablaba de renunciar en protesta, y que si los inversionistas estaban pidiendo que les regresaran su dinero, alguien debía saber algo sobre Sam que ella no. Fue en ese momento que le habló a su mamá para llorar.

El negocio realmente no había sido idea de Sam, sino de Tara. Ella había estado dirigiendo en Berkeley el Centro para el Altruismo Eficaz, y Sam, que estaba en Jane Street, se había vuelto uno de sus mayores donantes. Ambos se estuvieron llamando constantemente a lo largo de la primavera y verano de 2017. En determinado momento Sam le reveló un interés romántico; en otro momento Tara le reveló que estaba haciendo negocios con criptomonedas por su cuenta. Nadie habría pensado que Tara encajaba en el perfil de una negociante de criptomonedas —antes de mudarse para dirigir el centro había definido la demanda de productos farmacéuticos para la Cruz Roja—. No tenía antecedentes financieros y nada de dinero, y aun así estaba generando miles de dólares de ganancias con las criptomonedas. Mientras más platicaba Sam con Tara, más se iba desviando su interés romántico hacia un interés por sus habilidades de negociación. Tara no solo compraba bitcoins y esperaba a que aumentaran de precio; explotaba, en el mercado de las criptomonedas, el mismo tipo de ineficiencias que se explotaban en otros mercados bursátiles con los mismos niveles de velocidad y pericia requeridos en Jane Street.

Sam le extendió un cheque por cincuenta mil dólares y se lo mandó, sin compromiso, para que pudiera incrementar el tamaño de sus apuestas, pero ella nunca lo canjeó. El dinero la hacía sentir incómoda, y no porque Sam se lo hubiera dado. «Seguía pensando: "¿Y si únicamente había tenido suerte?"», recordó Tara. Finalmente Sam la tranquilizó con algunos cálculos que demostraban que era estadísticamente poco probable que su racha de éxitos se debiera solo a la suerte. Las transacciones de Tara eran la clase de transacciones que Jane Street hacía en todo lo demás, apuestas sobre los valores relativos de las diferentes criptomonedas. Su éxito llevó a Sam a creer en secreto que podría hacer mil millones de dólares con la creación de un fondo de cobertura para negociar con criptomonedas de la misma forma en que Jane Street negociaba con todo.

Pero no lo podía hacer él solo. El negocio de las criptomonedas nunca cerraba. Tan solo para tener a dos agentes operando las 24 horas del día, los siete días de la semana, necesitaba contratar cuando menos a otros cinco agentes. También necesitaba programadores que convirtieran en código los conocimientos de los agentes, para que las negociaciones pudieran ser automatizadas y, por tanto, más rápidas. Tara había estado haciendo un puñado de transacciones a la semana en su laptop; lo que Sam tenía en mente era un ejército de bots que hicieran un millón de transacciones al día. Necesitaba contratar gente con un CI menor para que hiciera lo aburrido, como encontrar una oficina, que comprara comida para los agentes, que pagara los servicios y muchas cosas más que no había pensado.

Su arma secreta era el acceso que tenía al grupo de AE dispuestos. Sam no sabía nada sobre las criptomonedas, pero sí sabía lo fácil que era robarlas. Cualquiera que comenzara una empresa de negociación de criptomonedas necesitaría confiar plenamente en sus empleados, ya que cualquiera de ellos podía presionar un botón para mandarlas a su cuenta personal sin que nadie sospechara nada. Las firmas de Wall Street no eran capaces de generar ese nivel de confianza, pero el Altruismo Eficaz sí.

Hasta ese momento Sam nunca había liderado nada, ni siquiera había sido vagamente responsable de alguien más. Había arreglado búsquedas de acertijos en la casa de sus padres cuando estaba en la preparatoria; había pasado un año como «comandante» de un grupo de convivencia de 25 personas en el MIT. Pensó que ya que estaba comenzando su propio negocio debería informarse sobre cómo manejar gente, pero cada vez que hojeaba libros o artículos sobre gestión o liderazgo tenía más o menos la misma reacción que había tenido hacia la clase de inglés. Un experto decía una cosa, el otro decía lo opuesto. «Todo era pura basura», dijo.

Por el otro lado, tenía olfato para el talento. Su opinión sobre otras personas siempre era mucho más acertada que la que ellas tenían de él. La primera llamada que hizo, incluso antes de dejar Jane Street, fue a Gary Wang. Lo había conocido en un campamento de matemáticas en la preparatoria, pero lo conoció bien hasta la universidad. Nacido en China, pero criado principalmente en Estados Unidos, iba un año atrás que Sam en el MIT y había vivido en la misma casa de nerds. Incluso ahí sobresalía: entre los introvertidos retraídos y torpes sociales, Gary siempre era el más retraído, el más torpe socialmente y el más introvertido. Tenía un rostro limpio y sereno y sonrisa de ángel, pero... no hablaba. La gente que trabajaba a su lado durante meses podía marcharse convencida de que no hablaba. Algunos interpretaban sus silencios como grosería, pero estaban equivocados, no los podía evitar. Lo único que lograba hacer cuando alguien intentaba hablar con él era esbozar una sonrisa pesarosa. De lo contrario, le daba la espalda al mundo y mantenía la mirada fija en el monitor.

Por algún extraño motivo había hecho una excepción con Sam. Este lo había visto ganar competencias de programación en el MIT, y había escuchado a personas que sabían mucho más de programación que él comentar que Gary era un genio. Además había jugado juegos de mesa con él sin parar. Los juegos de mesa resultaron ser tal vez la única manera de llegar a conocerlo. «A fin de cuentas lo veía por lo que era y no lo desestimé, mucha gente simplemente lo desestimaba. A pesar de ser muy tranquilo, no parecía temerle mucho al mundo. Era muy inteligente, era bueno en los juegos, entonces podía trabajar en cosas que no fueran demasiado literales», dijo Sam.

Después de un tiempo, cuando estaban solos, Gary hablaba con Sam. Lo que sea que le haya dicho impresionó a Sam lo suficiente como para que intentara hacer que Jane Street lo contratara, pero Gary metió la pata en las entrevistas porque no habló. Permaneció en Boston después de graduarse del MIT, trabajando como programador para Google Flights. En sus últimas semanas en Jane Street, Sam viajó a Boston solo para contarle a Gary de su plan de hacer mil millones de dólares con las negociaciones en criptomonedas para causas de altruismo eficaz (Sam lo había convencido de unirse). «Estaba mortalmente aburrido en Google Flights. Tal vez tan solo unas horas después de haber entrado», recordó Sam. Luego llamó a Tara para contarle que había encontrado al que sería su director de Tecnología y que ella debía hablar con Gary. Tara lo llamó y… bueno, fue una experiencia extraña. Era complicado hablar por teléfono con alguien que no hablaba. Se lo comentó a Sam y este le contestó: «Te falta algo, espera a que lo conozcas en persona».

Esto ocurrió en octubre de 2017, cuando Sam, Tara y Gary se reunieron en una casa en Berkeley y utilizaron el bono que Jane Street le había dado a Sam para hacer sus primeras transacciones, aunque Sam fue el que habló todo el tiempo. Para ese momento ya se estaba regando el rumor entre la creciente comunidad de AE sobre una nueva y extraña aventura para generar dinero con fines altruistas. Todo tipo de gente sin experiencia alguna en negociaciones y sin ningún interés en particular en el dinero comenzó a llegar para ofrecer sus servicios. Entre los primeros se encontraba otra persona que terminaría jugando un papel central en el mundo de Sam: Nishad Singh.

Nishad tenía 21 años y acababa de graduarse de la Universidad de California en Berkeley. También había sido el mejor amigo del hermano menor de Sam en la preparatoria. Como compañeros de clase en la escuela Crystal Springs Uplands, Gabe y Nishad se habían vuelto vegetarianos y luego, en la universidad, se habían convertido en AE. Después de terminar la carrera, Nishad había tomado el altruismo eficaz de

Will MacAskill tan en serio que aceptó el trabajo mejor remunerado que encontró para así donar sus ingresos a causas que salvaran vidas. Apenas había comenzado con un salario de trescientos mil dólares al año en Facebook, cuando, tan solo después de cinco meses, le perdió el gusto al trabajo. «Había algunas cosas verdaderamente estúpidas», dijo. Se enteró del rumor de que Sam Bankman-Fried había renunciado a Jane Street para generar más dinero para el altruismo eficaz y eso le interesó mucho. Llamó a Sam para preguntarle qué estaba haciendo. «Fui a su departamento. Eran únicamente Sam, Gary y Tara. Me mostraron lo que estaban haciendo. Sam me dijo: "Observa cómo hago estas transacciones". Dio unos cuantos clics y dijo: "Acabo de ganar cuarenta mil dólares". Yo exclamé: "¡Válgame Dios! ¿Es de verdad?"», recordó Nishad.

Nishad era hijo de inmigrantes, al igual que Gary. Sus padres habían llegado a Silicon Valley provenientes de la India con poco dinero, se convirtieron en estadounidenses de clase media alta y nunca dejaron de seguir adelante. A Nishad le molestaba que cuando iban de visita a la India, ignoraban a la gente que moría de hambre a un costado del camino y se lo hacía saber. Se enojó todavía más cuando se enteró de cómo trataban a los animales que después serían la cena de su familia y se lo hizo saber. «De niño no eres insensible; sientes lo espantoso que es, pero no puedes hacer mucho, pero ahora sí». Ya en la preparatoria leía a Peter Singer y se embarcó en un viaje moral que sus padres calificaron de un poco ridículo. «La actitud de mis padres era: "Nadie se preocupa por esas cosas; eso significa que no hay nada de qué preocuparse". La verdad es que dejé de hablar del tema porque en cuanto lo hacía ellos se levantaban de la mesa». Se desconcertaron bastante cuando su hijo se inclinó hacia el altruismo eficaz en la universidad. «Creían que era una locura donar», recordó Nishad.

Es tal vez por este motivo que los padres de Gabe, Joe y Barbara se volvieron importantes para Nishad. Dijo: «Fueron los primeros adultos que me tomaron en serio. Y eso me hizo tomarme en serio». Por otro lado, bien podría no haber existido el hermano mayor de Gabe. Durante la preparatoria Sam no se involucraba mucho con Gabe ni con nadie más; rara vez salía de su cuarto. «Pensaba que Sam era un genio solitario. Era como si no perteneciera a la infancia», dijo Nishad.

Ya de adulto joven, frente a frente con el genio solitario, Nishad tenía algunas preguntas. La primera era: «¿Cómo diablos fue que el mercado de las criptomonedas dejó que le quitaras cuarenta mil dólares?». Sam le explicó cómo era que Jane Street hacía dinero y añadió que los mercados de las criptomonedas estaban dominados por agentes minoristas que no ponían mucha atención a las discrepancias de precios de un cripto exchange a otro. Nishad le respondió:

—¿Y por qué Jane Street o alguna otra de las firmas de negocios de alta frecuencia no habrían de venir a apoderarse de los mercados de criptomonedas?

Sam le explicó que Jane Street —y probablemente otras firmas— estaban empezando a voltear hacia las criptomonedas, pero que les tomaría meses apaciguar sus preocupaciones de que no era una gran empresa criminal.

—Soy ingeniero —dijo Nishad—. Ni siquiera sé la diferencia entre una acción y un bono, ¿en qué podría ayudar?

—No te preocupes —le contestó Sam—, no importa que nunca hayas hecho transacciones. Piensa en ello como otro problema de ingeniería; una vez que hayas adquirido un poco de conocimiento podrás ayudar a programar el sistema de transacciones.

—Entonces, ¿cuáles son los riesgos? —preguntó Nishad.

—Que explotemos.

Pero no explotaron, cuando menos no en un inicio. Esas primeras semanas no hicieron dinero real, pero también tenían poca gente y solo el dinero del bono de Sam. Para finales de diciembre contrataron un grupo de personas y recaudaron 25 millones de dólares en capital. Gary, básicamente él solo, había escrito el código de un sistema cuantitativo completo. Ese mes generaron varios millones de dólares de ganancias. Para enero de 2018 estas se elevaron a medio millón de dólares *todos los días*, con un capital base de cuarenta millones, tras lo cual un AE de nombre Jaan Tallinn (quien había hecho su fortuna en Skype), les dio 130 millones de dólares más para jugar.

Desde un inicio las transacciones eran caóticas. Mucho del dinero que hicieron en los dos primeros meses llegó únicamente de dos transacciones. La demanda frenética de bitcoin generaba distorsiones raras en los mercados mundiales de criptomonedas. Para diciembre de 2017 los especuladores minoristas en Corea del Sur estaban llevando el bitcoin a precios 20 % mayores del que tenían en los exchanges de Estados Unidos, y en ocasiones más. Cualquiera que encontrara una manera de vender criptomonedas en Corea del Sur y al mismo tiempo comprarlas fuera de ese país aseguraría unas vastas ganancias. Sin embargo, hacerlo no era poca cosa. Por principio de cuentas, para abrir una cuenta de criptomonedas en un exchange surcoreano debías ser surcoreano. «Encontramos a un amigo graduado en Corea del Sur y hacíamos transacciones con su nombre», recordó Nishad, quien entonces comprendía por qué le tomaría un tiempo a Jane Street implementar una eficiencia extrema en los mercados de criptomonedas. Jane Street vería problemas legales; les parecería cuando menos embarazoso que terminara siendo noticia en *The New York Times* que habían contratado a un graduado surcoreano para ser la cara de sus transacciones. «Rayaba en lo ilegal, pero en la práctica, ¿quién te persigue cuando haces algo así? Nadie», comentó Nishad. Esto fue el inicio de su educación financiera: en teoría, había leyes que regían al dinero, pero también estaba lo que la gente hacía en realidad con él. «Ahí fue cuando aprendí lo que es la ley. La ley es lo que ocurre, no lo que está escrito», dijo Nishad.

La parte sencilla era fingir ser surcoreano. Era ilegal que los surcoreanos vendieran más de diez mil wones sin el permiso del banco central. Aunque pudieras encontrar a un estudiante de posgrado surcoreano que fuera la cara de tus operaciones, tendrías que descubrir una manera de convertir los wones a dólares, de otra forma terminarías con un montón de wones en Corea del Sur (producto del bitcoin que vendiste en el exchange surcoreano) y un montón de bitcoins que compraste en algún exchange estadounidense. No completarías la transacción. Idealmente, todo tendría que ser al mismo tiempo: vender los bitcoins en Corea del Sur por wones, luego vender los wones por dólares, utilizar esos dólares para comprar los bitcoins (con un descuento del 20 %) en el mercado de Estados Unidos y luego regresarlos a Corea del Sur, lo que te dejaría sin bitcoins y un 20 % de ganancia por la transacción. Pero el Gobierno surcoreano no te dejaba vender los wones.

Sam consideró —aunque no fue su primera idea— comprar un jumbo jet para ir y venir de Seúl con surcoreanos con portafolios, cada uno con diez mil wones, hasta una isla cerca de Japón. «El problema era que no se podía escalar. Para que valiera la pena, necesitábamos cerca de diez mil surcoreanos al día. Probablemente habríamos llamado mucho la atención y nos habrían clausurado. Cuando el banco central de Corea del Sur nos viera con portafolios llenos de wones dirían: "Aquí va a haber algunos cambios"», recordó Sam.

Aun así se sintió tentado. Había momentos en que el precio del bitcoin en Corea del Sur era 50 % más alto que en Estados Unidos. En ese punto ni siquiera necesitabas monedas. Lo único que necesitabas era comprar una gran cantidad de *algo* con los wones, algo que después pudieras vender fuera del país por una enorme cantidad de dólares. Sam consideró brevemente crear una compañía que importara y exportara Tylenol: compraría las pastillas con wones en Corea del Sur y luego las vendería en dólares en Estados Unidos.

Sam y sus compañeros AE barajaron docenas de ideas como esta antes de decidirse por Ripple. RippleNet fue una plataforma creada por unos emprendedores de criptomonedas allá en 2012 que era la propuesta para desempeñar el útil papel en la vida financiera cotidiana que bitcoin se suponía que desempeñaría. Una gran parte del atractivo teórico de la moneda de Ripple, la XRP, era que, a diferencia del bitcoin, que necesitaba de mucha energía para mantenerse, no dejaba huella de carbono. El atractivo de Ripple era el mismo que el de Bitcoin: el precio de su moneda subía y bajaba mucho, por lo que era divertido apostar. A finales de 2017 mucha gente negociaba con XRP en todas los grandes exchanges de criptomonedas. En los exchanges surcoreanos XRP se negociaba a una prima mayor con respecto a la XRP en los exchanges estadounidenses, que el bitcoin surcoreano con respecto al bitcoin estadounidense.

Si un bitcoin valía 20 % más en Corea del Sur de lo que valía en Estados Unidos, el costo de la moneda de Ripple era 25 % más. Ripple ofrecía un camino para explorar la locura de los mercados de criptomonedas surcoreanos: vender XRP en ese país, usar los wones para comprar bitcoins, embarcar los bitcoins a Estados Unidos, donde se venderían en dólares y usar los dólares para comprar XRP, que se regresarían a Corea del Sur. El bitcoin seguía costando 20 % más en Corea del Sur, pero el 25 % de ganancia de los tokens de Ripple pagaba con creces eso. El 20 % que podrías haber ganado en cada transacción disminuía al 5 %, pero aun así las ganancias eran excesivas, incluso para, digamos, los estándares de Jane Street. El único riesgo eran los cinco o treinta segundos que tomaba hacer las transacciones.

O cuando menos, eso parecía cuando Alameda hizo la primera transacción. Luego, un día de febrero, alguien —no Sam, quien estaba dedicado a hacer transacciones de manera frenética— se percató de los ripple perdidos. Cuatro millones de dólares de ripple habían desaparecido. Para ser justos, en ese momento no era claro si se habían perdido para siempre. Sam y sus agentes ganaban un cuarto de millón de dólares en transacciones al día utilizando el sistema que Gary había diseñado. Eran tantos los ripple y bitcoin que andaban en el aire en todo momento que era cuando menos posible que cualquier ripple perdido estuviera simplemente en tránsito. Sam sospechaba que los cuatro millones de ripple habían sido enviados del exchange en Estados Unidos (y retirados de la cuenta de Alameda) y habían llegado al exchange en Corea del Sur, pero que el exchange surcoreano se estaba tardando en acreditarlos a la cuenta de Alameda. Los otros directivos no estaban convencidos. Insistían en que Sam dejara de negociar para que pudieran descubrir dónde habían quedado esos ripple.

Sam accedió al final. Dejó de hacer transacciones durante dos semanas. Los otros directivos confirmaron que sí hacían falta millones de dólares en ripple. En ese punto todos, menos Sam y tal vez Gary, se molestaron. «Pensamos que debíamos informarles a los inversionistas y a los empleados para que reconsideraran sus opciones, pero Sam detestó la idea», dijo uno de los directivos de la firma. Sam siguió insistiendo en que no era para tanto el asunto de los ripple perdidos. No creía que alguien los hubiera robado. De hecho, no creía que estuvieran perdidos o que deberían contabilizarlos como pérdida. Les dijo a los otros directivos que estimaba que había un 80 % de probabilidades de que aparecieran en algún momento. Por lo tanto, deberían considerar que todavía tenían un 80 % de los mismos. Uno de los directivos replicó:

—Después, si nunca recuperamos algo de esos ripple, nadie va a decir que es entendible que hayamos dicho que tenemos 80 % de ellos. Todos van a decir que les mentimos. Nuestros inversionistas nos acusarán de fraude.

Ese tipo de argumento molestaba muchísimo a Sam. Odiaba la manera en que se interpretaban situaciones inherentemente probabilísticas, después del hecho, como si fuera blanco y negro, bueno o malo, correcto o incorrecto. Mucho de lo que hacía diferente su enfoque de vida del de la mayoría de las personas era su disposición a asignar probabilidades y a actuar en consecuencia y su negativa a dejarse influir por cualquier ilusión posterior de que el mundo era un lugar más predecible de lo que en realidad era. Los ripple perdidos le recordaron su experimento mental favorito: «Tienes un amigo cercano: Bob. Es genial. Lo quieres mucho. Bob está en una fiesta en la que asesinan a alguien. Nadie sabe quién es el asesino. Ahí hay veinte personas y ninguna es un criminal. Desde luego tú piensas que el menos probable de haber matado a alguien es Bob, pero no puedes asegurar que las probabilidades de que lo haya hecho sean cero. Alguien fue asesinado, nadie sabe quién fue. Entonces piensas que hay 1 % de probabilidades de que haya sido Bob. ¿Cómo lo ves ahora? ¿Qué es Bob para ti? Y no hay actualización. No hay nueva información sobre Bob».

Una de las respuestas es que nunca más deberías acercarte a Bob. Podría haber un 99 % de probabilidades de que Bob sea el santo que siempre pensaste que era, pero si estás equivocado, estás muerto. Tratar el carácter de Bob como una probabilidad se siente problemático. O Bob es un asesino a sangre fría o no lo es. Cualquier probabilidad que asignaras antes de descubrir la verdad sobre Bob se volvería, después del hecho, injusta e incluso absurda. «Ninguna suposición que hagas te dará la certeza de ser más o menos correcta. O Bob es completamente inocente o totalmente culpable». Y aun así, asignarle una probabilidad al carácter de Bob era, desde el punto de vista de Sam, la única forma de pensar sobre él, o sobre cualquier situación incierta. «No basta decir: "Bob no es la clase de persona con la que quiero pasar el rato". Entonces, ¿cuál es la probabilidad de que digas: "Okey, me mantendré alejado de Bob hasta que esto se resuelva"? Es algo muy complicado. No hay una forma justa de lidiar con Bob», dijo Sam. Las incertidumbres de la vida con frecuencia se burlan del enfoque probabilístico, pero Sam pensaba que en realidad no se podía tener otro tipo de enfoque: «Muchas cosas son como Bob. Yo creía que lo de Ripple era algo así. O los recuperábamos o no».

A principios de abril los otros ejecutivos de Alameda Research habían dejado de interesarse en los experimentos mentales de Sam. «Después de la pausa en las transacciones esperaba que Sam se actualizara, pero no lo hizo», dijo uno. «Algo así como: "Ey, tenemos un gran problema. No sabemos en dónde está el dinero, pero sabemos que no tenemos tanto como pensábamos"». Todos se habían cansado de la terca negativa de Sam de gestionar personas. A todos les daba miedo lo poco que se preocupaba por el paradero del dinero. Estaban haciendo 250 000 transacciones al día y de alguna forma su sistema había perdido, o se había equivocado al registrar, un gran número de ellas. Entre los muchos problemas que generaba su precario registro de datos estaba la dificultad para presentar una declaración de impuestos honesta. «¿Cómo vamos a pasar una auditoría si nos falta el 10 % de nuestras transacciones?», se preguntaba Tara. La gota que derramó el vaso fueron los Ripple perdidos. «La posibilidad de perder unos cientos de millones de dólares que de otra manera se habrían utilizado para resolver los problemas del mundo se sentía como una apuesta de alto riesgo», dijo Ben West. Creían que era una locura seguir haciendo negocios bajo esas circunstancias, pero Sam insistió en seguir haciendo transacciones. Los mercados de criptomonedas no seguirían siendo ineficientes mucho tiempo. Debían aprovecharlos mientras hubiera sol.

Lamentablemente el sol se ocultó tras las nubes en ese momento. Después de que los precios de las criptomonedas se derrumbaran en febrero, el frenesí asiático bajó y las brechas en los precios entre los exchanges asiáticos y estadounidenses se desvanecieron. Al mismo tiempo que se perdieron los ripple, las ganancias de las transacciones se convirtieron en pérdidas. En enero habían hecho medio millón de dólares en ganancias al día con un capital de cuarenta millones; en febrero, con cuatro veces más capital, habían perdido medio millón de dólares al día. Aparte de la alarma compartida por su imprudencia, los directivos no compartían la misma opinión sobre Sam. Tara había decidido desde hacía mucho que era deshonesto y manipulador. Ben todavía lo creía bienintencionado, aunque terrible en lo que hacía. Sin embargo, todos se sentían en una misión suicida. «Tuve una conversación con Tara y Peter [McIntyre, otro directivo], estábamos platicando sobre cómo ayudar a Sam y la conversación cambió a: "¿Cómo nos liberamos de él?"», recordó Ben.

Como todo lo demás en Alameda Research, la propuesta de los otros directivos de deshacerse de Sam demostró ser complicada. Por principio de cuentas, él era el dueño de toda la compañía. La había estructurado de tal manera que nadie más tenía acciones, solo promesas de que en algún momento las tendrían. Durante una tensa reunión le ofrecieron comprarla, pero a una fracción de lo que Sam creía que valía la empresa, y la oferta venía con una letra pequeña engañosa: Sam seguiría siendo responsable de todos los impuestos de cualquier ganancia futura de Alameda. Por lo menos algunos de sus compañeros AE tenían como objetivo llevarlo a la bancarrota, casi como un servicio a la humanidad, para que nunca pudiera volver a hacer negocios. «Parecía sentir mucha pena por sí mismo. Le recordé que todos los demás en la compañía habían hecho un gran sacrificio», escribió Ben sobre Sam después de la reunión.

Aquí entra Nishad. En su trato hacia los demás, Nishad era casi dolorosamente considerado —era la clase de persona que, después de ofrecer una opinión, la modifica de cuatro maneras diferentes para asegurarse de no haber ofendido a nadie. Podía ver el mérito en ambas partes de cualquier discusión. Y, al ser tan joven, se encontraba en el incómodo papel de amortiguador humano entre Sam y las personas que tal vez no lo entendían por completo: prácticamente todos, salvo Gary. «Creo que era porque le daba prioridad a la persona sobre el trabajo y Sam es justo lo contrario. A pesar de ser emocionalmente descuidado, soy más atento que Sam en ese aspecto», dijo Nishad. Él había sido el primero en admitir en ese momento que no sabía nada sobre el manejo de personal, en especial de gente tan obsesionada con su trabajo como herramienta para maximizar el valor esperado de su vida. «Intenté pensar en cómo jugar el papel de un buen gerente. Me imaginé que eso involucraría tal vez una reunión personal a la semana para revisar sus sentimientos, proporcionar una buena retroalimentación y otras cosas por el estilo. Sam no cumplía ninguno de esos criterios. La gente se quejaba todo el tiempo de que veía su computadora mientras hablaba con ella y les daba respuestas a medias. Y se resistía a la idea de que alguien le hiciera ver que no lo sabía todo», agregó.

La disputa entre Sam y los demás directivos se tornó desagradable y arrastraron a Nishad como intermediario. «Básicamente estuve de acuerdo en que Sam era un mal gerente. De verdad terrible». Pero mientras Sam se mantenía taciturno y retraído, los demás, al parecer de Nishad, estaban excesivamente indignados. «Las conversaciones que teníamos eran una verdadera locura. Por ejemplo, hasta qué punto se le debería condenar por haber engañado y desperdiciado el talento de tantos AE; o, "la única forma en que Sam entenderá es si llega a la bancarrota". Les dijeron a nuestros *inversionistas* que Sam fingía ser un AE, porque fue lo más mezquino que se les ocurrió decir», recordó. Sin embargo, no fue suficiente arruinarlo: esperaban que les pagaran al irse. «Querían una liquidación aunque eran ellos los que estaban renunciando y fue una operación con pérdidas en la que no tenían participación. Decían que Sam debía comprarles su parte y que ellos valían más del 100 % de la empresa porque Sam era un saldo negativo», dijo Nishad.

A Nishad se le ocurrió que la relación de un AE con el dinero era bastante extraña. Prácticamente todos los empleados e inversionistas de Alameda Research estaban comprometidos con donar su dinero a más o menos las mismas causas benéficas. Podrías resumirlo en que no les importaba mucho quién se quedara con el dinero, ya que todo se destinaría a salvar las vidas de personas que ninguno de ellos conocería nunca, pero estarías equivocado: en sus tratos financieros entre sí, los AE eran más despiadados que los oligarcas rusos. Sus inversionistas les cargaban un interés del 50 %. «No era un préstamo normal. Era un préstamo usurero», aclaró Nishad. En la que se suponía que debía ser una empresa de colaboración, Sam se había negado a compartir acciones con nadie. Y ahora todos estos AE improductivos demandaban que les pagaran millones por renunciar, y estaban haciendo lo que podían para destrozar la reputación de Sam ante el mundo hasta que obtuvieran su dinero. «Era muy extraño. Era demasiado extraño que el dinero fuera el foco de nuestra atención en lugar de otra cosa. Pensaba que preocuparse por el dinero en sí era la bancarrota moral», dijo Nishad.

A fin de cuentas, para que Sam se fuera, debía querer irse, y en realidad no quería hacerlo. Y entonces, el 9 de abril de 2018, todo su equipo directivo junto con la mitad de sus empleados salieron con entre uno y dos millones de dólares como liquidación. En ese momento los inversionistas externos se encontraban en la misma posición incómoda que el amigo de Bob. Habían escuchado dos versiones radicalmente opuestas sobre Sam, una del grupo de directivos, la otra del mismo Sam. Pero como dijo uno: «No había pruebas concluyentes». Nada de lo que había hecho era motivo de condena fácil. Era, como Tara dijo: «Cientos de detallitos». Los inversionistas no tenían idea de a quién creerle, o siquiera de cómo decidir a quién y qué creer. «Tal vez había cosas en las que no debía confiar en Sam, pero estaban matizadas», dijo uno. Todos habían hecho su dinero en *start-ups*; todos sabían que eran caóticas. Llegaba el momento en el que debían decidir: ¿Sam era un AE imprudente y falso que les robaría o les haría perder todo su dinero? ¿O eran los otros los que no eran adecuados para trabajar en una *start-up* de fondo de cobertura? Era o una o la otra, era una pregunta con dos posibles respuestas, que respondieron de forma probabilística. Casi todos mantuvieron dinero invertido en Alameda y casi todos redujeron el tamaño de su inversión. El capital del que Sam podía disponer se redujo de 170 millones de dólares a cuarenta millones. No podría hacer tantas transacciones como antes, pero podría seguir haciéndolas.

Los empleados que quedaron también estaban en la posición del amigo de Bob, en cuanto a que la mayoría no entendía lo que había pasado. Sam había adoptado completamente la técnica de Jane Street de dejar que las tropas vieran solo su pequeña parte del rompecabezas y reservar para él la vista del cuadro global. Pero Gary, sin querer, había hecho algo parecido con el código de computadora, que definitivamente solo podía entender él. «Gary era la única persona que sabía cómo codificarlo, y no le hablaba a nadie», recordó Nishad. La compañía era un poco como una caja negra para prácticamente todos los que seguían ahí. Nishad titubeó un poco sobre si quedarse o no, pero decidió que, aunque Sam era un inepto con los demás seres humanos, y a pesar de que entendía muy poco lo que Gary había construido, probaría su suerte con ellos y vería qué pasaba. Haría lo que estuviera a su alcance por enseñarle a Sam sobre los sentimientos de los demás. «Algo que creo que logrará que se sientan escuchados en las reuniones uno a uno es que les preguntaras sobre sus estados emocionales en general y sus perspectivas», le escribió a Sam poco después de que renunciara la mitad de la compañía.

En retrospectiva, lo que pasó después parece un poco increíble. Al no tener un contrapeso, Sam volvió a encender Modelbot. «Lo prendimos y al instante comenzó a generarnos montones de dinero», recordó Nishad. Y luego, finalmente encontraron los cuatro millones faltantes de XRP. Primero descubrieron el itinerario que había seguido: Kraken, un exchange estadounidense, lo había enviado a un exchange surcoreano llamado Bithumb; luego vieron que los lenguajes de computadora de ambos exchanges no eran del todo compatibles. Bithumb pudo recibir los XRP de Kraken pero no el nombre del propietario de los tokens. El exchange surcoreano no detectó el problema porque era específico de las monedas de Ripple —no pasaba con ninguna otra criptomoneda— y solo había un jugador en el mercado que enviaba grandes cantidades de estos desde Kraken hacia Bithumb. Dentro de Bithumb, los empleados vieron acumularse enormes cantidades de XRP sin ninguna indicación de a quién pertenecían. Una vez que Sam descubrió esto, les llamó directamente. La llamada fue transferida por la compañía unas tres veces antes de que una voz al otro lado dijera:

—¿Tú eres el imbécil que nos mandó cerca de veinte millones de tokens de Ripple? ¿Por qué carajos nos hablas hasta ahora?

—¡Válgame Dios! ¡Lo encontramos! —Escuchó Sam que alguien gritó al fondo.

Incluso pagaron sus impuestos (Sam había llamado a su papá para que lo ayudara con eso). Y volvieron a hacer millones de dólares al mes en ganancias. Sin embargo, no era la misma compañía. Ya no eran un grupo aleatorio de AE. Eran un pequeño equipo que había enfrentado un drama alarmante y que ahora confiaba en Sam. ¡Siempre había tenido razón! Para aquellos que se quedaron —e incluso para algunos que habían renunciado— Sam pasó de ser alguien en quien no confiaban a un líder al cual seguir incluso cuando no entendieran por completo lo que estaba haciendo o por qué. «En retrospectiva, estaba equivocado y debimos haber estado dispuestos a aceptar un poco más de riesgo», dijo después uno de los directivos que se fueron. Una compañía extraña desde un inicio que se acababa de volver aún más extraña. Los que se quedaron fueron aquellos cuyas mentalidades y sentimientos podían moldearse hacia los de su creador.

A finales de 2018 Caroline escribió: «Sam: Lamento haber escrito todo esto en tercera persona. No me decidí a enviártelo sino hasta el final». Todo el asunto había sido estresante para Caroline; pero había dejado su trabajo en Jane Street y no tenía otro lugar al cual ir, entonces, aunque no estaba segura de qué o a quién creerle, se había aguantado. Lo concerniente a lo que llegó a conocerse como «el Cisma» ya se había tranquilizado y el único que seguía rumiando el significado de todo ello era Sam. Alameda Research se había enderezado y estaba generando ganancias de manera constante. Sin embargo, no todo estaba bien con Caroline, motivo por el cual le escribía a su jefe.

En lo que a primera vista parecía ser un memorándum, ella preguntaba: «¿Cuál es el problema? Tengo fuertes sentimientos románticos hacia Sam». ¡No era un memorándum! Tan solo se encontraba escrito en un tono formal.

> ¿Por qué es un problema? Porque dichos sentimientos consumen mucho de mis pensamientos; esto evita que piense en otras cosas importantes y me ocupa demasiado tiempo. Estos sentimientos con frecuencia son positivos y placenteros, pero en realidad son desagradables; afectan mi capacidad para trabajar, principalmente porque amplifican sentimientos relativos al trabajo de formas inútiles, por ejemplo: «hice un mal trabajo con esto» > «ahora Sam me odiará» > estoy triste.

El memorándum continuaba así a lo largo de cuatro páginas. Era claro que quería ser escuchada, e igualmente claro sentía que su público objetivo estaría jugando un videojuego mientras la escuchaba a medias. Pero siguió adelante, con voz lógica o cuando menos razonable, sobre lo que en el fondo eran necesidades emocionales.

> Me siento avergonzada porque la situación actual parece el resultado obvio de todas las decisiones que he tomado. Aunque no estoy segura de cuáles debí haber hecho diferente. Es posible que, por principio de cuentas, no debí haber trabajado en Alameda, aunque en ese momento sinceramente no pensé que fuera a ser un problema («me siento un poco atraída por mi jefe», es algo que también me pasó cuando trabajé con Turner, y no fue un problema para nada). Tal vez no debí haberme acostado con Sam, aunque para ese momento ya creía que los sentimientos / deseos empeorarían con el tiempo y se volverían insoportables a no ser que hiciera algo.

En beneficio de Sam, Caroline se imaginó lo que podría estar pensando de ella. «Lo último que me dijo era que se sentía "en conflicto". Me imagino que los deseos conflictivos aquí son que quería dormir conmigo, etc., vs. la preocupación por las consecuencias profesionales negativas». Hizo una lista de las cosas que Sam hacía y que le molestaban, entre ellas: «Mandar señales confusas, por ejemplo, decirme que se siente en conflicto sobre tener relaciones sexuales conmigo, luego tenerlas, y después ignorarme por meses». Intentó hacer un análisis de valor esperado de su relación clandestina, así, en el estado actual, comenzando por los costos:

- El escándalo si se descubre
- El conflicto de intereses
- La tensión en el trabajo

Terminó preguntándose si no sería mejor renunciar a Alameda Research y cortar todo contacto con Sam. Por el otro lado…

- Sería ideal si Sam y yo pudiéramos platicar para entender los sentimientos del otro y llegar a una conclusión sobre lo que hay que hacer.

Ideal, sí, tal vez. Sin embargo, era improbable incluso en las mejores circunstancias, y estas pronto dejaron de ser las mejores. Poco después de que Caroline se sintió impulsada a escribir su memorándum para ella misma, para luego compartirlo con Sam, este se marchó en lo que se suponía sería un viaje breve a Hong Kong. Después de leer su memorándum, él les hablo más o menos a 15 personas que seguían trabajando para él en Berkeley para decirles que no iba a regresar.

6

Amor artificial

A finales de octubre de 2008 alguien que se presentó como Satoshi Nakamoto —y quien increíblemente hasta la fecha ha mantenido en secreto su identidad— publicó un ensayo que introducía la idea de Bitcoin. Era mayormente una descripción técnica de lo que después se convertiría en la primera criptomoneda mundial. Un bitcoin era «una moneda electrónica»; estaba en un registro público descentralizado de transacciones llamado «cadena de prueba de trabajo»; cada vez que se transfería de una persona a otra, había programadores que verificaban su autenticidad, además, añadían la transacción al registro público; a dichos programadores, a quienes con el tiempo se les llegaría a conocer como «mineros», se les pagaba dándoles un nuevo bitcoin y así sucesivamente.[3] Curiosamente, en ninguna parte del ensayo aparece la palabra *blockchain.* La forma en que funcionaba Bitcoin les resultaba interesante principalmente a los tecnólogos; lo que podía hacer le resultaba interesante a

3 Por el momento es la única información sobre criptomonedas, pues es lo único que Sam Bankman-Fried sabía sobre ellas o, en cualquier caso, lo único que necesitaba saber para negociar los miles de millones de dólares en ellas. Además, tantos escritores se han dado a la tarea de explicar el concepto a la audiencia laica que no tiene sentido volver a hacerlo. Por ejemplo, Matt Levine escribió un artículo excelente de cuarenta mil palabras en *Bloomberg Businessweek*, titulado *The Crypto Story*. Lo que es curioso es lo escurridizo que es el bitcoin, en cuanto a concepto se refiere. Con frecuencia se explica qué es bitcoin, pero de alguna forma siempre se pierde la explicación. Te limitas a asentir y crees que lo estás entendiendo, pero al despertar a la mañana siguiente necesitas volver a escuchar la explicación.

un público mucho más amplio. Podría permitir que gente común y corriente saliera del sistema financiero existente y que nunca volviera a depender de la integridad de sus compañeros humanos financieros. «Lo que se necesita es un sistema de pago electrónico basado en la prueba criptográfica en lugar de la confianza», escribió Satoshi.

La confianza, o la necesidad de ella, le molestaba a Satoshi, quienquiera que fuera. Su ensayo no menciona la crisis financiera de 2008, pero su invento era una respuesta obvia a esta. Si Bitcoin se salía con la suya, los bancos y los gobiernos dejarían de controlar el dinero. Bitcoin sería gobernado y regido sin la necesidad de un banco. El gobierno no podría deteriorar su valor. No requería que nadie confiara en nadie ni en nada, salvo, claro, la integridad y el diseño del código de computadora. Era una petición de dinero sólido y, al mismo tiempo, un llamado a la desconfianza. Era tanto innovación financiera como una protesta social. La criptomoneda era como el amigo que hacías solo porque tenían un enemigo en común. La clase de persona que se sentía atraída por ella, cuando menos en un inicio, era aquella que sospechaba de los grandes bancos, gobiernos y otros tipos de autoridades institucionales.

Zane Tackett era un buen ejemplo de esta clase de persona, aunque decir «clase» era perder tanto su ímpetu y su propósito mismo. Con frecuencia otros se referían a él como el «OG».[4] En abril de 2013, con el precio del bitcoin en alrededor de cien dólares, Zane, estudiante de la Universidad de Colorado, se había topado con un artículo extraño en una revista. El autor anunciaba que iba a esconderse y ofrecía una recompensa de diez mil dólares a quien lo encontrara. El premio sería pagado en bitcoins —el pago, explicaba el autor, tenía la virtud de ser irreversible y no rastreable—.[5] Curiosamente, el artículo hizo

4 Acrónimo de *original gangster*, que se refiere a alguien de la vieja escuela, auténtico, excepcional (*n. de la t.*).

5 Era verdad en ese momento. Ahora es lo opuesto, pues los detectives de criptomonedas han construido las herramientas necesarias para explotar el hecho de que cada transacción en bitcoin se preserva para siempre en la blockchain.

que Zane no fuera a buscar al autor, sino que quisiera saber qué era un bitcoin. Hacía poco lo habían estafado, pues había vendido una *jersey card* de Michael Jordan en línea y el tipo que hizo la compra revirtió la transacción de la tarjeta de crédito y se quedó con la *jersey card*. Zane estaba furioso de que el sistema financiero hubiera permitido que eso ocurriera. Al mismo tiempo, no le estaba gustando mucho la universidad y se encontraba, tal vez, más abierto que la mayoría hacia aquellos que le decían qué debía hacer con su vida aparte de quedarse en la universidad. «Mi abuelo me había dicho que fuera a China para aprender chino porque se iban a apoderar del mundo», dijo Zane.

Había aceptado el consejo y se fue un año a China al terminar la preparatoria, antes de regresar para asistir a la Universidad de Colorado. Ahora había comprado algo de bitcoins, se había salido de la universidad y se había mudado a Pekín, en donde encontró un trabajo en un exchange llamado OKEx. Era la primera persona no china que entraba a trabajar al lugar. Las compañías chinas eran emporios privados. Trataban a los empleados más como vasallos que como activos valiosos. «Pueden joderse a los empleados, porque si los joden, ¿qué pueden hacer? «No hay nada que los proteja», añadió Zane. Su abuelo aprobaba su creciente fluidez en el chino, aunque sus padres estaban preocupados por que se hubiera enredado en algo que no debería. Y Zane siguió obteniendo bitcoins, estos siguieron subiendo de precio, y un día Zane fue rico. «Tenía dinero falso, luego me citaron en el *Wall Street Journal* y mis padres decidieron que yo estaba bien», dijo Zane.

Para 2016 el precio del bitcoin había roto la barrera de los cuatrocientos dólares y Zane no solo era rico, sino que contaba con el respeto suficiente como para hacer tratos con exchanges para trabajar en cualquier parte del mundo que quisiera. Todos en las criptomonedas lo conocían y confiaban en él. Tenía el nombre y la figura esbelta de un pistolero, y ahora vagaba, sin apegos a nada ni nadie, de lugar en lugar, de la misma forma en que se supone que vagaban los pistoleros en el Viejo Oeste. Un mes podía estar en Indonesia y al siguiente en Argentina. Zane, al igual que Bitcoin, no tenía un lugar fijo. Por cuestión de principios, tenía toda su vida financiera en bitcoin. Le pagaban con esa moneda y él les pagaba a otros igual. Disfrutaba de reafirmar su fe en el movimiento al que se había unido. «Quería quitarle el poder del dinero a cualquier gobierno», dijo. Zane, al igual que Bitcoin, tenía un código.

Para 2017 hubo un cambio en el espíritu del movimiento al que se había unido. Los entusiastas de Bitcoin creían que Satoshi había creado un reemplazo para el dinero respaldado por el gobierno, pero eso no fue lo que reemplazó más fácilmente Bitcoin. Fueron las apuestas. El loco aumento en el precio del bitcoin en 2017 atrajo a una generación de nuevos especuladores. No era como el mercado de valores: cualquiera en el mundo que supiera cómo usar una computadora podía negociar con criptomonedas a cualquier hora, cualquier día de la semana. La nueva demanda de objetos especulativos animó a la gente a crear cientos de criptomonedas nuevas. Por lo general se comercializaban entre los especuladores como una inversión en una nueva empresa, pero esta rara vez tenía un valor real. La venta inicial de una nueva criptomoneda, llamada EOS, se fue hasta los 4400 millones de dólares. Al no tener nada útil en qué emplear el dinero, los fundadores anunciaron que lo usarían para la «gestión de activos». A Zane le molestó que tomaran el dinero. «Fue como: "Ey, ¿me estás diciendo que puedo decirle a la gente que voy a construir un proyecto, me darán dinero y yo me lo puedo quedar aunque no lleve a cabo el proyecto?"», dijo. Que agarraran el dinero tal vez habría dejado perplejo a Satoshi —tal vez igual que la idea en sí de un exchange—. La idea original de vender Bitcoin era que eliminaba la necesidad de intermediarios financieros. Eliminaba la idea de confianza en los intercambios. Podías intercambiar tus bitcoins de manera fácil y directa con otras personas de la forma que no se podía con los francos suizos, las acciones en Apple o ganado vivo. Resultó que la gente que buscaba eliminar a los intermediarios financieros solo creó nuevos propios, incluyendo, para principios de 2019, unos 254 exchanges.

Estos primeros fundadores de exchange por lo regular no eran expertos financieros. Eran un puñado de tecnólogos, libertarios, idealistas y hombres sin ley, como Zane. Las instituciones que habían creado requerían que sus clientes confiaran en ellos, incluso más que, digamos, en la bolsa de Nueva York; esta tenía reguladores. Si la bolsa te robaba todo tu dinero, sus ejecutivos iban a la cárcel. En cualquier caso, a la bolsa de Nueva York le sería difícil robarse todo tu dinero, ya que no lo tendrías ahí, sino en una cuenta de una agencia de corredores, manejada por un banco, supervisada por otros reguladores. Los nuevos exchanges de criptomonedas no tenían reguladores. Actuaban tanto como bolsa y como custodio: no solo te permitían comprar bitcoin, también alojaban el bitcoin que habías comprado.

Todo el asunto era raro: la gente que se unió por su miedo a la confianza erigió un sistema financiero paralelo que requería todavía más confianza por parte de sus usuarios que el medio tradicional. Por fuera de la ley, y con frecuencia hostil a ella, esta gente descubrió muchas formas de entrar en conflicto. Los exchanges de criptomonedas traspapelaban o perdían con frecuencia el dinero de sus clientes; muchas veces fingían transacciones para aparentar que habían hecho más negocios de los que habían tenido en realidad; eran presas de los hackers o de operadores deshonestos que manipulaban la gestión de riesgos del exchange.

Aquí va un ejemplo de los juegos que jugaban: varios exchanges asiáticos ofrecían un contrato de Bitcoin con un margen de cien veces. De vez en cuando algún agente descubría que podía comprar bitcoin con un valor de cien millones de dólares al mismo tiempo que vendía la misma cantidad de bitcoin, y poner tan solo un millón de dólares en cada transacción. Pasara lo que pasara con el precio del bitcoin, una de sus transacciones ganaría y la otra perdería. Si bitcoin subía un 10%, el agente deshonesto obtendría diez millones de dólares a distancia y desaparecería, dejando que el exchange cubriera los diez millones de dólares que había perdido de su lado. Pero no era el exchange quien cubría la pérdida: no tenía el capital para hacerlo. Las pérdidas se socializaban. Los clientes, generalmente los que iban ganando, eran quienes pagaban. Y las pérdidas podían ser enormes. El exchange chino Huobi tuvo una tan grande que todos los que se encontraban en el lado rentable vieron reducidas sus ganancias casi a la mitad.

En las finanzas tradicionales, basadas en el principio de la confianza, en realidad nadie tenía que confiar en nadie. En las finanzas de las criptomonedas, basadas en el principio de la desconfianza, la gente confiaba grandes cantidades de dinero a completos extraños. La situación no era para nada ideal, y Zane Tackett entendió cuánto en agosto de 2016. Ese mes, el exchange para el que trabajaba, Bitfinex, perdió más de setenta millones de dólares en bitcoin por un par de hackers que trabajaban desde Nueva York (para el momento en que la pareja fue arrestada, el bitcoin valía 4.6 mil millones de dólares). Zane, quien entonces vivía en Tailandia, se encontró respondiendo mensajes de la gente a la que Bitfinex le había perdido su dinero. «Recibí muchas amenazas de muerte y notas suicidas debido a ello. Las amenazas de muerte se sentían vacías, pero no así las notas suicidas. Eran desgarradoras: "Puse con ustedes el dinero de mi casa nueva, ahora seremos indigentes"». Lo odió. Porque para él era cuestión de orgullo ser digno de la confianza de otras personas en el mundo de las criptomonedas.

Después de eso, Zane buscó un trabajo más seguro en otra firma de criptomonedas. La firma especializada en transacciones extrabursátiles, es decir, compra y venta privada de grandes bloques de criptomonedas a especuladores que, por diversos motivos, querían evitar revelarse en exchanges públicos. El sujeto que comenzó la compañía había trabajado para Goldman Sachs y sabía lo que estaba haciendo. Durante los siguientes 18 meses Zane hizo dinero fácil en los mercados con amplios márgenes entre las ofertas y las demandas, de un punto porcentual o más. Hacia finales de 2018 los mercados volvieron a cambiar repentinamente. Los márgenes se redujeron de manera dramática, pues bajaron de un punto a *siete centésimas* de punto. Un agente gordo había entrado en el mercado. Quienquiera que fuera, se puede decir que de inmediato se estableció como el creador oficial de mercado de criptomonedas. «Fue muy rápido. Y yo me quedé: "¿Qué diablos pasó?"», dijo Zane. La firma de Zane estaba en medio de los mercados de criptomonedas y permaneció mucho tiempo sin saber quién era este nuevo jugador. «Luego alguien dijo: "Es un vegano que quiere donar todo el dinero a la caridad". Luego alguien más dijo que el vegano se había mudado a Hong Kong y estaba comenzando su propio exchange», contó Zane

Zane tenía curiosidad. Encontró una copia del documento oficial que el vegano había publicado, en el que proponía una nueva clase de exchange de criptomonedas. Lo dejó estupefacto, y para su sorpresa, se descubrió queriendo desesperadamente trabajar para el vegano.

Sam después no podía recordar con exactitud por qué había accedido a volar a Asia por principio de cuentas. No había sido por las vistas, en las que no tenía nada de interés. Volar le daba tanto miedo que, antes de despegar, tuvo que tomar un medicamento y escuchar música relajante. «Irracionalmente nunca he creído que un pedazo de metal pueda volar», aceptó. El propósito del viaje era asistir a una conferencia sobre criptomonedas en Macao, pero una vez que llegó, descubrió motivos para quedarse. Por primera vez desde que había entrado en el mercado se descubrió en la misma habitación que todos los grandes jugadores de las criptomonedas, muchos de los cuales eran asiáticos. Y también por primera vez dejó que gente externa a su círculo interior de AE supiera quién era y lo que estaba tramando; y tuvo efectos poderosos.

Hasta ese momento a finales de noviembre de 2018, Alameda Research había operado desde las sombras. Habían negociado más del

5 % volumen total de los mercados y seguían siendo un secreto. Jane Street lo había dejado con la idea de que la publicidad no tenía ventajas y que lo mejor era evitarla. Negociaba miles de millones de dólares en criptomonedas, pero nunca con su propio nombre ni con el de Alameda Research (habían elegido el nombre en parte para esconder que la compañía tuviera alguna relación con las criptomonedas). Los exchanges asiáticos se habían acostumbrado tanto a que sus clientes no quisieran que nadie supiera quiénes eran, que algunos proporcionaban un seudónimo cuando comenzabas a hacer negocios con ellos. Uno de los más grandes exchanges del momento, BitMEX, había otorgado nombres ficticios a las cuentas de transacciones de Alameda Research, cada uno consistía en tres palabras generadas, en apariencia, al azar. Una era Shell-Paper-Bird; Hot-Relic-Fancier otra, y tan extrañamente divertida que los agentes de Alameda Research habían pedido una pintura de un amante apasionado de reliquias. En el tablero de BitMEX de los agentes más rentables del año Shell-Paper-Bird y Hot-Relic-Fancier se encontraban dentro de los primeros diez. Nadie tenía la más mínima idea de que eran el mismo, ni de quién era este. Eso cambió en Macao.

—Soy Hot-Relic-Fancier —dijo Sam cuando le presentaron en la conferencia a alguien que pensó que podría ser importante.

—No, claro que no. —Era la reacción típica.

Incluso Sam sabía que no era creíble: un hombre blanco de 26 años con peinado de lunático, vestido con shorts holgados y una camiseta arrugada. Necesitaba sacar su celular y abrir la cuenta de transacciones para mostrarles su dinero antes de que le creyeran. Después de hacerlo unas cuantas veces, mucha gente quiso conocerlo. Nunca le habían gustado los encuentros cara a cara, pero ahora tenía que admitir que tenían efectos asombrosos. Semanas antes de que volara a Asia uno de esos grandes exchanges chinos había congelado una cuenta de Alameda con mucho dinero en ella, sin ningún motivo en particular. Servicios al cliente no había respondido sus llamadas. Después de conocerlo en persona, los jefes del exchange le regresaron su dinero. «De pronto me encuentro en una habitación junto con alguien importante de cada uno de los exchanges de criptomonedas. Mi agenda está llena de reuniones y cada una de ellas es más interesante que cualquiera que haya tenido en el Área de la Bahía», dijo Sam. La mayoría de las veces la gente que conocía no sabía cómo interpretarlo ni a él ni a Alameda Research. «Ahí no había nadie como nosotros», recordó Sam.

En ese momento, el mismo Sam no estaba seguro de cómo interpretar la compañía de criptomonedas que había creado. Veía la guerra civil con sus compañeros AE como «lo peor que me había pasado». Había reunido a un grupo de personas a las que admiraba y quienes compartían sus valores y había terminado siendo un paria para la mitad (quienes seguían destrozándolo entre sus compañeros AE). «Me hizo cuestionarme. Era la primera vez en mi vida que me encontraba rodeado de gente que respetaba y que decía que estaba mal y que estaba loco. Me hizo cuestionarme mi cordura», dijo. Cuando voló a Asia, seguía escribiendo una y otra vez sobre el evento traumático. «Lo que sí hice fue lastimar una comunidad de AE. Hice que la gente se odiara entre sí un poco más y confiaran un poco menos… y reduje seriamente mi propia capacidad futura para hacer el bien. Estoy muy seguro de que hasta el momento mi verdadero impacto en el mundo ha sido negativo, y ese es el motivo», escribió.

Algo curioso sobre los escritos de Sam, dado que muchos eran únicamente para él mismo, es su imparcialidad. Evidentemente sentía autocompasión, pero reconocía que otros podían sentirse peor consigo mismos. En verdad no le gustaba culparse por nada; pero tampoco le gustaba culpar a los demás. «Soy un utilitarista», escribió.

> La culpa es tan solo un constructo de la sociedad humana. Tiene diferentes propósitos para cada quien. Puede ser una herramienta para desalentar malas acciones; un intento para recuperar el orgullo frente a las adversidades; una salida para la furia y muchas cosas más.

> Supongo que tal vez la definición más importante —cuando menos para mí— es ¿de qué manera las acciones de todos se reflejaron en la distribución de probabilidades[6] de su comportamiento futuro?

«De qué manera la influencia de las acciones de todos se reflejó en la distribución de probabilidades de su comportamiento futuro». La oración te dice mucho sobre la forma en que Sam veía a los demás, y tal vez también a sí mismo. No los veía como personajes fijos —buenos o malos, sinceros o falsos, valientes o cobardes—, sino como una distribución de probabilidades alrededor de un recurso. No calificaba a las personas con base en lo peor o mejor que hubieran hecho. «Creo firmemente y actúo como si la gente fuera distribuciones probabilísticas, no sus medios. Para mí es muy importante que los demás también se comprometan al mismo nivel», escribió. El comportamiento de sus compañeros AE provocó que actualizara su entendimiento de sus distribuciones probabilísticas en formas que hicieron que ya no quisiera contratar más AE. En un inicio pensó que al contratar únicamente altruistas eficaces estaba creando una ventaja especial: todos en la compañía confiarían en los motivos de los demás y entonces nadie perdería su tiempo y energía en hacer las muchas cosas que la gente hacía para generar confianza entre sí. Podrían evitarse las reuniones uno a uno, el contacto visual, los apretones de manos y, por encima de todo, las discusiones sobre quién merecía que le pagaran cuánto y por qué. Y resultó no ser así, no podían.

Después de que Tara y los demás se fueran, Alameda volvió a ser rentable y permaneció así. No estaba haciendo tanto dinero como en un inicio, pero llegó al final de 2018 con un rendimiento anual de más del 110 %. Al ver que la compañía se había enderezado, cuando menos unos cuantos AE, incluyendo los empleados que seguían ahí, se pre-

6 La distribución de probabilidad permite establecer todos los resultados probables de un experimento o de un suceso junto con la probabilidad de ocurrencia de cada resultado (*n. del e.*).

guntaron si Sam habría sabido todo el tiempo lo que estaba haciendo. Unos pocos meses después del Cisma una antigua empleada le envió a Sam un mensaje con una pregunta capciosa: «¿Por qué crees que existe el patrón de que los demás piensan que estás equivocado sobre algún valor esperado, y resulta que estás en lo correcto pero los demás no lo saben o no lo entienden?». Sam le contestó en tres mensajes cortos separados.

> Porque los demás decidieron que Sam es malo y luego se negaron a reconocer cualquier evidencia que contradijera esa creencia.
>
> Porque estaban demasiado involucrados emocionalmente en esa creencia, en buena medida es porque era una forma de evitar asignarse una falla o culpa a sí mismos.
>
> Y también porque es una gran declaración social intentar destruir la vida de alguien y es verdaderamente vergonzoso retractarse.

Para decirlo de otra manera: la gente lo malinterpretó, decidió que no se podía confiar en él, y luego se negó a cambiar su opinión. Necesitaba hacer un mejor trabajo para ayudar a los demás a resolver el acertijo. Habían sido insuficientes las expresiones faciales que tanto trabajo le había costado dominar: debía ser más explícito.

Entre las páginas que escribió sobre la crisis había documentos pequeños dirigidos a sus empleados, con títulos como: «Algunas notas sobre el trabajo conmigo» y «Qué significa cuando Sam te bloquea». Entretejidas entre sus escritos había advertencias para los empleados actuales y futuros sobre cómo entenderlo. Diría después: «Pasé un tiempo durante, en medio, después y mucho después de todo eso, tratando de descubrir qué debía cambiar en mí. Y fue una experiencia muy frustrante. El detonante fue que a la gente no le gustaba mi gestión y decía que necesitaba aprender una técnica para hacerlo».

Seguía sin creer que hubiera una técnica de gestión que valiera la pena aprender, que solo eran un montón de tonterías contradictorias. «Es el ciego guiando a los ciegos. La única forma es enseñarte a ti mismo a ver», dijo.

Al final decidió que solo había un cambio que debía hacer: volverse más atractivo para los demás. Incluso las personas que él más aceptaba se habían quejado de que necesitaba ser «más accesible», «ofrecer consejos más constructivos» y ser «menos negativo». Las críticas lo tenían verdaderamente desconcertado. No se consideraba como alguien amenazante. No pretendía intimidar. Pero no iba a cambiar la naturaleza humana, entonces decidió que, en adelante, enterraría cualquier reacción negativa que le produjera lo que la gente dijera o hiciera. Les daría a los seres humanos con quienes interactuaba la impresión de que estaba mucho más interesado en lo que fuera que estuvieran diciendo o haciendo de lo que realmente estaba. Estaría de acuerdo con ellos, aunque no fuera cierto. Contestaría con un «¡Siiiiiip!» a cualquier estupidez que dijeran. «Tendría un precio, pero valdría la pena. En la mayoría de los casos, le agradas más a la gente si estás de acuerdo con ella», dijo. Pasó de ser una persona de la que te sorprendería saber que te aprueba a ser una de la que te sorprendería descubrir que no, en realidad no te aprueba.

Sam no necesitaba cambiarse a sí mismo tanto como necesitaba cambiar su negocio. A principios de 2019 había una brecha enorme entre su objetivo autoimpuesto de generar dinero para donarlo y la cantidad de este que estaba generando como agente de criptomonedas. En 2018, con un capital de cuarenta millones de dólares, Alameda Research había generado treinta millones de ganancias. Sus inversionistas AE se habían llevado la mitad, dejando tan solo 15 millones de dólares. Cinco se perdieron en la nómina y las liquidaciones de los que se fueron; se perdieron otros cinco en los gastos. De los cinco restantes habían pagado los impuestos y entonces, después, cuando todo estuvo dicho y hecho, habían donado a causas altruistas eficaces solamente

1.5 millones de dólares. Bajo el punto de vista de Sam, eso no era suficiente. «Necesitábamos conseguir mucho más capital, o capital más barato u obtener rendimientos mucho mayores», dijo. Pero en ese momento, con su reputación hecha trizas en los círculos de AE, no era muy obvio de dónde podría llegar nuevo capital. Los mercados de las criptomonedas se estaban volviendo más eficientes día con día. Las grandes firmas de alta frecuencia de Wall Street como Tower Research Capital, Jump Tranding e incluso Jane Street estaban entrando al mercado y se estaban embarcando en la misma deforestación que practicaban en los otros mercados financieros. Incluso, aunque Sam encontrara más capital, se podría hacer menos dinero con él.

La idea de crear un exchange era, al mismo tiempo, obvia e improbable. Obvia, porque los exchanges de criptomonedas eran máquinas de dinero. Eran los casinos en medio del frenesí especulativo histórico mundial, que cobraban por cada apuesta que se hacía. Lo más probable era que los fundadores de aproximadamente la media docena de los exchanges de criptomonedas más grandes del mundo ya fueran multimillonarios, aunque los exchanges en sí mismos perdían de forma rutinaria el dinero de sus clientes. Improbable por ser Sam quien era, y por la forma en que se relacionaba con la gente. No sabía cómo involucrarse con la gente común y corriente de la forma en que esta necesitaba que se involucrara con ella cuando dirigías un exchange. Para crear un exchange exitoso debías atraer a una multitud; necesitabas relacionarte con una audiencia enorme. Necesitabas *clientes.* Y únicamente los conseguirías si confiaban en ti. Y la única forma de que confiaran en ti era si sabían quién eras (o creían saberlo). Sam no estaba seguro de que sus mismos colegas lo supieran, motivo por el cual estaba escribiendo memorándums para explicarlo.

Además, ya lo había intentado y fracasado en ello. De vuelta en mayo de 2018, en Berkeley, Sam le había pedido a Gary Wang que escribiera el código para un exchange de bitcoin, y Gary lo había hecho en un mes. Se llamaba CryptonBTC. Lo colgaron en la red sin tener idea de cómo atraer la atención. Nadie se acercaba para hacer transacciones ahí. Era como si nunca hubiera existido. Sin embargo, el código que Gary escribió para el primer exchange había sido genial. Del fracaso total que fue CryptonBTC, Sam aprendió que si le pedía a Gary que creara un exchange de futuros cripto,[7] este podría hacerlo en un mes, y que sería más confiable y menos arriesgado para sus usuarios que cualquier exchange existente. Gary era un genio.

En Hong Kong, Sam y su pequeño equipo comenzaron a presentar a los fundadores multimillonarios de los exchanges ya existentes la idea de pagarle a Alameda Research (a Gary) para crear un exchange de criptomonedas que sería diferente en aspectos importantes de los actuales. Alameda proporcionaría la tecnología; los exchanges que ya estaban proporcionarían a los clientes y la confianza. El comprador más probable, y la persona a la que el mismo Sam le presentó la idea, fue a CZ.

CZ era Changpeng Zhao, director ejecutivo del exchange Binance. Nacido en la provincia de Jiangsu, fue criado en Canadá desde la adolescencia, estudió allá y con el tiempo regresó a China con la ciudadanía canadiense. Tuvo algunos trabajos comunes al margen de las finanzas de alto nivel —incluyendo una temporada como desarrollador en Bloomberg— antes de llegar como jefe de Tecnología en OKCoin. Salió de allí en 2015 y creó Binance en 2017; dos años después lo describían en las publicaciones del ramo como «el hombre más poderoso en las criptomonedas». Tal vez no había sido cierto en ese momento, pero estaba a punto de convertirse en el hombre más poderoso. A mediados de 2019 Binance seguía siendo un *exchange spot* de criptomonedas[8] —no hacía operaciones de futuros cripto ni otros

7 Los futuros cripto (o futuros de criptomonedas) son básicamente un contrato legal para vender y comprar criptomonedas a un precio determinado en una fecha específica (*n. de la t.*).

8 Los *spot crypto exchange* en español se conocen como *exchange spot* de criptomonedas, una forma de comercio al contado cuyo objetivo es comprar barato y vender caro para obtener ganancias (*n. de la t.*).

derivados— no más grande que otros cuantos, imposibilitado por su incapacidad para ofrecer a la mayoría de sus clientes la ventaja que ansiaban (todo el mundo en las criptomonedas quiere apostar más de lo que tiene). Los clientes de Binance negociaban varios tipos de criptomonedas, pero por lo regular no le pedían dinero al exchange para hacerlo. CZ lo prefería así. Y se mostró un poco cauteloso por lo que Sam le estaba proponiendo: un exchange que solo trabajara con contratos de futuros cripto.

Un exchange de futuros era diferente de un *exchange spot* en aspectos importantes. En el primero, los agentes ofrecen como garantía solo una fracción de las apuestas que hacen. A fin de cuentas, en una transacción que perdía dinero, generalmente el exchange pide más garantía. Si la operación sale mal rápidamente, se elimina la garantía y deja al exchange responsable de las pérdidas, tras lo cual el exchange voltea hacia sus clientes para cubrirlas, como han hecho los exchanges de criptomonedas históricamente. El diseño que FTX (Gary) había inventado resolvía el problema de forma elegante. Monitoreaba las posiciones de los clientes a cada segundo, en lugar de hacerlo por día. En el instante en que una transacción de cualquier cliente se pusiera en números rojos, se liquidaba. Por supuesto, esto era algo desagradable para los clientes cuyas posiciones comenzaban a perder. Pero prometía acabar con las pérdidas socializadas, que habían plagado los exchanges desde el inicio. Las pérdidas del exchange nunca deberían socializarse otra vez, porque el exchange nunca volvería a tener pérdidas.

Sam conoció a CZ poco después de mudarse a Hong Kong a finales de 2018. Binance estaba buscando que las compañías de criptomonedas pagaran 150 000 dólares cada una para patrocinar su conferencia a principios de 2019 en Singapur, y Sam dio el dinero. CZ lo recompensó apareciendo con él en el escenario y, a partir de ese momento, Sam comenzó a decir: «Eso fue lo que nos legitimó en el mundo de las criptomonedas». En realidad le había pagado para que fuera su amigo. Pero incluso entonces Sam no sabía mucho de él, salvo que no tenían mucho en común. Sam vivía en su cabeza y meditaba mucho sus decisiones, o cuando menos eso creía. Si CZ tenía algún pensamiento original, nunca lo expresaba, y más bien parecía tomar sus decisiones de manera visceral. Sam pensaba en el tamaño del pastel, mientras que a CZ le importaba más el tamaño de su tajada. Sam apuntaba a construir un exchange para grandes operadores de criptomonedas institucionales; CZ se concentraba en dirigirse a los minoristas y al individuo. Sam odiaba el conflicto y por tanto olvidaba con extraña rapidez los agravios; a CZ le encantaba el conflicto y alimentaba las emociones que conducían a este. Tenía una compleja red de aliados y enemigos. En el libro de presentación que hizo para lanzar Binance en 2017 mucho de lo que enlistó como certificaciones para el trabajo eran alianzas sociales con otros expertos en criptomonedas (entre los cuales se encontraba Zane Tackett. En una breve biografía, curiosamente, CZ describió a Zane en relación consigo mismo, diciendo que desempañaba el papel de «mentor y buen amigo»). Sam no tenía ninguna alianza social real. En sus interacciones con CZ, si no hubiera sacado a relucir sus expresiones faciales aprendidas, habría pasado mucho tiempo mirando sin comprenderlo mientras hablaba. «CZ solo habla», dijo Sam. «No dice tonterías, tampoco cosas inteligentes. No lo pude descifrar sino hasta que tuvo que tomar decisiones».

La primera decisión que CZ tuvo que tomar fue si darle a Sam los cuarenta millones de dólares que le pedía por su exchange de futuros cripto tan inteligentemente diseñado. Después de pensarlo unas cuantas semanas, en mazo de 2019 decidió que no, y luego le ordenó a su gente que creara su propio exchange de futuros cripto. Eso le pareció a Sam algo muy vulgar y ligeramente decepcionante. «Es casi un cabrón, pero no peor que un cabrón», dijo Sam. «*Debería* ser un gran personaje, pero no lo es».

Solo después de que CZ lo rechazó fue que Sam decidió crear un exchange él mismo. La idea era sencilla: el primer exchange de futuros cripto que estaría bien diseñado y que serviría a las necesidades no solo de la gente en las criptomonedas, sino también a los agentes profesionales, como Jane Street. Aun así, Sam se sentía intranquilo al respecto. «Íbamos a construir un producto mejor que cualquiera de los que ya existían. Si funciona, valdrá miles de millones de dólares, pero creía que había más del 50% de probabilidades de que no funcionara. Nunca había hecho marketing, nunca había hablado ante los medios, nunca había tenido clientes; era algo diferente de lo que había hecho», dijo. Y entonces comenzó a reunir gente que pudiera hacer las cosas que él no sabía hacer. Gente muy diferente de aquella con la que siempre había trabajado, pero que tenía fuertes relaciones con otras personas en las criptomonedas. Por ejemplo, llamó a Zane Tackett, y con él llegó mucha confianza dentro del medio. Pero antes de llamarlo a él, llamó a Ryan Salame.

Si existía algo opuesto a un AE era Ryan. Era un republicano amante de la libertad que odiaba los impuestos. Había comenzado su carrera como contador en Ernst & Young y había sido liberado de la tristeza y el tedio después de que la firma Circle, que operaba criptomonedas, lo contratara para que le llevara la contabilidad. Rayan solo necesitó dos segundos para ver que las transacciones con criptomonedas eran más divertidas que la contabilidad. Cuando Sam lo encontró, estaba trabajando como vendedor en la mesa de operaciones de Circle en Hong Kong y se había vuelto un anuncio ambulante de los placeres mundanos. Cualquiera dentro del mundo de las criptomonedas que quisiera lo que todos querían de las criptomonedas encontraba en Ryan a un aliado en la búsqueda: era a él a quien llamabas si querías divertirte.

Era guapo y astuto. Cuando Alameda Research incrementó sus operaciones en Hong Kong y redujo los márgenes para todos los demás, a Ryan le impresionó cuánto más inteligente era en comparación con el resto del mercado. No tenía idea de quién era Sam Bankman-Fried, pero se dio cuenta de que CZ lo quería mantener cerca —llegando al extremo de permitir que Sam colocara un *stand* de Alameda Research en la conferencia de Binance—. También se percató de que Sam y sus agentes carecían de las gracias sociales habituales del mundo de las criptomonedas. «No te respondían los chats. No reaccionaban a las bromas; no era a lo que estabas acostumbrado en las criptomonedas. Sam no era parte de la multitud. Nadie lo había visto en nada», dijo Ryan.

Al final, Ryan visitó a Sam en sus nuevas oficinas en Hong Kong. «Solo bastan cinco minutos de plática con Sam para darte cuenta de que hay algo diferente», dijo. El desinterés de Sam en la interacción social común y corriente se había extendido a su compañía de forma mucho más dramática de lo que Ryan había imaginado: «Era un dormitorio universitario de nerds sentados frente a sus monitores. Nunca salían de la oficina». Ryan pudo ver que Sam lo podría usar para establecer conexiones sociales con la gente en las criptomonedas y hacer que se sintieran cómodas con él, cosa que no pasaba en ese momento. «Sam olvida cuánta gente pensaba en un inicio que era un estafador. Esperabas encontrártelo detrás de cualquier estafa», explicó Ryan.

Sam contaba con una ventaja social ante otras personas en el mundo de las criptomonedas. Mientras más aumentaban los precios, mayor era el flujo hacia ese mundo de personas serias, de traje, que personas como Zane encontraban insoportables. Ryan podría haberse contado como una persona así, pero no era racional, entonces pudo pasar. Los de Goldman, los capitalistas de riesgo y los abogados corporativos se volvieron criptohermanos, todos eran parte de la invasión de la gente convencional que quería hacer dinero rápido sin la excentricidad que había hecho posible ganar dinero rápido. Los farsantes buscaban un terreno común con los criptofanáticos originales al exhibir su emoción sobre la tecnología. ¡El blockchain! «El blockchain cambiará… todo», decían, y esperaban que con eso fuera suficiente. Una religión con base en el odio a los bancos, al gobierno y a cualquier clase de autoridad institucional —bueno, para los farsantes eso ya era llevar las cosas demasiado lejos—.

Los criptofanáticos, la gente que se había sentido atraída a la causa por motivos propios, tenían, en el mejor de los casos, sentimientos encontrados sobre los que habían llegado después (y solo por el dinero). Ryan creía que, en lo concerniente a Sam, estaban un poco más dispuestos a posponer sus juicios. Sam compartía un rasgo importante con los criptofanáticos: el descontento con el mundo que había encontrado. No sentía alguna hostilidad en particular hacia los gobiernos o los bancos. Solo pensaba que los adultos no tenían sentido.

Ryan no era un adulto, sino más bien la última expresión de una nueva especie, el criptohermano, que Sam se daba cuenta que necesitaba tener a la mano. Lo contrató sin saber a ciencia cierta lo que haría. «La descripción del trabajo era algo así como: "Mejora todo"», recordó Ryan.

Para crear un exchange de criptomonedas, Sam necesitaba a gente dentro de ese mundo, pero también necesitaba dinero para pagarle. La forma tradicional y anticuada de hacerlo habría sido pedir ayuda humildemente con familia y amigos, o reunir el dinero de capitalistas de riesgo. Sam no tenía amigos con la cantidad de dinero que necesitaba y no conocía capitalistas de riesgo. Lo que tenía era un token. Pertenecía a la misma familia general que las miles de otras criptomonedas que habían sido creadas desde 2017 y promocionadas al público. El token de FTX se llamaba FTT.

La característica más importante de FTT era que sus propietarios tenían derecho, en conjunto, a alrededor de un tercio de los ingresos anuales del exchange FTX. Por ejemplo, de los mil millones de dólares de ingresos que el exchange generó en 2021 se apartaron 333 millones para «comprar y quemar»[9] FTT. FTX sacaría tokens de circulación de la

9 «Buy back and burn» son dos actividades que se llevan a cabo para aumentar el valor de las criptomonedas; con la recompra se reduce la demanda y con ello crece

misma forma que una compañía pública compraba de nuevo sus acciones, y así elevaba el valor de las acciones restantes. FTT no era similar a una acción en FTX, *era* una acción en FTX, e incluso venía con derecho de voto en ciertas decisiones que se tomaban en la compañía. Dado que te brindaba una parte de los ingresos brutos en lugar de los netos, se podría decir que era aún más valioso que las acciones. «La gente del mundo de las criptomonedas preguntaba: "¿Por qué querría tus acciones? Preferiría solo comprar el token". Los capitalistas de riesgo preguntaban: "¿Qué es un token?"», dijo Sam.

Un obstáculo de los tokens era que su venta era ilegal dentro de Estados Unidos. La explosión de nuevos criptotokens había engendrado un juego nuevo del gato y el ratón entre sus creadores y los entes reguladores. El ente regulador más agresivo del mundo, la Comisión de Bolsa y Valores de Estados Unidos (SEC, por sus siglas en inglés), ahora dedicaba grandes recursos para argumentar que muchos de estos tokens eran valores (y obvio que lo eran), y por lo tanto eran una amenaza para los inversionistas estadounidenses, y los prohibieron en Estados Unidos hasta que obtuvieran la aprobación de la SEC (algo altamente improbable). Los exchanges de criptomonedas y creadores de tokens que querían vender a los estadounidenses insistían en que los tokens no eran valores, sino más bien algo como, digamos, puntos de recompensa de Starbucks. Como FTX se constituyó en Antigua, operaba en Hong Kong, y por principio no permitía que inversionistas estadounidenses hicieran transacciones en su exchange, estaba fuera del alcance de la comisión.

En cualquier caso, los compradores de FTT podían ser extranjeros o estadounidenses que vivían fuera del país. Y a esos era a quienes Sam les estaba coqueteando ahora, con su forma torpe de hacer las cosas. Tres semanas antes de que ofreciera FTT al público voló a una confe-

el valor; la quema significa borrarlas del historial de la cadena de bloques, con ello se reduce la oferta y aumenta el valor, o eso se espera (*n. de la t.*).

rencia en Taipéi. Todos los grandes jugadores del mundo de las criptomonedas llegaron a una fiesta que daba uno de los grandes exchanges. Y Sam hizo lo mismo, aunque de forma mecánica. «Esa noche fue de alcohol, mujeres, láseres y música estridente, pero había un raro microclima que parecía seguirme mientras caminaba entre las mesas. No comenzó a tomar forma sino hasta que pasé junto a CZ unas cuantas veces, y en cada ocasión dejó de mirar a su atractiva acompañante para abrazarme: "La gente está pensando mucho en nosotros". Esa fue la primera vez que CZ pareció más interesado en mí que yo en él», escribió después en su diario.

De la nada, FTX emitió 350 millones de tokens FTT. Sam les ofreció una parte a sus empleados a cinco centavos cada una, y otra parte a gente importante en el mundo de las criptomonedas, como CZ, que podrían ser patrocinadores del exchange, a diez centavos. En un inicio CZ lo rechazó, al igual que la mayoría de los propios empleados de FTX —Ryan Salame fue una gran excepción—, pero otros inversionistas externos compraron suficientes, tanto, que Sam después subió el precio, primero a veinte centavos y luego a setenta. El 29 de julio de 2019 FTT fue listado en FTX y por tanto se ofreció al público en general. «Es cuando más nervioso lo he visto», dijo Nishad. Abrió a un dólar y llegó hasta 1.5 dólares. En dos meses Ryan Salame había aumentado treinta veces su dinero, y los compradores externos 15 veces. De los 350 millones de tokens emitidos, FTX había vendido aproximadamente sesenta millones a un dólar menos de lo que valían ahora. Más o menos en una semana las dudas de Sam sobre su habilidad para ganarse la confianza de una gran audiencia se habían convertido en lamentos por haber vendido demasiado barato los FTT. Qué tan barato quedó claro cuando, unas semanas más tarde, CZ lo llamó y ofreció comprar una participación del 20 % en FTX por ochenta millones.

Era como si un buscador de petróleo hubiera construido su casa por accidente sobre un campo petrolífero: Sam en realidad ni siquiera quería dirigir un exchange de criptomonedas. Había construido un casino que les ofrecía a los jugadores la oportunidad de hacer apuestas más grandes de lo que justificaban sus cuentas bancarias, sin, al parecer, ningún riesgo para el casino o para los demás jugadores, y eso era justo lo que quería el mundo de las criptomonedas. El momento fue el oportuno, aunque eso fue accidental, ya que los grandes agentes profesionales como Jane Street estaban entrando a los mercados de las criptomonedas, y necesitaban un exchange de futuros cripto profesional. El lugar que Sam eligió, también por accidente, era igualmente perfecto: Hong Kong era quizá el único lugar en el mundo en donde él y CZ se sentían tranquilos. Hong Kong era como un tablero de ajedrez con una voz integrada que gritaba los cambios en las reglas a la mitad de cada partido. Los reguladores hongkoneses le daban a un exchange libertad para hacer prácticamente lo que quisiera, pero cambiaban las reglas con la frecuencia necesaria para mantenerlo interesante.

Encima de todo eso, en Hong Kong, y en general en toda Asia, abundaban jóvenes ambiciosos sin ninguna habilidad en particular, a quienes no les importaba dejar lo que estuvieran haciendo para irse a trabajar a un exchange de criptomonedas dirigido por una persona completamente desconocida. Sam necesitaba justo ese tipo de gente; desde un inicio FTX debería haber colgado un letrero en la puerta que dijera: «Experiencia no necesaria». Por ejemplo, Sam contrató a Natalie Tien, quien tenía poca experiencia con los medios o en marketing, y la nombró jefa de Relaciones Públicas Corporativas. Contrató a una joven vendedora del exchange Huobi llamada Constance Wang y la nombró directora de Operaciones de la empresa. Sam convirtió en virtud la falta de experiencia o capacidad. «Es una señal un poco negativa si pones a alguien a hacer lo mismo que ha hecho antes. Es una selección desfavorable, pues ¿por qué acuden a ti?», dijo.

Lo curioso de Ramnik Arora era que lo único que había estado buscando era la oportunidad de caminar al trabajo. Había crecido en la

India, había terminado una maestría en Ciencias de la Computación en Stanford, había trabajado un tiempo en Goldman Sachs y ahora estaba casado y se había establecido en East Bay. Durante tres años había soportado un trayecto al trabajo miserable, desde Berkeley hasta Facebook en Menlo Park. Había comenzado en un grupo que trabajaba en subastas en tiempo real para anuncios en línea —con el objetivo de mostrar el anuncio perfecto a la persona perfecta en el momento perfecto—, luego se cambió a otro equipo que intentaba lanzar Libra, el intento fracasado de Facebook de crear su propia criptomoneda.

En algún momento entre Goldman Sachs y Facebook, Ramnik había dejado de buscar sentir pasión por su trabajo. Si parecía más grande de lo que era, se debía a que estaba dejando escapar una de las cosas que define a la juventud: la esperanza. «Las mentes más brillantes de nuestra generación están ya sea comprando o vendiendo acciones, o prediciendo si harás clic en un anuncio», añadió. «Es la tragedia de nuestra generación». El efecto de la tragedia había sido que su ambición se redujera. Pensaba cada vez menos en cambiar al mundo y cada vez más en lograr que tanto él como su esposa se sintieran cómodos en él. «Leí un estudio que dice que te brinda un 15 % de felicidad caminar al trabajo», dijo.

Y teniendo la felicidad doméstica en mente fue que, a finales de la primavera de 2020, introdujo «criptomonedas» y «Berkeley» en LinkedIn. Recibió un único resultado: Alameda Research. Nunca había escuchado de ellos. Mandó su currículum. En unos pocos minutos recibió una invitación de Zoom por parte de Sam Bankman-Fried, quien quería platicar con él, no de Alameda, sino de un nuevo exchange de criptomonedas que Alameda Research había lanzado, llamado FTX. Los números que salían de la boca de Sam impresionaron a Ramnik, así como la inclinación de Sam de compartirlos con un completo extraño. FTX tenía un poco más de un año de existencia. En el último semestre de 2019 había generado cerca de diez millones de dólares de ingresos. En 2020 la cifra se elevaría entre los ochenta y los cien millones de dólares.

En un punto de la conversación Ramnik descubrió que Sam no estaba en Berkeley, sino en Hong Kong, y ahí eran las tres de la mañana. La gente detrás de Sam iba y venía con el típico ajetreo de la mitad de la jornada. Fuera lo que fuera lo que Sam dijo durante esa primera llamada, lo que Ramnik escuchó principalmente fue un sonido que casi había olvidado: el sonido de la pasión.

Aceptó el trabajo en FTX con una reducción del 80 % de lo que había estado ganando en Facebook (y con el 95 % menos de lo que TikTok ofrecía). Entre Alameda y FTX, era el empleado número cincuenta de Sam. Su puesto era jefe de Producto, algo raro, ya que Ramnik no sabía nada del producto. En la llamada por Zoom, Sam le había dicho que en realidad no tenía idea de lo que Ramnik podría hacer en FTX, pero que verían qué podría ser.

Una vez que Ramnik se mudó a Hong Kong, la falta de un trabajo definido se volvió un problema. Era evidente que FTX no necesitaba un jefe de Producto, no existía tal puesto. Gary había escrito todo el código. Un pequeño grupo de mujeres jóvenes chinas e individuos de las criptomonedas ya se encontraban promocionando el producto y no necesitaban de la ayuda de Ramnik. Nishad se dedicaba a gestionar a los desarrolladores, quienes solucionaban cualquier problema que surgiera con el producto, también lidiaba con quien se sintiera infeliz con su trabajo o con la forma de dirigir de Sam.

Ramnik no supo con seguridad lo que se suponía que debía hacer durante los primeros 21 días en el trabajo, los cuales pasó en cuarentena en un deprimente cuarto de hotel en Hong Kong. Manipulaba un poco el código del exchange —el producto—, pero cada vez que lo hacía tenía que informarle a Nishad lo que había hecho. Le enviaba notas a Sam, pero este se tardaba hasta dos días en contestar.

—¿Soy un valor positivo o negativo para la compañía? —le preguntó a Nishad después de la cuarentena.

—Negativo —le contestó Nishad—. La cantidad de tiempo que dedico a revisar tu trabajo es mayor que la que me tomaría hacerlo a mí.

Ramnik agradeció su sinceridad. Y decidió que debería encontrar algo más que hacer. Pronto se encontró desempeñando un papel que nunca había existido ni en la compañía ni en la vida de Sam. «Pronto me convertí en la persona en la que Sam se apoyaba para diferentes cosas. Lo primero que me pidió fue que encontrara un auditor porque no teníamos uno», dijo Ramnik. Como a Sam no le importaban los puestos, nunca cambió el de Ramnik. Había sido contratado y seguiría siendo jefe de Producto, cuando su trabajo se podría describir con mayor precisión como mozo de Sam. «Me decía: "Surgen montones de cosas, y tú vas a lidiar con todo lo que surja"», explicó Ramnik. Curiosamente, mucho de lo que surgía, de una forma o de otra, eran cuestiones de confianza, por ejemplo: ¿cómo podía hacer FTX que la gente confiara en su producto?

Sam no contrataba adultos, pero ahora tenía a Ramnik, y este tenía rasgos de adulto. Dudaba antes de hablar; había trabajado muchos años en Goldman Sachs y en Facebook; acababa de cumplir 33 años, aunque podría pasar por alguien de 35 y no subía y bajaba la rodilla al hablar; utilizaba pantalones; estaba casado y tenía una mentalidad casi como la de Wemmick,[10] de que la vida privada y el trabajo eran cosas aparte (algo que no compartían ni Sam ni nadie que hubiera sobrevivido hasta el momento la forma de dirigir de Sam). Tenía la habilidad de imaginar lo que pensarían los adultos si, digamos, te encontraran en la cama con la persona equivocada. Fue Ramnik quien intervino cuando a Sam se le ocurrió la idea de que FTX fuera el primero en listar el token de un negocio de pornografía taiwanés llamado Swag. Este les daría un cheque enorme a cambio de que FTX hiciera un mercado para los tokens de Swag; así, FTX se convertiría en el motor financiero de un imperio por-

10 Personaje de la novela *Grandes esperanzas*, caracterizado por hacer una marcada separación entre el trabajo y la vida personal (*n. de la t.*).

nográfico taiwanés. «Tuve que convencerlo de que no lo hiciera. Sentí que estaba en una encrucijada al hablar con él para convencerlo de no hacerlo. No había marcha atrás. Sam estaba empecinado en hacerlo y yo decía: "No, de ninguna jodida manera lo haremos"», dijo Ramnik.

En el mundo de las criptomonedas ninguna de las habilidades de Ramnik era la gran cosa y, de hecho, podrían haber sido una desventaja; no obstante, fuera de este, eran invaluables.

Ramnik se percató de que la gente no se identificaba con las compañías, eran estas las que se identificaban con la gente. Tal vez nunca confiaran en este nuevo exchange de criptomonetas, pero podrían confiar en su fundador, aunque fuera extraño, si creían que sabían quién era. «Lo primero que hicimos fue preguntar si podríamos hacer que Sam saliera en la televisión. Parecía una posibilidad remota, pero Natalie lo logró de alguna forma», dijo Ramnik. Para ayudarse en su nuevo y desconocido papel como jefa de Relaciones Públicas en FTX, Natalie había llamado a una compañía de relaciones públicas en Nueva York llamada M Gruop Strategic Communications. El jefe, Jay Morakis, en un inicio se mostró cauteloso. «Pensé que tal vez era algún asunto turbio chino», afirmó. Pero luego escuchó el discurso de Sam y vio su primera gran aparición pública en Bloomberg TV. «Ni siquiera mi experiencia más cercana en todos mis años en relaciones públicas se asemeja a esto. Tengo 50 años. He tenido esta firma durante veinte y nunca había visto algo parecido. Todos mis empleados querían conocer a Sam. Tengo varios directores ejecutivos que me hablan para preguntarme: "¿Puedes hacer por nosotros lo que hiciste por Sam?"», dijo. En 2021 tuvo que explicar que en realidad no había hecho nada. Sam tan solo había… ocurrido.

El efecto de las apariciones mediáticas de Sam hacia finales de 2021 superó las expectativas de todos. Esa persona que siempre había mantenido al mundo a distancia, y a quien el mundo había mantenido a distancia, de alguna forma, a través de los medios de comunicación, había cobrado vida en el imaginario de la gente. Sam se estaba volviendo famoso dentro del mundo de las criptomonedas; fuera de este seguía siendo un desconocido y, por tanto, alguien de quien desconfiaban.

Parte del nuevo y extraño trabajo de Ramnik era ayudar a solucionar eso. «¿Cómo decides que algo es creíble? Por asociación. La confianza surge de relaciones ya existentes», dijo. Sam no contaba con ellas; antes de los 18 años apenas había tenido alguna relación; desde entonces solo había conocido a un montón de AE (muchos de los cuales estaban furiosos con él por haber provocado una guerra civil al interior del movimiento) y a un montón de agentes de Jane Street (quienes estaban muy irritados por irse de la firma para crear una compañía rival y por llevarse a sus agentes).

Entonces, Ramnik se dedicó a crearle nuevas relaciones y comenzó con algunos capitalistas de riesgo. FTX en realidad no necesitaba capital, pero si podían encontrar al adecuado para formar una relación con Sam les ayudaría a facilitar el camino hacia la mente de otras personas fuera del mundo de las criptomonedas. «Tuvimos una plática sobre autenticidad y confianza. Fue algo así como: "¿Podemos conseguir financiamiento de un inversionista de riesgo *bueno*?". Ningún inversionista de riesgo chino era la gran cosa, queríamos que nos asociaran con instituciones estadounidenses», dijo Ramnik.

Las primeras conversaciones entre ellos y los inversionistas de riesgo fueron un poco incómodas. «Querían muestras de cuáles eran nuestros controles internos. No teníamos ninguno», dijo Ramnik. Los inversionistas de riesgo podían ver lo rápido que estaba creciendo FTX, y que ellos eran buscadores de petróleo sentados sobre un pozo, pero no estaban seguros de si lo acababan de descubrir o ya se había secado. ¿Era tan solo un gran negocio que desaparecería con la locura por las criptomonedas o Sam estaba construyendo algo duradero? Si era el último caso, necesitaría acceso a inversionistas estadounidenses y para ello necesitaba tener controles internos. También necesitaban una licencia y estar regulados.

Ahí yacía el problema más grande, en ganarse la confianza de los inversionistas de riesgo: no había una licencia global para un exchange de futuros cripto. Algunos países como Hong Kong ofrecían una licencia para *exchanges spot* de criptomonedas y se hacían de la vista gorda ante las transacciones de futuros. La mayoría de los países, como Estados Unidos, no ofrecía licencias de ningún tipo. El Gobierno estadounidense no estaba seguro de cuál agencia debería regular las criptomonedas: la Comisión de Bolsa y Valores o la Comisión de Negociación de Futuros de Productos Básicos (CFTC, por sus siglas en inglés). La pregunta sobre quién regula un producto dado de criptomonedas en Estados Unidos resulta de si el producto se define como un valor o una mercancía. En un inicio, en 2015, Bitcoin se definió como una mercancía, y por tanto era regulado por la segunda agencia. FTT o, en ese sentido, un token ventajoso, sería definido como un valor y entonces caería bajo la jurisdicción de la SEC.

En ese momento, a principios de 2021, ambas agencias parecían reclamar la autoridad, pero ninguna hacía mucho al respecto. Al no haber reglas, los que abrían negocios con criptomonedas en Estados Unidos estaban en riesgo constante de demandas legales y multas por cualquier cosa que no tenían libertad expresa para hacer, lo que, aparte de la compra y venta de bitcoins, era prácticamente todo. La gente dedicada a esto imploraba a los regulares que les dieran permiso para vender un nuevo token cripto, pagar intereses en los depósitos de criptomonedas o crear un contrato de futuros cripto; los reguladores vacilaban; la gente del mundo de las criptomonedas seguía adelante y hacía negocios y entonces los reguladores la sancionaban. «Es como jugar el juego de las veinte preguntas con los reguladores, solo que te multan si haces la pregunta incorrecta», explicó Sam.

En cuanto a los inversionistas de riesgo, Sam no tenía verdadera experiencia con ellos; era un juego completamente nuevo. Ramnik lo observó tratar de descubrir cómo jugar. A principios de 2021 Jump Trading, un inversionista de riesgo poco convencional, se ofreció a comprar una participación en FTX a una valoración de la compañía de

4 000 millones de dólares. «Sam dijo que no, que la recaudación era de 20 000 millones de dólares», recordó Ramnik. Jump respondió que estaría interesada en ese precio si Sam podía encontrar a otros que también estuvieran interesados —lo que te dice que el valor que la gente les asigna a los negocios nuevos es arbitrario—.

Vender un negocio nuevo a un inversionista de riesgo era más parecido a presentar la idea para una película que tratar de vender un sofá. La disposición de los inversionistas de riesgo para comprar no dependía tanto de los números que les mostraras, sino de lo entusiasmados que quedaran por la historia que les hubieras contado. Era como si hubieran dedicado el día a escuchar historias y escogieran las que más les habían gustado. Sus evaluaciones no tenían ni pies ni cabeza: se repetía el cuento de la clase de inglés. Sam descubrió rápidamente que muchas de las historias que esa gente escuchaba no eran muy convincentes. «La mayoría de la gente cuenta historias que son fáciles de inventar», dijo. La historia que él y Ramnik contaron no era de ese estilo. Iba más o menos así:

Las acciones globales negociaban 600 000 millones de dólares al día, en la actualidad las criptomonedas negociaban unos 200 000 millones de dólares al día, y la brecha se estaba cerrando. Dentro de año y medio FTX habría pasado de no ser nada a ser el quinto exchange de criptomonedas más grande del mundo, y todos los días le iba ganando una parte del mercado a sus competidores. Ahora era el único exchange de criptomonedas que tenía como prioridad obtener las licencias necesarias para volverse legítimo. También era el único que no había ofendido de alguna forma a los reguladores estadounidenses. Una vez que contara con la licencia de Estados Unidos, un exchange de criptomonedas como FTX también podría negociar acciones o cualquier otra cosa que la gente quisiera y podría desafiar, por ejemplo, a la Bolsa de Nueva York. Con ese fin, Sam ya había constituido un negocio llamado FTX US, pero estaba teniendo cuidado de no permitir que sus usuarios negociaran con cosas que pudiera desaprobar la SEC. «El argumento era el siguiente: "Mira lo rápido que estamos creciendo, el mercado es enorme, y vamos a ser la parte confiable"», dijo Ramnik.

Su situación era un bucle. Para ser la parte confiable, habría sido de gran ayuda que tuvieran dinero de inversionistas de riesgo prestigiosos. Para obtenerlo, necesitaban ser la parte confiable. Y, sin embargo, todo era muy desorganizado. Después de escuchar su discurso, un fondo les mandó una hoja de términos y les dijo:

—Nos encantó, pongan un número.

Y Sam lo puso: 20 000 millones de dólares. El fondo guardó silencio un poco y luego, cuando Ramnik les llamó, dijeron que habían cambiado de opinión. Una compañía de capital de riesgo británica, extrañamente llamada Hedosophia, los llamó para ofrecerles pagar lo que Sam pedía, y aparte entregarles más de cien millones de dólares por una participación del 0.05 % de FTX. Ramnik en realidad no sabía quiénes eran y por ello arregló una llamada. «Fue raro. Me daba la impresión de que no sabían en realidad de lo que se trataba el negocio. Algo así como que no supieran que existía FTX US», dijo

Aun así, los de Hedosophia le mandaron a Ramnik una hoja de términos, solo para cambiar de opinión después de un ligero bajón en los precios de las criptomonedas y retiraron su dinero. Un sujeto de Blackstone, la firma de inversión privada más grande del mundo, llamó a Sam para decir que pensaban que una valoración de 20 000 millones de dólares era demasiado alta, y que Blackstone invertiría con una valoración de 15 000 millones. «Sam dijo: "Si creen que es demasiado alta, les permitiré vender en corto mil millones de nuestras acciones a una valoración de 20 000 millones de dólares". El sujeto contestó: "No vendemos acciones en corto". Y Sam le respondió que si hubieran trabajado en Jane Street los habrían despedido en la primera semana»,[11] recordó Ramnik.

---

11 Por supuesto, había otro punto a considerar: la forma como veían estos inversionistas de riesgo a este nuevo empresario de criptomonedas. «Le hablé por teléfono», recordó Nick Shalek, de Ribbit Capital. «Le hice una pregunta. Y habló durante una hora.

Aunque los inversionistas de riesgo no se percataran de que Sam jugaba videojuegos mientras hablaba con ellos, muchos sentían que no le importaba lo que tenían que decirle. Ramnik llegó a pensar que la indiferencia de Sam hacia sus sentimientos en realidad lo que hacía era incrementar el interés de ellos hacia él. También contribuía el hecho de que FTX era rentable y que en realidad no necesitaba el dinero. Al final, entre el verano de 2020 y la primavera de 2021, en cuatro rondas de recaudación de fondos vendieron aproximadamente el 6 % de la compañía por 2 300 millones de dólares. Más o menos ciento cincuenta diferentes firmas de inversión de riesgo invirtieron. Todas cedieron ante la negativa de Sam de darles un asiento en el consejo (no tenía uno) o cualquier otra forma de control sobre el negocio.

Y aun así, FTX era tan solo una pieza de un acertijo mucho más grande que Sam había diseñado. Poseía el 90 % de Alameda Research. Y la naturaleza de esta estaba cambiando. Seguía siendo una firma de negocios cuantitativos con meses buenos y malos, pero sus agentes jugaban de nuevas maneras con cantidades de dinero cada vez más gran-

---

Le hice una segunda pregunta y habló durante otra hora». Shalek estaba impresionado, al igual que muchos de los inversionistas de riesgo, por la honestidad de Sam. «Dice que si tiene que tomar una decisión y esta es de un millón de dólares, la tomará en cinco segundos. Si es una decisión de diez millones de dólares, le tomará unos cuantos minutos, y si es de cien millones de dólares, la pensará un par de horas. Y me quedé pensando: "¿Habla en serio? Dios, no le puedes decir eso a un regulador o a un periodista o... a nadie"». Este adicto al trabajo ingenuo estaba tramando apoderarse del mundo financiero, y tenía una historia creíble de cómo lo haría. «Si construyera el negocio que estaba describiendo, sería el exchange financiero más grande del mundo, y luego se convertiría en la institución financiera global más grande», dijo Shalek. Él, al igual que todos los demás, vio rápidamente que Sam no se parecía a la mayoría de los empresarios con los que había lidiado. «No es un *showman*, no es un vendedor. Tiene una forma de pensar poco convencional sobre cómo construir su organización. Todo son posibilidades, y se las saca de la nada. Y luego las cambia. Duerme en un puf. Está haciendo todo esto solo. Y no parece particularmente interesado en nuestra opinión sobre nada. Y eso está bien. Pero pensamos: "Es alguien inusual. Tenemos que pasar tiempo con él en persona"». Pero no podían pasar tiempo en persona con Sam. El Gobierno de Hong Kong había respondido a la pandemia requiriendo que cualquiera que entrara al país debía cumplir una cuarentena en un hotel durante 14 días. Los primeros inversionistas de Sam se comunicaban con él y lo escuchaban a través de Zoom, y en medio de uno de los auges más grandes de inversiones de riesgo en la historia.

des. El mundo de las criptomonedas había generado lo que eran, en realidad, nuevos bancos no regulados. Por ejemplo, la gente depositaba sus criptomonedas en Genesis Global Capital o Celsius Network, y recibía cierta tasa de interés, y estos seudobancos volvían a prestar la criptomoneda a agentes como Alameda Research. A principios de 2018, altruistas eficaces ricos le habían cobrado a Sam tasas de interés del 50 % anual. Tres años después, Genesis y Celsius estaban dispuestos a prestarle miles de millones de dólares a Alameda Research con tasas de interés que iban del 6 al 20 %. Y había otros miles de millones, todavía más misteriosos, dentro de Alameda de los que nadie sabía nada. «FTX es más pequeño de lo que la gente cree, y Alameda es más grande. Mucho más grande», dijo Ramnik.

Nunca fue claro en dónde terminaba Alameda Research y dónde comenzaba FTX. Aunque legalmente eran compañías separadas, la misma persona era propietaria de ambas. Ocupaban el mismo gran cuarto en el vigesimosexto piso de un edificio de oficinas; compartían la misma vista del bosque de rascacielos que rodeaba el Puerto Victoria y, a 32 km de distancia, China. El escritorio de Sam estaba colocado en un extremo de la larga fila de escritorios de operaciones idénticos utilizados tanto por Alameda como por FTX, con una vista clara de ambos. A nadie se le ocurriría que hubiera algo raro en que Alameda cubriera los costos de operación iniciales de FTX, que oscilaban entre los cinco y diez millones de dólares. Lo mismo con que FTX vendiera FTT y que utilizara el capital no para expandir FTX, sino para hacer transacciones dentro de Alameda. Parecía perfectamente natural que Alameda controlara los FTT restantes, y que los usara como garantía en sus negociaciones. Sam ni siquiera intentó ocultar lo que estaba haciendo. FTT «ha arreglado por sí solo el problema de capital [de Alameda]», escribió en un memorándum a sus empleados. Retuvo el 90 % de Alameda Research y Gary era dueño del 10 % restante.

Incluso después de que vendiera acciones de FTX a los ciento cincuenta inversionistas de riesgo, Sam poseía más de la mitad de la compañía. El tercer accionista más grande, Nishad, poseía tan solo un 5 por ciento.

De alguna manera, Sam dirigía ambas y al mismo tiempo ninguna. Gran parte de su día se iba en promocionar FTX y a sí mismo ante el mundo exterior. Y conforme florecía FTX se volvió más difícil encontrar personas que aprobara para trabajar en Alameda. Personas cualificadas se aparecían en busca de trabajo en Alameda, pero en el momento en que veían el tamaño de FTX decían que, en realidad, preferirían trabajar ahí. «Se volvió casi imposible encontrar gente inteligente que quisiera trabajar en Alameda», dijo Sam. Sentía que estaba atrapado con la gente que ya tenía para operar el lugar.

No podía dirigir el día a día de las operaciones de Alameda y además interpretar su nuevo y desconocido papel como imagen de la floreciente franquicia de FTX. Al ver que nadie en Alameda estaba calificado para operarla, delegó el trabajo en dos personas. La primera era un agente inteligente pero torpe socialmente llamado Sam Trabucco, a quien conocía desde el campamento de matemáticas de la preparatoria y a quien había contratado el año anterior cuando se encontraba trabajando para la firma de alta frecuencia Susquehanna. Trabucco de inmediato se estableció como la única persona que podía competir con Sam Bankman-Fried en su nivel de entrega a las transacciones con criptomonedas: podía pasar semanas sin irse de la oficina en Hong Kong. Sin embargo, en el momento en que Sam lo ascendió, su interés en el trabajo decayó, y descubrió un gusto nuevo por los placeres de la vida. El impactante cambio en Sam Trabucco a finales del verano de 2021 era difícil de explicar, pero imposible de negar. «En el momento en que se convirtió en codirector ejecutivo de Alameda checó su salida», opinó un empleado de Alameda.

Eso dejó el fondo de cobertura privado de Sam en manos de su otro codirector ejecutivo, Caroline Ellison. Cuando la nombró, Sam se imaginó a Caroline gestionando a la gente, mientras que Sam Trabucco gestionaría las operaciones de riesgo. «A la gente le gustaba la gestión de ella», dijo. Para el otoño de 2021 Caroline en realidad estaba supervisando tanto a la gente como las operaciones de riesgo, mientras que ella misma era supervisada solo por Sam. Esto generó algunas complicaciones. Los dos llevaban ahora una vida secreta, y ello molestaba mucho más a Caroline que a Sam. Ella quería avanzar y llevar su relación más allá; él quería… bueno, no quería. Después de que se marchara a Hong Kong, Sam había contestado el primer memorándum de Caroline con otro en el que exponía las ventajas y desventajas de una relación sexual. Comenzaba con una lista bastante convincente bajo el título:

Argumentos en contra

- En muchos sentidos no tengo alma. Esto es más obvio en ciertos contextos que en otros. Pero al final, hay un argumento bastante bueno de que mi empatía es falsa, mis sentimientos son falsos, mis expresiones son falsas. No siento felicidad. ¿Cuál es el punto de salir con alguien a quien no puedes hacer feliz físicamente?
- Tengo una larga historia de aburrirme con facilidad y de claustrofobia. Esta situación se parece a otros momentos en los que me preocupo menos de lo normal; pero mi punto de referencia previo podría ser lo suficientemente alto como para que nada más importe.
- Me provoca conflicto lo que quiero. En ocasiones en realidad quiero estar contigo. En otras, quiero quedarme en el trabajo sesenta horas seguidas y no pensar en nada más.
- Me preocupan las dinámicas de poder entre nosotros.
- Esto podría destruir Alameda si sale mal en términos de relaciones públicas.

- Esto se combina muy mal con el desastre actual de los altruistas eficaces que se supone que debo estar resolviendo en ciertos aspectos.
- Entristezco a la gente. Incluso a aquellos a quienes inspiro, no los hago realmente felices. Y las personas con las que salgo… es desgarrador. Es una verdadera mierda estar con alguien a quien *a)* no puedes hacer feliz, *b)* en realidad no respeta a nadie, *c)* constantemente piensa cosas muy ofensivas, *d)* no tiene tiempo para ti y *e)* la mitad del tiempo quiere estar solo.
- Hay muchas cosas realmente retorcidas sobre salir con una empleada.

A esta lista siguió otra más corta, bajo el título:

Argumentos a favor

- En verdad me gustas, carajo.
- En verdad me gusta hablar contigo. Me preocupa mucho menos contarte lo que pasa por mi mente a ti que a casi nadie más.
- Compartes la mayoría de mis intereses importantes.
- Eres una buena persona.
- En verdad me gusta coger contigo.
- Eres inteligente y sorprendente.
- Tienes un buen juicio y no eres falsa.
- Aprecias mucho de mí por quien soy.

Aun así lo siguió de Berkeley a Hong Kong y reinició la relación. Dos años después las condiciones no habían cambiado. Sam podía entender mejor los motivos por los cuales sentía algo hacia Caroline, pero no tenía la misma capacidad para experimentarlos. Caroline quería un amor tradicional con un hombre no tradicional. Sam quería hacer lo que fuera que en un momento dado le ofreciera el mayor valor esperado, y su valoración del valor esperado de ella parecía elevarse justo antes de que tuvieran sexo y se desplomaba inmediatamente después. A Caroline esto no le gustaba y se lo hizo saber en una serie de memorándums serios y largos. «Hay cosas que espero de nuestra relación que siento que no estoy obteniendo del todo», escribió a principios de julio de 2021. Debajo estaban las habituales viñetas:

- Comunicación sobre nuestros sentimientos y preferencias
- Afirmación consistente / reforzamiento positivo
- Afirmación social de nuestra relación en al menos algún contexto

Sam tenía una lista de todo lo malo que podría ocurrir si la gente se enteraba de que estaban durmiendo juntos. Caroline pensaba que su lista enmascaraba sus verdaderos motivos. «Supongo que gran parte de lo que me molesta es sentir que te avergüenzas de mí», añadió seis días después en un memorándum de seguimiento, antes de explicar cómo y por qué la molestaba.

- Me emociona que la gente sepa que estamos saliendo; en relaciones anteriores no me había sentido así, y se reducía a si me avergonzaba esa persona, a si yo pensaba que los demás pensarían mal o bien de mí por salir con esa persona.
- Creo que no me importaría tanto si sintiera que tú también te sientes bien sobre que la gente se entere de que estamos saliendo en lugar de pensar que no es buena idea compartirlo.
- Nuevamente, siento que si yo fuera mejor / más sorprendente, no te avergonzaría que la gente supiera que estamos saliendo.

Sus intereses más profundos seguían sin estar alineados. Caroline percibía que, aunque Sam la había ascendido a directora ejecutiva de

Alameda Research, no aprobaba su desempeño en el trabajo, y se lo hizo saber. En un memorándum de seguimiento al anterior memorándum de seguimiento escribió: «Siento que estoy haciendo un trabajo mucho peor gestionando Alameda del que harías tú si estuvieras trabajando aquí tiempo completo y voy a arruinar cosas importantes si no intervienes de vez en cuando».

Dieciocho meses antes Alameda Research había tenido un faltante de cuarenta millones de dólares de capital de un puñado de altruistas eficaces amigos. Ahora contaba con miles de millones de capital, mucho de lo cual era prestado por extraños en seudobancos, y un colchón de criptomonedas menos conocidas, como FTT, que tenían un valor de entre cero y 80 000 millones de dólares, dependiendo de quién lo contara. El trabajo se había vuelto más complicado. Era evidente que ella necesitaba ayuda. Una vez más pensaba en voz alta ante su jefe sobre si renunciar a su trabajo o terminar con él, o ambas opciones.

Antes de que pudiera llevar a cabo alguna de las dos cosas, Sam se volvió a ir de viaje en agosto de 2021 a las Bahamas para ver si tal vez podía servir como sede de una oficina satélite o como un lugar de recuperación ante desastres si, digamos, el Gobierno chino los cerrara. Le gustaba tanto que, prácticamente estando ahí mismo, decidió quedarse. Por segunda vez en tres años le mandó un mensaje a un grupo de gente que se suponía que debía estar liderando para decirle que no iba a regresar.

7
El organigrama

No se necesitaba ser un psiquiatra para ver el patrón en la relación entre Sam y Caroline, pero daba la casualidad de que había uno por ahí. Su nombre era George Lerner, y para finales de 2021 podría haber sido la principal autoridad mundial en la vida íntima de los AE. El curioso papel se le presentó de manera natural, de la misma forma que se le había presentado la psiquiatría. Se había sentido atraído por la intimidad inmediata que le permitía tener con otros. «Sinceramente, es sorprendente escuchar las historias de otras personas y que te paguen por ello», dijo. En sus primeros días en la Escuela de Medicina de Baylor les pidieron a los estudiantes que levantaran la mano cuando escucharan el campo en el que esperaban trabajar. Cuando mencionaron cirugía, muchos levantaron la mano; cuando dijeron psiquiatría, la de George fue la única en el aire. Se mudó a San Francisco para hacer su residencia en la Universidad de California y se quedó para dar clases y establecer su práctica.

George nació en Rusia, pero se mudó junto con su familia a California cuando tenía 11 años. Emergió de esa experiencia como una rara combinación de dos lugares. Sus ojos, cabello, su siempre presente sombra de las cinco: todo era parte de la misma imagen, que podría haber dibujado Dostoyevski. Todo en George era oscuridad, salvo su sonrisa. Aunque su expresión fuera adusta, su sonrisa expresaba alegría e incluso regocijo. Era como si California hubiera trabajado en él para sacarlo de una desesperación sin fondo, pero se hubiera detenido antes de terminar. Como resultado, lo más probable era que sus pacientes encontraran en su comportamiento la emoción que necesitaran en ese momento.

El primer grupo consistió únicamente de abogados; uno había ido con él y se lo había recomendado a otro, y, antes de que George se diera cuenta, se la pasaba todo el día escuchando problemas de abogados. «Los abogados no tenían muchos límites. Todos me enviaban a sus colegas», dijo George. Les gustaba hablar principalmente de sus relaciones fallidas, tema que rápidamente se volvía aburrido. Pero después de la ola de abogados llegó una segunda ola de ejecutivos de tecnología, a quienes les interesaba mucho más que a los abogados hablar de su trabajo. «La gente de tecnología no hablaba mucho de sus relaciones. Lo que en realidad querían era que los ayudara a ser mejores ingenieros», contó George.

La gente del mundo de las criptomonedas comenzó a ir con él alrededor de 2017, el año en que las criptomonedas crecieron desmesuradamente. Venían en dos sabores básicos. Los primeros en ir fueron los puristas, los que se habían visto atraídos por Bitcoin cuando todavía era la única religión. «Eran como libertarios que siempre habían trabajado por cuenta propia y quienes no encajaban en las grandes compañías por su forma de pensar. Se quejaban mucho de la gente del trabajo que trataba de imponerles sus puntos de vista en pro del gobierno. Son un poco paranoicos. Para ellos el mundo es una especie de conspiración», dijo George. Él veía suficiente gente de este tipo para darse cuenta de que no era accidental que hubieran terminado en las criptomonedas. «Bitcoin funcionaba como una campana para perros que atraía a estas personas. Trabajaban en una compañía habitual, pero tenían este interés aparte. Querían hablar de lo temerosos que estaban del gobierno. Muchas veces sus cónyuges o familias ya no querían escuchar nada al respecto», opinó.

Acudían a George porque sus bitcoins no tenían oídos y necesitaban que alguien los escuchara. George era perfecto para el papel, hasta cierto punto. Siempre le había sido demasiado fácil ponerse en los zapatos de otra persona, intelectualmente hablando. «En cierta forma me afectó durante la residencia porque no podía identificar la psicosis. Soy así: "Puedo entender perfectamente tu punto de vista de por qué piensas que tus jefes están escuchando tus llamadas"», dijo.

El aumento en el precio del bitcoin atrajo a su sala de espera a un tipo diferente de personas. «El segundo tipo de personas del mundo de las criptomonedas es joven, moderna, y quiere hacer dinero», explicó George. Este otro tipo le resultaba menos interesante. Solo les preocupaba que el gobierno les fuera a cobrar impuestos por sus ganancias.

Luego comenzaron a llegar los altruistas eficaces, y cuando llegaron, George sintió un interés nuevo y entusiasta en sus pacientes. Gabe Bankman-Fried, el hermano menor de Sam, fue el primero; enseguida llegó Caroline Ellison y otros de Alameda Research. Para cuando llegó Sam, un año después, George atendía a cerca de veinte AE. Como grupo, redujeron la preocupación de George sobre sí mismo: sobre los límites de sus poderes de empatía. Cuando acudía a él la gente común y corriente con sus sentimientos comunes y corrientes con frecuencia se descubría fingiendo que la entendía. Los AE no necesitaban su empatía; ellos pensaban que ni siquiera ellos debían preocuparse por sus sentimientos. En su búsqueda inquebrantable por maximizar la utilidad de sus vidas buscaban minimizar el impacto de sus sentimientos. «La forma en que me lo presentaban era que sus emociones se entrometían en el camino de su capacidad de reducir sus decisiones a números. Se preguntaban: "¿Debo tener una aventura? Bueno, hagamos un análisis costo-beneficio". A los altruistas eficaces les encanta ese tipo de acercamiento», dijo George. También le servía a George. No podía sentir los sentimientos de sus pacientes, pero podía sentir sus pensamientos.

Nunca sería uno de ellos, él mismo dudaba de que el altruismo fuera parte de la naturaleza humana. Pero los adoraba. Por principio de cuentas, era divertido lo jóvenes que eran todos, en realidad niños que comenzaban a vivir. «En un inicio se sentía como si estuvieran jugando un juego. Todos eran atípicos en cuanto a su inteligencia y también en cuanto a la forma en que abordaban al mundo». Pero pronto vio que no era un juego. Todos eran absolutamente sinceros. Juzgaban la moralidad de cualquier acción por sus consecuencias y vivían su vida para maximizar dichas consecuencias. George aceptó su premisa, como había aceptado las premisas de los sujetos de las criptomonedas que pensaban que el gobierno los espiaba. «No era mi trabajo retarlos. Eran consistentes interiormente, y si era así, me parecía bien. Y, ya sabes, tal vez es una forma en la que realmente se puede beneficiar al mundo, aunque sea un poco rara», dijo.

Como grupo, igual deseaban hablar sobre su filosofía tanto como de sus problemas personales, y estas discusiones filosóficas a George le resultaban más entretenidas que los problemas de otro tipo de pacientes. Pero también escuchaba sus conflictos y esto le permitió detectar patrones en el comportamiento de sus nuevos pacientes, por ejemplo, todos proclamaban preocuparse por «la humanidad», mientras que al mismo tiempo eran un tanto torpes para amar a gente real. «No empieza realmente con la gente. Comienza con el sufrimiento. Se trata de prevenir el sufrimiento. De la misma manera se preocupan por los animales; y también porque un asteroide no acabe con la Tierra. Pero eso no es desear una conexión», mencionó George.

También les preocupaba la lógica que soportaba su comportamiento; para ellos, la consistencia no era el duende de una mentecita, sino el sello de una mente grande. Llevaban la lógica y el rigor a sus decisiones emocionalmente más difíciles, por ejemplo, la decisión de si tener o no hijos. «Muchos altruistas eficaces deciden no tener hijos. Es por el impacto que tendrá en su propia vida. Creen que tener hijos les arrebata la capacidad de tener un impacto en el mundo», dijo George. Después de todo, en el tiempo que se lleva criar a un niño para que se convierta en un altruista eficaz podrías persuadir de convertirse en altruistas eficaces a un número desconocido de personas que no son tus hijos. «Parece egoísta tener un hijo. El argumento del altruismo eficaz para tener un hijo es que el hijo es equivalente a felicidad, y felicidad es equivalente a un aumento en productividad. Si son capaces de concebir eso, entonces tal vez tengan un hijo».

También era importante el hecho de que nada de ello fuera natural para los seres humanos, que tuvieran que reflexionar para llegar a su forma de vida. «Ser altruista eficaz consiste en dos partes. La primera es el enfoque en las consecuencias; la segunda es el sacrificio personal», dijo George. Los altruistas eficaces estaban de acuerdo en general en la primera parte; en lo concerniente a la segunda, había serias diferencias entre ellos. Era muy fácil hablar, pero ¿hasta dónde estabas dispuesto a llevar tu compromiso para salvar la vida de los demás? ¿Renunciarías a los hijos? ¿Donarías un riñón? George sentía que Sam Bankman-Fried vivía en un extremo del espectro. Tenía una tolerancia extrañamente baja al dolor físico, así que no donaría un riñón. Por lo demás estaba completamente comprometido con el sacrificio.

Caroline Ellison no era así. Le faltaba confianza en sí misma. «Tomaba el ego prestado de Sam porque ella no tenía. Sam le proporcionaba fuerza interior», manifestó George. Dentro de los pacientes altruistas eficaces de George, Caroline definía el otro extremo del espectro de la disposición a sacrificarse por sus principios. La primera vez que fue con él, en 2018, tenía dos problemas de los que quería hablar: su trastorno de déficit de atención con hiperactividad y su nuevo estilo de vida, emocionalmente complicado, poliamoroso. En cada sesión subsecuente Caroline llegaba con un problema que quería discutir: Sam. Se había enamorado de él, pero él no le correspondía y eso la hacía profundamente infeliz. «Yo la veía como una excepción. Creía que podría estar dispuesta a intercambiar el altruismo eficaz por un amor correspondido en cualquier momento», dijo George.

George no creía que fuera parte de su trabajo explicarle a Caroline cómo era Sam, o disuadirla de su búsqueda por conseguir su amor.

«Si fuera su amigo, y no su terapeuta, le habría dicho: "Nunca vas a conseguir lo que quieres de él"». Pero aun así era doloroso escuchar el empecinamiento en su deseo de que Sam reconociera públicamente su relación. Después de casi dos años en Hong Kong ella se lo había revelado a unas cuantas personas de su círculo íntimo de AE. «Para ella era lo más destacado de la relación. Fue una gran concesión de parte de él, y ella parecía feliz con eso. Era la afirmación de la relación y mostraba cierto compromiso. Nunca antes había tenido una muestra así de grande de su parte», agregó George. Después de eso, Sam se subió a un avión con rumbo a las Bahamas y no regresó. Y luego, unas cuantas semanas después, llamó a George y le sugirió que se mudara de San Francisco a las Bahamas para que trabajara como psiquiatra corporativo para FTX.

Después del Cisma, y justo antes de que volara a Hong Kong, Sam había estado buscando un terapeuta nuevo. Varios terapeutas anteriores habían demostrado no ser útiles, principalmente porque no podían creer que él era quien era, y, en cambio, insistían en que debía ser alguien más. «Los terapeutas previos se mostraban incrédulos sobre varios aspectos míos», dijo. Por ejemplo, les explicaba lo que él pensaba que era una decisión perfectamente racional hecha a una edad muy temprana sobre nunca tener hijos, o les contaba sobre su ausencia de sentimientos o que nunca había sentido placer (existe un término para eso: anhedonia). Asentían un poco, pero luego desconfiaban de su autodiagnóstico. «Yo pensaba: "¿Qué parte de mí estás poniendo en duda?". No había una forma clara de llegar a ellos. Sé que tengo aspectos que no son habituales. No los podían aceptar y seguir adelante», declaró Sam. Hay que añadir a los terapeutas a la lista de gente que fracasaba en entender a Sam.

Lo que le gustaba de George era que él lo aceptaba como era, y, de hecho, no parecía interesado en engancharse en conversaciones sin sentido sobre sus sentimientos. Desde hacía mucho tiempo Sam había decidido que era inútil cualquier discusión sobre su vida interior y las consecuencias para los demás. «La parte social no tenía solución», dijo. No necesitaba un terapeuta para lidiar con sus problemas, aunque sí necesitaba a alguien que le pudiera prescribir medicamentos. Los problemas que le interesaban eran los de los *demás*. Pronto descubrió que George podría ser de gran utilidad a ese respecto. Cuando, digamos, dos empleados peleaban, George podría ayudarlo a pensar en formas de resolver la disputa. Para la mayoría, George era un loquero; para Sam se volvió en algo así como un consultor de gestión. «Sam nunca quería hablar de sí mismo. De lo único que hablábamos era de negocios», dijo George.

La insistencia de Caroline en hacer públicos sus sentimientos mutuos no habría figurado en ninguna lista oficial (o consciente) de los motivos por los cuales Sam sentía que sería mejor quedarse en las Bahamas en lugar de regresar a Hong Kong. En la mente de él no había un motivo para el movimiento, sino varios. La imposición del Gobierno hongkonés de cuarentenas que iban de los 14 hasta los 21 días para cualquiera que entrara al país hacía que fuera imposible un viaje al extranjero. El hábito del Gobierno chino de arrestar a las cabezas de cualquier exchange de criptomonedas que pudieran y congelar arbitrariamente sus fondos ponía nervioso a todos en FTX. Los abogados y unos cuantos empleados chinos molestaban constantemente a Sam por el riesgo. Los empleados de FTX habían ideado un plan de escape para Sam y Gary (que Sam ignoraba), para que los sacaran si la policía china iba alguna vez por ellos. Lo llamaban «El plan 007». Había dos hombres grandes cuidando la puerta frontal de la oficina, una salida en la parte trasera y un jet cargado de combustible listo para llevárselos a un lugar seguro en cualquier momento. Aun así, por mucho temor que le inspirara la policía china, a Sam le preocupaba menos que Caroline. «Me siento mal por soltarte esto ahora», le escribió poco antes de irse de Hong Kong. Luego se adentró en su memorándum:

I. *En serio* no me gusta que la gente sepa que estamos saliendo. Estos son los motivos:
   1. Se me dificulta mucho gestionarlo de manera adecuada por estarme preocupando por temas de sesgo.
   2. Es mala publicidad potencial.
   3. Me hace sentir muy incómodo.
   4. Hace que la gente se sienta incómoda al trabajar contigo.

II. Me sentí muy infeliz con la conversación que se filtró en la oficina:
   1. Entiendo que quieras que se sepa, pero yo no, y es un motivo de ruptura para mí.
   2. También creo que estás equivocada al querer que se sepa; creo que olvidas los efectos de segundo orden.

III. Estos surgen de muchas formas, por ejemplo:
   1. No sería muy sutil si me acerco directamente a ti para despedirme en un evento masivo al que asistimos ambos.
   2. Cometer una indiscreción al buscar lugares para reunirnos (esto es tan culpa mía como tuya).
   3. Decirle a la gente.

IV. Soy bastante cauteloso para no caer en trampas cuando una relación afecta de forma negativa mi vida.

V. Lo más importante es que quiero hacerte más fuerte y me temo que en parte pueda estar haciendo lo contrario.
   1. Me preocupa que el impulso para impresionarme ocupe demasiado tu mente.
      1.1 No es que vayas a hacerlo; ya lo haces.
   2. Me preocupa que el miedo a que te juzgue te haga buscar algo realmente desagradable.

Terminó con una sola línea: «Lamento mucho ser una persona tan mierda para las relaciones».

De cualquier forma, para finales del verano de 2021 lo difícil no era salir de Hong Kong, sino decidir a dónde ir. Tenía que ser un lugar con una regulación financiera que permitiera en forma explícita un exchange de futuros cripto. Eso descartaba Europa y Estados Unidos. Taiwán no servía porque los chinos podían invadirlo en cualquier momento. Antigua tenía buenas leyes, pero un internet deficiente. Uruguay se sentía extraño. Dubái podría haber funcionado, pero sería difícil para la gran y creciente población de empleadas chinas de FTX, y Sam se frenaba ante la idea de que el gobierno le dijera a la gente lo que podía o no vestir. Singapur, Gibraltar, Israel… la lista de lugares en los que FTX podría ser legal arrojaba un montón de nombres que no funcionaban por diversos motivos. Curiosamente, las Bahamas no llegaron a esa lista inicial, pero luego Ryan Salame fue ahí porque quería comprar una casa para vacacionar, y se enteró de que la Comisión de Valores de las Bahamas estaba dando los toques finales a nuevas regulaciones para las criptomonedas.[12] Las Bahamas tenían un

[12] Esta nota al pie se sentirá en la página como se sintió en la vida real: como una distracción de la historia. Pero hay un trasfondo y una persona que necesitas conocer para captar el espíritu de la empresa y para comprender lo que va a venir. En la década de 1970 las Bahamas se habían visto lentas para crear regulaciones para la industria de seguros, y perdieron una enorme y potencial oportunidad económica cuando una floreciente industria de reaseguramientos se asentó en las Bermudas, cuyos reguladores habían actuado con rapidez. Al permanecer dependiente en su totalidad del turismo de los cruceros, las Bahamas corrieron un riesgo y pagaron el precio, que se hizo realidad cuando el covid frenó todos los cruceros y bombardeó la economía. En 2015 una mujer llamada Christina Rolle asumió el cargo de jefe regulador financiero: directora ejecutiva de la Comisión de Valores de las Bahamas. Su característica era la falta de prepotencia. Era tranquila, pensativa y curiosa del mundo, y consciente de que los servicios financieros le ofrecían al país una de las pocas formas de expandir su clase media. A finales de 2018 había escuchado suficientes presentaciones de PowerPoint de reguladores financieros en conferencias internacionales para darse cuenta de que todo el mundo evitaba lidiar con las criptomonedas. Se puso a hacer lo que hasta el momento no habían hecho los reguladores estadounidenses: sentarse a escribir las reglas para legalizar gran parte de las finanzas de las criptomonedas. «La tecnología no va a desaparecer», dijo. «Y lo que va a pasar con ella va a alterar los servicios financieros en formas que no podemos ver». Era consciente del riesgo: escribes la regulación para permitir cierta actividad financiera y no sabes quién se va a aparecer y lo que va a hacer. «No teníamos a nadie en mente, nadie», dijo. «No sabíamos quién iba a venir. Y en un inicio pensé, como las

internet excelente, proporcionado a través de un cable entubado submarino desde Florida. Tenían un sistema de impuestos neutral que te daba crédito por impuestos pagados a otros países, espacio para oficinas y un número verdaderamente sorprendente de condominios lujosos vacíos en espera de ser convertidos en viviendas para trabajadores. Y el país estaba tan sediento de cualquier clase de negocios, que cuando Sam llegó a revisar el lugar se encontró conociendo al recién elegido primer ministro. «Sam, estamos en bancarrota», le confesó.

Sam no estaba en bancarrota. En ese momento se encontraba en el extremo opuesto. Alameda Research ya no pagaba tasas de interés usureras por pedir prestados millones de dólares a altruistas eficaces. Los nuevos prestamistas de criptomonedas como Celsius y Genesis estaban dispuestos a darle a Alameda Research, en conjunto, entre 10 000 millones y 15 000 millones de dólares con tasas del 6%. La tasa de rendimiento de Alameda disminuía de manera constante, pero con acceso a grandes cantidades de capital barato, sus ganancias brutas por sus operaciones seguían creciendo: de cincuenta millones en 2018 a cien millones en 2019, a mil millones en 2020 y de nuevo en 2021. Y eso solo eran las ganancias de sus operaciones; los números no incluían las latentes ganancias en apariencia enormes en las reservas de tokens de Sam.

En marzo de 2020 un ingeniero de Silicon Valley llamado Anatoly Yakovenko lanzó una blockchain nueva y mejorada que ofrecía una solución a la, tal vez, mayor debilidad de Bitcoin como medio de intercambio: era demasiado lento. Bitcoin solo podía validar siete tran-

Bahamas es un país tan pequeño, nadie lo va a ver de inmediato, pero cuando menos seremos un jugador en el mercado». Luego, de la nada, a finales del verano de 2021 el fundador del exchange de criptomonedas de moda en el mundo apareció e hizo ver a Christina Rolle como una genio. Ella se mantuvo cautelosa. «Mi miedo es despertar una mañana y que haya un titular enorme que no haya previsto», dijo a principios de 2022. «Porque hay mucha gente observando desde los costados a la espera de decir: "Te lo dije". Hay muchos escépticos de las criptomonedas allá afuera». Guarda esa idea.

sacciones por segundo. El nuevo blockchain, Solana, prometía procesar hasta 65 000 transacciones por segundo. Sam no podía analizarlo él mismo, pero le preguntó a quienes lo habían hecho y pronto decidió que Solana podría ser la criptomoneda del futuro. Aunque no lo fuera, la historia de Solana era lo suficientemente buena para que otra gente lo pudiera ver así y elevara el precio de su token. Dieciocho meses después Alameda poseía aproximadamente el 15 % de todos los tokens de Solana; la mayoría los había comprado a 25 centavos cada uno. El precio de mercado de Solana se había elevado hasta 249 dólares, un aumento de mil veces de lo que había pagado Sam por los tokens, y el valor nominal de la reserva completa de Sam era más o menos de 12 000 millones de dólares. Era difícil saber el valor de reventa de una participación tan grande. Pero había un mercado real para los tokens de Solana. Se operaban 2 000 millones de dólares de ellos todos los días. «Lo observé asombrado», dijo Sam.

Solana era un microcosmos de todo lo demás que había tocado Sam hasta ese momento. Tenía una historia que Sam había amplificado al aceptarla. «Era la prueba más completa que habíamos encontrado de la hipótesis de que podíamos tener una ventaja inmensamente grande en cosas como esta. Era una profecía autocumplida. El hecho de que compráramos una gran participación fue en parte lo que provocó que subiera», recalcó.

Había más cosas así en la guarida del dragón de Sam. Por ejemplo, Alameda también había adquirido aproximadamente la mitad de los tokens de FTT, creando así una segunda participación de Sam en FTX, con derecho de cerca de un sexto de los ingresos de FTX. Durante los últimos 18 meses el precio de FTT había subido aproximadamente de tres a ochenta dólares. Nuevamente, era difícil saber en cuánto podría vender sus FTT si intentara venderlos todos en una sola exhibición. Pero los prestamistas de criptomonedas le prestaron felices miles de millones de dólares contra sus FTT, entonces no necesitaba venderlos para obtener dinero en efectivo.

Luego estaba la participación accionaria de Sam en FTX, que era muy real. Un gran número de inversionistas de riesgo había pagado 2 300 millones de dólares por tan solo un 6 % de la misma. Sam tenía buenos motivos para creer que ahora podría vender una parte más pequeña por varios miles de millones más a un grupo más grande. FTX apuntalaba su creciente imperio: un negocio real con ingresos y ganancias florecientes. Ni siquiera necesitaba capital de riesgo (como para demostrar un punto, Sam, habiendo tomado doscientos millones de dólares de Sequoia Capital a cambio de una parte de FTX, lo volteó e invirtió doscientos millones de dólares de Alameda Research en uno de los fondos de Sequoia). FTX ahora era uno de los exchanges de más rápido crecimiento del mundo, y la opción de casino de grandes agentes profesionales. En menos de tres años había pasado de 0 a 10 % de todas las operaciones de criptomonedas. En 2021 generaría mil millones de dólares en ingresos.

Y era evidente que todavía tenía espacio para crecer. Su más grande rival, Binance, tenía cinco veces el volumen de operaciones de FTX, lo que significaba que también quintuplicaba tanto sus ingresos como su valor de mercado. Los expertos que intentaban determinar el valor presente de la gente rica tenían dificultades para asignarle un número a la riqueza de CZ. Nadie estaba seguro de cuánto poseía en realidad CZ de Binance. En 2021 *Forbes* había listado su fortuna como menor con respecto a la de Sam, pero ni Sam ni nadie al interior de FTX creía esos números. Sam pensaba que CZ podía ser la persona más rica del mundo. Y CZ, a los ojos de los proveedores de capital de Sam, era vulnerable. Cuando *Forbes* volteó a ver a Sam en el otoño de 2021 vio a la persona más rica del mundo por debajo de los 30 años. Cuando los inversionistas de riesgo voltearon a ver a Sam vieron al sujeto que pronto podría reemplazar a CZ como la persona más rica del mundo, punto.

Todo ello explica lo que Sam estaba a punto de hacer en ese momento, y lo que después sería mucho más difícil de explicar o incluso de creer. Se dispuso a establecer a FTX como el exchange más regulado, más respetuoso de las leyes y de las reglas del mundo. Adquirir todas las licencias posibles que le permitieran operar de forma legal y abierta en todos los países posibles. Apostar por el Estado de derecho que daría forma a los mercados de criptomonedas que carecen de regulación. Para finales de 2021, 16 % de los estadounidenses afirmaba haber incursionado en el mundo de las criptomonedas. A todo lo largo de Asia los números eran mayores. Sam creía que solo era cuestión de tiempo para que los reguladores entraran también y prohibieran los exchanges que no estuvieran regulados.

La estrategia era opuesta a la de Binance. Cuando se lanzó FTX en mayo de 2019 Binance era tan solo uno de un puñado de exchanges con aproximadamente la misma cantidad de mercado, de más o menos el 10 %. Uno de ellos, BitMEX, pronto entró en conflicto con el Departamento de Justica de Estados Unidos por «no instituir, implementar y mantener, de manera intencionada, un programa antilavado de dinero», y sus fundadores, dos estadounidenses y un británico, fueron multados de diversas maneras, les otorgaron libertad condicional con arresto domiciliario. Otros dos exchanges, OKEx y Huobi, supuestamente observaron cómo la policía china sacaba ejecutivos y cómo congelaban sus bienes. CZ dejó China tres años antes, a finales de 2017, previo a esa dura medida del gobierno; una de varias antes y después. Primero llegó a Singapur, pero finalmente se asentó en Dubái, lugar que, entre varios encantos más, no tenía un tratado de extradición con Estados Unidos. Eso era muy útil, ya que la primera respuesta de CZ a las nuevas reglas y regulaciones con frecuencia era ignorarlas, y contaba con que los reguladores no tuvieran ni el valor ni los recursos para tomar acciones.

Hasta el momento, ese había sido un movimiento inteligente. En dos años la porción de Binance en las operaciones de criptomonedas había crecido del 10 al 50 %. Ofrecía productos financieros que los reguladores locales o habían prohibido o todavía no aprobaban, y no parecían muy dispuestos a hacer algo al respecto. El token de Binance, llamado BNB, era un ejemplo. BNB era para Binance lo que FTT era para FTX: un derecho sobre los ingresos de la empresa. Podrías presentar el argumento razonable de que el bitcoin no es un valor, y que la Comisión de Negociación de Futuros de Productos Básicos lo había declarado un producto. No existía un argumento similar para BNB ni para FTT. Habían sido creados y vendidos a inversionistas para recaudar dinero para empresas con fines de lucro. Pagaban dividendos a sus propietarios en forma de menores tarifas en el exchange y acuerdos de recompra y quema. No había una definición para un valor que no cumplieran. Si intentabas venderlas a inversionistas estadounidenses dentro de Estados Unidos era difícil imaginar que la SEC se hiciera de la vista gorda. Y aun así, Binance vendía BNB, y muchas otras cosas, a los estadounidenses dentro de Estados Unidos. En las palabras inmortales enviadas por el director de Cumplimiento de Binance a un colega en 2018: «Estamos operando como una maldita bolsa de valores sin licencia en Estados Unidos, amigo» (este y otros datos similares salieron a relucir en una demanda presentada por la Comisión en contra de Binance cinco años después del hecho, en junio de 2023).

En su inclinación por atraer la ira de los reguladores financieros de Estados Unidos los exchanges de criptomonedas cayeron en una de cuando menos cuatro categorías. Un pequeño grupo de exchanges estadounidenses enlistaba solo al bitcoin y ether, las dos monedas más viejas, bendecidas por la Comisión como productos y abiertamente reguladas por la CFTC (curiosamente, mientras más vieja la moneda, más se le veía como un producto). El nuevo exchange de FTX en Estados Unidos listaba esas dos monedas, más tal vez otras 18 más recientes, ninguna de las cuales tenía las características más obvias de un valor. Por ejemplo, ninguna tenía propiedades de recompra y quema, o habían sido creadas únicamente para recaudar fondos para alguna empresa con fines de lucro. Coinbase, el exchange que daba servicio al número más grande de clientes estadounidenses, parecía dispuesto a asumir más riesgo regulatorio. Enlistaba aproximadamente quinientas monedas, incluyendo algunas que la SEC evidentemente catalogaba como valores, y su director ejecutivo, Brian Armstrong, recurrió a Twitter para criticar a los reguladores de «comportamiento cuestionable». Sin embargo, Coinbase en sí no poseía un exchange de tokens parecido a FTT, y, por lo tanto, no se encontraba en una posición tan atrevida como para utilizar su exchange para vender sus propios valores no regulados a inversionistas estadounidenses. Solo Binance hacía eso con BNB.

Al vender lo que en efecto eran acciones a inversionistas minoristas estadounidenses en su nuevo exchange estadounidense, Binance les hizo el insulto más grande a los reguladores de ese país. El trato potenció el valor de BNB de una forma increíble. Cuando Binance abrió formalmente su exchange estadounidense, en septiembre de 2019, la capitalización de BNB estaba un poco por debajo de los 3 000 millones de dólares. Para el otoño de 2021 llegó a los 100 000 millones de dólares. Es difícil suponer cuánto del incremento se debió a la demanda de inversionistas estadounidenses, pero Sam suponía que eran unos 20 000 millones de dólares. En comparación, la cólera de los reguladores parecía un precio pequeño a pagar.

Es por eso que, cuando analizó la situación, decidió que la estrategia de Binance era insostenible, que lo inteligente sería ser el exchange más respetuoso de la ley, amistoso con los reguladores del mundo. FTX podría usar la ley, y a los reguladores, para llevar el negocio de las criptomonedas de Binance hacia FTX. Si los países todavía no contaban con las leyes necesarias, un pequeño ejército de abogados de FTX podría ayudarlos a crearlas. En el país que más importaba —aquel cuyos reguladores financieros perseguían a la gente más allá de sus fronteras e imponía sus reglas por todo el mundo—, Sam mismo lideraría el camino. Se había propuesto persuadir al Gobierno estadounidense de que regulara las criptomonedas y que castigara a aquellos que violaran las nuevas reglas, lo que dejaría solo a FTX, como el alumno preferido del maestro (tal vez lo mejor de las Bahamas, desde el punto de vista de Sam, era lo cerca que estaba de Estado Unidos).

Ahora para Sam este país era el santo grial. Tenía un exchange en funciones, Coinbase. Pero el director ejecutivo de Coinbase ya había escrito tuits en los que insultaba a la SEC. Y, en comparación con Coinbase, FTX era un casino abotargado y aburrido. Tenía *15 veces* el número de empleados que FTX, y únicamente una quinta parte de su volumen. Aunque cobraba tarifas a los inversionistas minoristas entre cinco y cincuenta veces mayores de las que cobraba FTX, seguía teniendo grandes pérdidas. Aun así, era una compañía pública, con una capitalización de más de 75 000 millones de dólares. Si a FTX se le otorgaba una licencia para ofrecer futuros cripto en Estados Unidos y se le daba acceso completo a inversionistas estadounidenses, podría robarle los clientes a Coinbase, junto con su capitalización de mercado. O eso pensaba Sam, motivo por el cual también creía que la licencia podría duplicar o incluso triplicar el valor de FTX de la noche a la mañana.

Necesitaba deshacerse de CZ antes de poder hacer nada de esto. CZ todavía poseía la participación de FTX que había comprado a finales de 2019 en ochenta millones de dólares. Las relaciones entre Binance y FTX se habían deteriorado desde entonces hasta llegar a un resentimiento persistente. Binance era el bravucón del salón, FTX, el nerd, y cada uno disfrutaba de usar sus habilidades especiales para atormentar al otro. El lanzamiento de futuros de Binance era un buen ejemplo. Para crear la plataforma de operaciones de futuros cripto el equipo de Binance necesitó tres meses más de lo que se llevó Gary, trabajando solo, para crear la de FTX. Una vez que estuvo lista y funcionando atrajo poco interés. O más bien las operaciones que había en la nueva plataforma de futuros era sospechosa: en lugar de los flujos irregulares que ocurrían normalmente en la actividad del mercado, había un tic, tic, tic regular de operaciones, y Sam se percató de ello de inmediato. Supuso que Binance había creado bots para que hicieran transacciones en el nuevo contrato para generar la ilusión de actividad.

Las operaciones de lavado, como se les conocía, habrían sido ilegales en un exchange estadounidense regulado, aunque su existencia no molestaba mucho a Sam. Pensaba que era algo divertido la forma tan descarada en que lo hacían muchos de los exchanges asiáticos. En el verano de 2019 FTX creó y publicó un análisis diario de la actividad en otros exchanges. Estimaba que el 80 % o más del volumen en los exchanges de segundo y tercer nivel y 30 % del volumen de los pocos de primer nivel era falso. Poco después de que FTX publicara su primer análisis de la actividad en las criptomonedas un exchange llamó y dijo: «Despediremos a nuestro equipo de operaciones de lavado. Dennos una semana y los volúmenes serán reales». Los principales exchanges manifestaron alivio y agradecimiento por el análisis, ya que hasta ese momento mucha gente pensaba que mucho más del 30 % del volumen era falso.

A Sam no le sorprendió tanto que Binance estuviera haciendo operaciones de lavado, sino lo mal que lo hacían. «Hacían un trabajo mediocre en el mercado de la manipulación», dijo. Un bot de Binance creaba un amplio mercado en futuros Bitcoin, y otro entraba y elevaba su oferta más alta. Si, para mantener los números sencillos, el valor justo del bitcoin era de cien, el primer bot de Binance metía un precio inicial de 98 dólares y luego hacía una oferta de 102. Ningún agente normal negociaría con ninguno —¿por qué vender a 98 o comprar a 102 en Binance lo que podías comprar o vender en algún otro exchange a cien?—. Pero entonces, en intervalos regulares y predecibles, el segundo bot de Binance entraba al mercado y lo compraba a 102 dólares. Parecía como si hubiera sido una transacción entre dos participantes diferentes, pero no era así. Simple y sencillamente era Binance que le compraba a Binance.

A Sam le encantaban este tipo de cosas: era la clase de negociaciones que se llevaban a cabo en Jane Street. En respuesta, hizo que sus agentes en Alameda Research construyeran sus propios bots, solo que más rápidos. Los bots de Alameda insertaban ofertas un poco más bajas que las de los bots de Binance. Estos últimos ponían un precio de venta de un futuro Bitcoin en 102 y, poco antes de que apareciera en escena el segundo bot para comprar, el bot de Alameda intervenía y lo ofrecía a 101.95. En lugar de comprarse a sí mismo el bitcoin a un precio inflado, Binance se lo compraba a Alameda Research a un precio casi igual de alto.

Venderles a los bots de Binance a 101.95 lo que podrían comprar en otro lugar a cien dio como resultado ganancias inesperadas para Alameda. Pero entonces el equipo de futuros de Binance comenzó a darse cuenta de que sus operaciones de lavado estaban perdiendo dinero y se quejaron con CZ. Pero en la respuesta confusa de CZ fue evidente que no le contaron la historia completa, o que no habían entendido completamente lo que había pasado:

> **CZ Binance** Follow v
> @cz_binance
>
> Un creador de mercado de un exchange de futuros pequeño intentó atacar la plataforma de futuros de @binance. NINGUNA fue liquidada, ya que utilizamos el índice de precios (no los precios de futuros) para las liquidaciones (innovación nuestra). Solo fue el atacante quien perdió un montón de dinero, punto.
>
> **9:10 p. m. 15 sep. 2019**

CZ Binance
@cz_binance

Follow v

El atacante es una cuenta conocida que hace transacciones con @binance, y comenzó su propio exchange de futuros hace unos pocos meses. Este fue su segundo intento. ¡Qué vergüenza!

7:10 p. m. 15 sep. 2019

«Fue muy tramposo no hablarme para decirme: "Ey, ¿puedes dejar de hacerlo?"», dijo Sam. Después le habló al jefe financiero de Binance, Wei Zhou. Fue una conversación extraña —el director ejecutivo de un exchange le habló al director de finanzas de otro para informarle que, si no quería perder dinero en su nuevo contrato de futuros, debía mejorar su manipulación del mercado—. Wei Zhou habló con CZ, quien llamó a Sam para tener una plática breve, aunque no hostil, después de la cual Sam concluyó que a CZ todavía no le informaban sus agentes lo que había pasado en realidad. Sea lo que fuera que le dijeron, provocó que tuiteara una reacción que no tenía mucho más sentido de lo que había escrito originalmente:

CZ Binance
@cz_binance

Follow v

Platiqué con el cliente. Fue un accidente debido a un parámetro erróneo de su lado. No fue intencional. Todo está bien ahora.

8:55 p. m. 15 sep. 2019

Durante los primeros 18 meses de existencia de FTX hubo varias peleas de este tipo con Binance. CZ desarrolló lo que tres de sus empleados en ese momento describieron como una obsesión con su nuevo rival. Le pedía a su personal reportes regulares sobre FTX, y hablaba de este de formas en las que no lo hacía de otros exchanges. «CZ es muy astuto», dijo uno. «Nunca habla de ningún exchange. Cree que es un mercado libre. Pero FTX le preocupaba. A partir de 2019 solo hablaba de FTX. Creía que era la única amenaza real a su posición». Una amenaza en la que él era, extrañamente, el segundo accionista más grande después de Sam.

Para finales de 2021 Sam vio que no podría convencer a los reguladores y, al mismo tiempo, tener a CZ como un inversionista grande. Si querías ser el consentido del maestro, no podías sentarte hasta atrás del salón con el rudo de la chamarra de piel. Lo primero que todo regulador pedía era una lista de tus inversionistas y detalles personales sobre los mismos. «Preguntaban cuál era la situación familiar de CZ, en dónde vivía y este no quería revelarlo», dijo un antiguo empleado de Binance. Al final, Sam le dijo a CZ que quería comprar las acciones que tenía de FTX. CZ le pidió 2 200 millones de dólares por ellas, que él había comprado en solo ochenta millones. Sam aceptó el precio. Justo antes de que cerraran el trato, CZ pidió, sin ningún motivo particular, un extra de 75 millones de dólares. Sam también accedió. CZ no mostró ninguna gratitud por ese extra de 2 000 millones de dólares. «A partir de ahí fue una guerra fría», dijo Sam.

La adquisición de CZ se llevó a cabo con el telón de fondo del más grande ataque de relaciones públicas. Ahora Sam salía de manera regular en la televisión y había estado en la portada de la revista *Forbes*. Todavía no tenía idea de cómo crear una marca, y, como siempre, no tenía ningún interés en una opinión experta al respecto. Decidió descifrarlo desde cero, meditándolo, soltando dinero por aquí y por allá y viendo qué funcionaba. Por un lado entregó a CZ 2 275 millones de dólares; por el otro, escribía memorándums a su gente en FTX en los que reflexionaba, como lo haría un marciano, qué provocaba que a los estadounidenses comunes y corrientes les gustara un producto y que confiaran en él. «Actualmente somos líderes en tecnología e índices de preferencia, pero estamos abajo en el reconocimiento de la marca. Necesitamos lograr que cincuenta millones de usuarios con baja participación decidan cambiarse de Coinbase a FTX. ¡Esto requerirá un empujón bastante fuerte!», escribió.

Por principio de cuentas, se percató de que pocas campañas publicitarias habían tenido el efecto que esperaba lograr con la de FTX. Solo encontró tres:

1. *Yes we Can* (Sí podemos) de Barack Obama.
2. *Just Do It* (Solo hazlo) de Nike (con la imagen de muchos atletas, pero hay dos que hicieron la marca lo que es hoy: Michael Jordan y Tiger Woods).
3. *Think Different* (Piensa diferente) de Apple (con la imagen de Albert Einstein, John Lennon, Martin Luther King, Mohamed Ali, Rosa Parks, Gandhi, Alfred Hitchcock, etcétera).

La población de las criptomonedas era sorprendentemente joven y en su mayoría hombres, entonces un camino obvio parecía ser usar celebridades del deporte para ganarse su amor y confianza. Pero incluso dentro del pequeño mundo de los deportes a Sam le parecía arbitrario aquello a lo que la gente le ponía atención. Por ejemplo, en Estados Unidos todo el mundo conocía y le importaban los nombres de las compañías en los estadios, pero nadie conocía ni le importaban los nombres de las compañías en las playeras de los jugadores. No existía una regla del comportamiento humano que dictara esto: todos en Europa conocían y les importaban los nombres en las playeras de los jugadores, pero no el de la corporación por la cual el estadio recibía el nombre. No había un momento en particular en el cual los estadounidenses hubieran acordado la importancia de los patrocinadores de los estadios: solo había ocurrido. «Y una vez que todo el mundo se pone de acuerdo en lo que importa, se repite una y otra vez», opinó Sam.

La cautela general inicial hacia el dinero cripto hacía un poco más complicado de lo que habría sido de otra manera comprar los derechos del nombre de un estadio deportivo profesional. FTX quiso patrocinar los estadios utilizados por los Kansas City Chiefs y los New Orleans Saints, pero fracasó. Es por ello que, cuando los buscaron del Miami Heat para sugerir que FTX comprara los derechos de su nombre por 155 millones de dólares durante los siguientes nueve años, Sam no perdió la oportunidad. Que el trato requiriera la aprobación no solo de la NBA sino también de la entidad gubernamental de la Junta de Comisionados del condado de Miami-Dade era un extra. Después de eso podrían indicar que una entidad gubernamental le había dado el visto bueno a FTX.

Una vez que su nombre estuviera en un estadio estadounidense nadie rechazaría su dinero.[13] Repartieron dinero en todos los deportes profesionales de Estados Unidos: Shohei Ohtani, Shaquille O'Neal y LeBron James se volvieron sus voceros. Les pagaron 162.5 millones de dólares a las Grandes Ligas de Beisbol para poner el nombre de la compañía en los uniformes de todos los árbitros. Sam pensaba que era más útil tener el logo de FTX en los uniformes de los árbitros que en los uniformes de los jugadores. Prácticamente en todas las tomas televisivas de todos los juegos de las grandes ligas los televidentes verían el logo de FTX. «La NBA nos puso bajo investigación. ¡Las Grandes Ligas

13 Steph Curry en un inicio había declinado, pero luego cambió de opinión. Mucho después se reportaría que Taylor Swift rechazó el dinero de FTX. Eso no fue del todo cierto. FTX tenía un acuerdo con Swift de pagarle entre 25 y treinta millones de dólares al año, pero Sam se la llevó muy lento con el trato. «Ella quería hacerlo», dijo Natalie Tien, «pero Sam posponía una y otra vez la respuesta a su equipo». Otra persona cercana a la negociación entre Swift y FTX dijo: «Taylor no lo rechazó. Estaban a la espera de que Sam lo firmara, pero no lo hizo».

de Beisbol acababan de darnos el visto bueno!», dijo Dan Friedberg, abogado de FTX.

Aun así, la idea de que una persona pudiera encontrar un producto más deseable solo porque un famoso mentía y aseguraba que lo usaba se le hacía sospechoso a Sam. «Si vas a comprar algo, ¿en realidad te importa lo que piensen Baker Mayfield o Dak Prescott?», escribió al grupo aleatorio de empleados de FTX encargados de ayudarlo a abordar el tema, como si nadie nunca lo hubiera pensado. «Si te dijera que a Baker Mayfield le gusta mucho cierta compañía de seguros para el hogar probablemente no te cambiarías».

No era que los famosos no hicieran la diferencia, sino lo impredecible que eran sus efectos: había una interacción misteriosa entre persona y producto que, muy de vez en cuando, penetraba en la imaginación del público. «¡Kevin Durant es un excelente basquetbolista! Pero tal vez no te importe qué auto conduce. Pero ¿y si LeBron James maneja un Tesla? Digo, quizá no vayas a comprarte uno, pero tengo que decir que probablemente yo me sentiría más inclinado a hacerlo más adelante», escribió Sam.

Decidió que con algunos productos no había celebridad alguna que pudiera ayudar. «¿Que alguien respalde a Nissan podría entusiasmarte lo suficiente para comprar uno? No estoy seguro de que funcionaría conmigo». Con los demás, era cuestión de quién estaba detrás del respaldo. Llegó a ver el problema como algo que consistía en encontrar «una de las pocas personas o cosas en el mundo que realmente sacudieran tu imaginación». Y de todo lo que hicieron para promocionar la marca, solo tres importaban realmente, pensó, y una importaba más que las demás en conjunto: Tom Brady.

Podrías pensar —creyó Sam en un inicio— que si fueras a pagarle a un mariscal de campo de la NFL para que dijera que usaba FTX, sí habría una pequeña diferencia si lo hacía Tom Brady, Aaron Rodgers o Dak Prescott. Podrías ver que Tom Brady era un poco mejor, pero pensar que el respaldo de Rodgers valdría, digamos, la mitad que el de

Brady. Pero en todos los lugares a los que iba Sam la gente le comentaba que se había enterado de FTX a través de Brady. Casi nadie decía nada de los otros patrocinadores. «Era muy claro cuáles cosas surtían efecto y cuáles no. Pero por más que lo intento, no puedo entender por qué es así. Todavía no puedo ponerlo en palabras», dijo Sam. El marciano había descubierto otro hecho extraño pero cierto de la vida moderna humana: en un momento dado solo había poca gente dentro del imaginario colectivo. «A nadie le importará si Coinbase consigue que Russel Wilson sea su vocero después de que nosotros consigamos a Brady», escribió Sam a su equipo en un memorándum.[14]

Desde afuera, FTX parecía estar creando una marca alrededor de un líder extrañamente carismático y tal vez egocéntrico. La verdad era aún más extraña. FTX estaba gastando una fortuna para aprender cómo comercializar un producto sobre la marcha, sin mucha guía por parte de alguien con experiencia. En cierto sentido, el acercamiento funcionó: en la mente del consumidor estadounidense FTX se fue haciendo cada vez más conocida, y Sam Bankman-Fried se volvió cada vez más famoso. Por otro lado, no tenía mucho sentido: en realidad FTX no le servía de mucho al consumidor estadounidense. Habían abierto un exchange pequeño en Estados Unidos en el cual los inversionistas de ese país podían hacer muy poco. Era ilegal venderles a los estadunidenses el producto más importante del exchange, los futuros cripto. Estaban gastando mucho dinero en un negocio que podría o no tener éxito.

---

14 Había algo más para contratar a Tom Brady además de los 55 millones de dólares que le pagaron, pero en ese momento pareció algo superficial: el paquete de 19800 millones con Gisele Bündchen. Con Gisele llegó una campaña de celebridades, junto con una consultora de marketing de moda que rápidamente generó sus propias ideas sin mucha supervisión. Fue a través de esta consultora que Sam se encontró, sin saber a ciencia cierta cómo, en medio de una llamada de Zoom con Anna Wintour, intentando determinar en cuál Met sería la gala. Pronto vio su cara a dos páginas en revistas de moda y en paradas de autobús por todo el país, después de lo cual despidió a la consultora. «Todo era parte del trato con Gisele», dijo Natalie Tien, quien para ese entonces se encargaba de la vida mediática de Sam. «Fue algo muy incómodo. A nadie en FTX le gustó la idea, incluyendo a Sam».

Salvo el psiquiatra y uno o dos abogados, todavía no había nadie en FTX que tuviera mucha experiencia en hacer lo que fuera que estaban haciendo, más allá de la que estaban logrando sobre la marcha en FTX. Nadie vio algún motivo para hacer una excepción con los arquitectos. Durante un recorrido en bicicleta por Estados Unidos para recaudar fondos para una buena causa Ryan Salame había conocido a una arquitecta de cerca de 30 años llamada Alfia White. Una cosa llevó a la otra y, antes de que Alfia se diera cuenta, Ryan ya le había pedido que le diseñara una casa de descanso en Bali. Después de que Sam lo sorprendiera cuando llamó a toda la compañía para que lo siguiera a las Bahamas, Ryan se puso a buscar un sitio para instalarla. Al no encontrar nada adecuado para un hogar permanente, contrató a Alfia para que diseñara la nueva sede de FTX. Alfia nunca había hecho algo parecido.

Ella trajo consigo a un amigo de la escuela de arquitectura llamado Ian Rosenfield para que la ayudara. Un detalle curioso sobre Ian, aparte del hecho de que tampoco había diseñado un edificio de oficinas, era que había sido compañero de preparatoria de Sam. Le sorprendió descubrir que Sam Bankman-Fried era no solo una de las personas más ricas del mundo, sino que, de alguna manera, trabajaba con otros seres humanos e incluso los gestionaba. Ian todavía tenía la imagen de un cerebrito al que nadie conocía, que caminaba solo mientras las ruedas de su mochila repiqueteaban sobre los adoquines de la escuela Crystal Springs Uplands.

Alfia e Ian viajaron a las Bahamas, se instalaron en un cuarto de conferencias de FTX e intentaron descubrir qué hacer. Sam le había dado su chequera a Ryan y le había dicho que comprara espacio para oficinas, y la mayor cantidad posible de viviendas para trabajadores tan rápido como pudiera y sin preocuparse por el costo. Ningún hombre ha sido tan eficiente en el hecho de no preocuparse por los costos como Ryan. En cuestión de semanas adquirió entre 250 y trescientos millones de dólares en bienes raíces, incluyendo 153 millones en condominios en un nuevo y caro centro turístico llamado Albany. Como sede temporal, había adquirido un deprimente parque de oficinas compuesto por una docena de edificios pequeños. Habían sido construidos en un área de 24 300 m^2 de asfalto rodeados por un denso follaje que un científico o un desarrollador inmobiliario llamaría bosque subtropical, pero que cualquiera en su interior llamaría jungla.[15]

Sobre la marcha, Ryan había pagado 4.5 millones de dólares para adquirir, como lugar para la nueva sede corporativa, 20 000 m^2 de jungla en una playa estrecha de West Bay. Les entregó el terreno y un presupuesto de varios millones de dólares a los jóvenes arquitectos y básicamente les dijo: «Adelante». Por lo regular, un proyecto de ese tamaño necesitaría un director de proyecto, un representante del propietario, además de otros adultos experimentados, pero Ryan dejó que dos jóvenes arquitectos lo manejaran todo por cuenta propia. «Se supone que debíamos diseñar una miniciudad», dijo Ian.

Antes de que pudieran diseñar un espacio para instalar las oficinas de FTX necesitaban entender su estructura, sus rituales y sus hábitos. Para ser arquitectos de FTX también debían ser sus antropólogos. Ian no había conocido realmente a Sam en la escuela y ahora él y Alfia intentaban descifrar la empresa que había construido. Pronto se dieron cuenta de que Sam no sería de ayuda. «Sam no tiene tiempo. Delega todo esto a otra gente. Desde un inicio intentamos involucrarlo, pero no lo hizo. Nos dijo: "Ustedes son los arquitectos, yo no tengo idea"», dijo Ian.

Los diseñadores de la miniciudad obviamente tenían algunas preguntas que necesitaban respuestas. Por ejemplo: «¿Cuánta gente ocupará la ciudad?», o «¿Cómo quiere Sam que se vea?». Pero a Sam no le interesaban sus preguntas, y para cuando llegaron, tampoco a Ryan. Este había regresado a Estados Unidos para ayudar a su nueva novia a postularse para el Congreso. Los arquitectos se encontraron bajo el

15 FTX también compró una flota de unos sesenta vehículos. «Le compré un BMW a Sam», dijo Ryan. «Me hizo regresarlo. Yo pensé: "Sam, vales 40 000 millones de dólares y estos caminos están llenos de baches". Pero como quieras».

mando de la novia de Nishad Singh, Claire Watanabe, quien había ocupado el papel de Ryan como derrochadora de dinero y gerente de Soporte de Personal en las Bahamas. «Le pedimos que nada más nos diera una lista de empleados, que nos diera algo. Claire nos contestó: "Sé que es raro, pero no tenemos nada de eso, ni siquiera el número de empleados"», dijo Ian.

A falta de indicaciones desde arriba, los arquitectos se dedicaron a observar a los empleados en las cabañas improvisadas en medio de la jungla que habitaban en ese momento. De vez en cuando llevaban aparte a una de estas criaturas indolentes para preguntarle cómo habían utilizado sus viejas oficinas en Hong Kong. «Una y otra vez nos decían que no necesitábamos entrevistarlos, que lo diseñáramos como quisiéramos», dijo Alfia. Era evidente que esa no era una buena idea; incluso a las personas que afirmaban que no les importaban los espacios en los que vivían sí terminaban importándoles, en ocasiones sin darse cuenta de ello. «No les importa cómo se ve hasta que lo ven», según Alfia; por ejemplo, en la vieja oficina de Hong Kong hubo una acalorada discusión sobre dónde colocarían una simple puerta. «Una mujer dijo que, de acuerdo con el feng shui, debían quitarla, y un hombre dijo que no, él la quería y la discusión escaló a partir de ahí», recordó Ian. Eliminar una puerta en un edificio en Hong Kong para complacer a un empleado y colocar otra para satisfacer a otro había costado un millón de dólares. «Era la puerta del millón de dólares», narró Ian.

Los arquitectos observaron, escucharon y aprendieron. Pudieron ver que la gente de FTX, al igual que su líder, básicamente vivía en la oficina. Sam era famoso por dormir en el puf a un costado de su escritorio en Hong Kong, Nishad también había hecho una cama debajo de su escritorio. Los empleados comunes que pensaban que para ser tan exitosos como Sam debían vivir como él, no dormían y utilizaban el espacio de trabajo de formas poco saludables. Un empleado había pasado treinta días sin salir para nada de la oficina en Hong Kong. La oficina necesitaba regaderas y espacios para dormir; comida, ropa y otras necesidades materiales debían satisfacerse de la forma más eficiente posible para minimizar el tiempo de inactividad. «Tienen lo que quieren, pero se los entregan en el escritorio. Rara vez se utiliza el cuarto de almacenamiento de Amazon», dijo Ian. Debía tomarse en cuenta que la mitad de los empleados de la compañía eran del este asiático (todo sería sujeto al fen shui), pero el factor nerd fuera de lo común importaba aún más. «Lo que quieren son enchufes poderosos por todos lados», mencionó Alfia. Si el edificio tenía ventanas, también debía tener buenas persianas para evitar que el resplandor les oscureciera los monitores. «Les encanta tenerlas cerradas», agregó Ian. Se la pasaban o sentados solos en sus escritorios o todos juntos en un espacio grande, dedicados a actividades de entretenimiento nerd, rara vez hacían algo diferente. Necesitaban un espacio grande para LARPing (juegos de rol en vivo), pero les dijeron a los arquitectos que eso lo podían hacer en cualquier lado.

Y prácticamente todos compartían, o cuando menos eso decían, la completa indiferencia de su jefe hacia la elegancia o belleza. «He visto otros empleados de tecnología y esta gente es diferente. Les importan todavía menos la estética y los servicios», dijo Ian. La única vista que todos los empleados de FTX querían era la de su jefe. El estatus en la compañía se medía por la proximidad con Sam. Incluso desde sus cabañas en medio de la jungla la gente se esforzaba por verlo. Los arquitectos realizaron un bosquejo del edificio principal con paredes de cristal y entrepisos que ofrecían inusuales vistas del lugar de Sam. «Te da oportunidad de tener un vistazo de Sam sin importar en dónde estés sentado», explicó Ian.

En la búsqueda por entender esta extraña nueva compañía, los arquitectos molestaron a suficiente gente como para que por fin alguien les mandara una nota con lo que habían preguntado desde un inicio: una lista de lo que Sam Bankman-Fried quería en su miniciudad corporativa. «Solo contenía tres cosas», dijo Ian. Sam quería que el edificio tuviera forma de *F*, para que lo viera la gente que descendía al aterrizar en el Aeropuerto Internacional Lynden Pindling. Quería que el costado del edificio evocara su cabello rebelde. Aunque pareciera improbable, Ian creía que se podía hacer —podían utilizar aluminio cortado con cortadora láser CNC (siglas en inglés de *computer numerical control*) para imitar de manera abstracta lo que ahora llamaba el «corte afro / judío de Sam». «De hecho no era una mala idea», opinó Ian.

El tercer y último punto de la lista de deseos de Sam era un cubo de tungsteno. Dicho cubo fue algo complicado de entender. Resultaba que la imaginación de toda la gente en el mundo de las criptomonedas estaba cautivada por los cubos de tungsteno. Los arquitectos aprendieron que el tungsteno era el metal de moda más denso del planeta. La gente de las criptomonedas hacía memes sobre «la intensidad de la densidad». Una compañía en el Medio Oeste supuestamente había creado el cubo de tungsteno más grande del mundo. De tan solo 35.56 cm, había costado un cuarto de millón de dólares y pesaba 907 kg. Al parecer Sam había ordenado ese cubo, lo había llevado a las Bahamas y quería que se mostrara en un pedestal en su miniciudad. A los arquitectos nunca les mostraron el precioso cubo denso de Sam, no obstante, lo incorporaron en sus dibujos. «Diseñamos un espacio para el cubo», dijo Ian. Ese espacio era el gran atrio en el edificio principal de la ciudad. El cubo de tungsteno sería lo primero que viera un visitante del imperio mundial de las criptomonedas. El objeto más denso de la Tierra, emergiendo del mar de la abstracción.

Los arquitectos no contaban con otra guía más allá de la lista de Sam. Esto los intrigaba, ya que las decisiones que estaban tomando quedarían grabadas en piedra. Después de todo, eran edificios. Una vez erigidos serían inamovibles sin importar el punto de vista que Sam pudiera tener sobre su valor esperado. En el espacio de tres años había mudado dos veces toda su compañía, 14 500 km en ambas ocasiones. La miniciudad que estaban diseñando serviría como sede de un imperio financiero mundial, pero la forma más probable en que FTX se convirtiera en uno era que los reguladores estadounidenses le dieran permiso de establecerse en Estados Unidos. En ese caso, lo más probable era que Sam se mudara a ese país, y su miniciudad sería, cuando mucho, una filial. «Tiene que ser cómoda para seiscientas personas o para diez», dijo Ian con prudencia.

En lugar de guía, lo que los arquitectos recibieron fue una fecha límite. Debían preparar los 20 000 m^2 de jungla junto con una presentación de diapositivas de fotos de los edificios concebidos para un gran anuncio público. Increíblemente estuvieron listos para el acontecimiento, el 25 de abril de 2022. Habían limpiado la jungla sin un permiso y habían bocetado sus diseños sin ayuda. Además de los recién rasurados 20 000 m^2 de jungla, habían levantado un espectacular con una foto de la miniciudad y un lema: «FTX: crecimiento en progreso». Se reunieron los medios de comunicación de las Bahamas. Llegó el primer ministro con un séquito. Un gran grupo de seguidores de FTX llegó con palas (tal vez la primera vez en su vida que agarraban una) para romper el terreno ceremonial. Y desde un coche que también llevaba a la directora de Operaciones de FTX, Constance Wang, surgió Sam, con la apariencia de quien acaba de salir de un basurero: shorts cargo, camiseta arrugada, calcetas blancas desgastadas. «El mismo», pensó Ian.

Desde el momento en que inició el proyecto y comenzó a observar a Sam desde lejos, Ian se había descubierto pensando lo mismo con frecuencia: lo asombrosamente parecido que seguía siendo al Sam de la preparatoria. Cuando el bicho raro de tu preparatoria se convertía en una de las personas más ricas del mundo pensabas que el bicho raro debía haber cambiado. Sam no había cambiado. Lo había hecho el mundo a su alrededor.

Antes de que comenzara la ceremonia de inicio del proyecto se suponía que Sam daría un discurso. Ian pensó que tal vez necesitaría algo de ayuda, y antes de que iniciara todo el procedimiento lo llevó a un lado.

—¿Qué has visto del proyecto? —le preguntó Ian.

—Nada —contestó Sam.

—¿Cuándo menos has visto los planos?

—Nop.

«Oh, oh», pensó Ian. ¿Cómo iba a dar un discurso sobre su nueva miniciudad si no sabía nada sobre la misma?

—¿Qué vas a decir?

—Improvisaré —contestó Sam.

Y eso hizo. Cambió de tema. Cosa que hacía con mucha frecuencia. Cuando le hacían una pregunta que no quería o no sabía cómo contestar, Sam la convertía en una que estaría feliz de contestar. Ese día no quería contestar las preguntas: «¿Qué es esta miniciudad? ¿Por qué se ve así?», la que quería contestar era: «¿Por qué viniste a las Bahamas?».

En algún punto los arquitectos se dieron cuenta de que Sam no tenía idea de lo que habían diseñado, o siquiera de que habían diseñado algo. Que ellos habían tomado todas las decisiones sobre la nueva sede de FTX, que se calculaba que costaría cientos de millones de dólares, sin ninguna contribución de la persona que la pagaría. Pronto descubrieron que incluso la lista de deseos de Sam que les habían dado en realidad no provenía de él, y que el mismo Sam no sabía que había manifestado algún deseo. La lista la había hecho alguien de FTX que había tratado de imaginar lo que él, si fuera Sam, podría querer en el nuevo edificio de oficinas. Sam no quería su corte afro / judío a un costado del edificio. Ese alguien se había imaginado que eso era algo que Sam encontraría divertido. El cubo de tungsteno era una idea genial, pero, en serio, ¿cuáles eran las probabilidades de que Sam o alguien más hubieran comprado y enviado a las Bahamas un cubo de una tonelada de peso? Si dicho cubo existiera, ¿por qué no lo habían visto los arquitectos? «No sé si en realidad se llegó a comprar», dijo Ian sobre el objeto alrededor del cual había diseñado un edificio. Únicamente en el contexto de FTX era que algo así no resultaba extraño. «Todos siempre estaban tomando decisiones en nombre de Sam», dijo Ian.

Sam se quedó un poco más después de que hubiera terminado la ceremonia. Ian aprovechó el momento para preguntarle finalmente lo que quería saber desde hacía meses.

—¿Qué es lo que esperas de estos edificios, aparte del trabajo?

Por primera vez Sam meditó la pregunta.

—Canchas de bádminton —contestó.

Ahí estaba. Eso era lo único que quería. Canchas de bádminton.

—¿Cuántas quieres? —preguntó Ian.

—Tres —contestó Sam. Luego se marchó.

«Esa fue la primera y única pregunta que pudimos hacerle», expresó Ian.

Por supuesto, era trabajo de George Lerner escuchar los problemas de la gente. Y en realidad lo intentaba. Para la primavera de 2022 había colocado su pequeña oficina dentro de una de las cabañas en la jungla. Un sencillo escritorio, un sofá rojo enfrente y, en la esquina, un puf azul claro, que todos sabían que era el lugar de Sam. Su puerta estaba abierta para cualquiera que quisiera hablar, pero no pasó mucho antes de que se cansara de cuánta gente quería hablar con él y por qué. «Había mucha gente infeliz en las Bahamas», dijo. Los asiáticos querían más mujeres asiáticas para salir con ellas. A las mujeres asiáticas no les gustaban los asiáticos que había disponibles. «Todo el mundo se quejaba por la falta de oportunidades para salir. Salvo los altruistas eficaces. A ellos no les importaba», recordó George.

Aquellos que no eran AE pensaban que estos últimos se creían más inteligentes que todos los demás. Muchos se sentían insatisfechos con la política radical de Sam de no intervención en la gestión. Los asiáticos se sentían particularmente confundidos por la falta de un organigrama. Un número sorprendente de personas que se suponía que debían reportarle directamente a Sam habían descubierto lo poco que a él le importaba esto. «Hay muchas personas que Sam evitaba. Algunos pensaban que podían acercarse a él a través de mí. Otros me hablaban porque no podían hablar con él. Esto era demasiado molesto», dijo George.

El país no le había concedido una licencia médica a George. Su puesto era instructor profesional sénior. De hecho, este había sido siempre el papel que había interpretado para Sam, quien invariablemente prefería hablar de sus problemas en el trabajo en lugar de sus problemas psicológicos, ya que los consideraba intratables y por tanto como un tema inútil de discusión. Ahora, en las Bahamas, George adoptó su nuevo papel como consultor de gestión. Obtuvo información de la compañía de cuyo director ejecutivo ahora servía como asesor a través de las sesiones de terapia de sus empleados. Las quejas de estos sugerían que o Sam no estaba gestionando a la gente que se suponía debía gestionar, o que lo estaba haciendo tan mal que bien podría no hacerlo. «Yo sentía que demasiada gente le reportaba a Sam», opinó George.

A los pocos meses de estar en su trabajo George había visto a cien de los trescientos y tantos empleados de FTX. Disfrutaba tal vez el punto de vista único de su arquitectura corporativa, con una claridad de la que no disponían sus inversionistas, clientes, empleados y tal vez la persona que la había creado. «A Sam no le gustaba que la gente tuviera etiquetas laborales. Todos sabían que odiaba los organigramas», añadió George. También sabían que, por mucho que ansiaran un puesto ostentoso, Sam también odiaba eso. Había escrito un memorándum explicando sus motivos. «Pensamientos sobre los puestos» era el título y comenzaba con: «En los últimos años hemos descubierto que los títulos pueden empeorar de forma sustancial el desempeño de la gente en FTX». Luego enlistó algunos motivos por los que podría darse esto:

a) Tener un título hace que la gente se sienta menos dispuesta a aceptar consejo de aquellos que no lo tienen.
b) Tener un título hace que la gente sea menos propensa a esforzarse en aprender cómo hacer bien los trabajos básicos de la gente que se supone que deben gestionar. Terminan intentando gestionar gente cuyos trabajos no podrían desempeñar y eso siempre sale mal.
c) Tener títulos puede crear conflictos importantes entre tu ego y la compañía.
d) Tener títulos puede molestar a los colegas.

Como fuera, George creía que necesitaba saber dónde se encontraban sus pacientes dentro de la organización. «No entendía las diferentes relaciones, y necesitaba hacerlo, porque mucha gente acudía a mí con conflictos. Necesitaba ver si lo que escuchaba tenía sentido», dijo. Sam había convertido su organización en un acertijo; su psiquiatra se dispuso a resolverlo.

Al final George plasmó el único organigrama de la obra en crecimiento de Sam. Para cuando terminó, había descubierto muchas cosas interesantes. Por ejemplo, 24 personas creían que le reportaban directamente a Sam. El grupo incluía a Joe, el padre de Sam, y el amigo de su infancia, Matt Nass, cuyo juego, *Storybook Brawl*, por algún extraño motivo Sam acababa de comprar. Este grupo no incluía al jefe financiero, porque FTX no tenía uno; tampoco tenía un jefe de Riesgos o de Recursos Humanos. «Parecía más un club que una corporación», mencionó George.

Sí contaba con un jefe de Tecnología, Gary Wang, pero era un aislado social, nadie le reportaba a él. «Gary se encontraba dentro de su pequeña burbuja», dijo George. En una compañía de tecnología común y corriente, un grupo de programadores le reportaría al jefe de Tecnología. Al parecer, en FTX, todos le reportaban a Nishad Singh. Ryan Salame, quien había ido y venido a las Bahamas en un viaje relámpago, y ahora no parecía muy involucrado con la compañía, era de alguna forma el director ejecutivo de todo el negocio internacional, y tenía 27 personas bajo su cargo. Era evidente que Ramnik Arora, cuyo título oficial seguía siendo jefe de Producto, no tenía nada que ver con el producto, más bien se encontraba arriba de un pequeño grupo de gente a cargo tanto de recaudar como de invertir grandes cantidades de dinero. George lo puso dentro de un pequeño recuadro que decía: «Emprendimientos». Cerca de la mitad de la compañía le reportaba a las dos primeras jóvenes que Sam había contratado cuando llegó a Hong Kong, Constance Wang y Jen Chan. George se percató de que la mayoría de estas personas eran mujeres asiáticas orientales.

Luego estaba Caroline Ellison. Al parecer Caroline era la única a cargo de 22 agentes y desarrolladores que trabajaban en Alameda Research, de los cuales cerca de la mitad había seguido a Sam de Hong Kong a las Bahamas. Esto sorprendió un poco a George. «Ella nunca dijo nada de Alameda. Tampoco Sam. Evidentemente era algo en lo que *no* querían pensar», dijo George.

En un memorándum de fecha 6 de febrero de 2022 titulado «Pensamientos», Caroline había enlistado media docena de ideas para mejorar su relación con Sam. «Terapia de pareja con Lerner» era la número tres, entre «Escoger un momento en el futuro en el cual decidir si debemos romper» y «Decidir una mejor comunicación en el futuro». Para cuando siguió a Sam a las Bahamas su aventura estaba más mal de lo habitual. La noche del 15 de abril —diez días antes de que dieran inicio al proyecto de la nueva sede corporativa— se sentaron a hablar de su futuro. Al día siguiente Caroline resumió su discusión en un memorándum para Sam:

- Plan de Caroline:
  Renunciar a Alameda y regresar a Estados Unidos

- Plan de SBF:

  Terminar, seguir como amigos, intentar hacer el menor drama posible

Esa noche discutieron sobre qué tan sensato sería que ella siguiera dirigiendo la guarida del dragón del fondo de cobertura privado de Sam, o que hiciera algo más con su vida. «Dirigir Alameda no parece algo en lo que tenga cierta ventaja o que esté bien capacitada para hacer», escribió en esa ocasión, «siento que debo hacer muchísimas cosas en las que no soy muy buena… pero sí, creo que es posible que dirigir Alameda sea un gran valor esperado y mucho mejor que mi siguiente mejor opción. Creo que no debería considerar renunciar a Alameda hasta que haya dedicado mucho más tiempo a pensar en opciones alternas y su respectivo valor esperado».

Lo que Caroline consideraba hacer, y de inmediato, era dejar de dormir con Sam. No quería mudarse de su recámara en el penthouse de treinta millones de dólares que Ryan compró y que ahora compartían con otros ocho AE, incluyendo a Nishad y a Gary. Era Sam quien debía mudarse, a escondidas, a un departamento más chico dentro del mismo complejo. Dentro de la compañía casi nadie, aparte de los pocos AE con los que Caroline había compartido el secreto de su relación, era consciente de que el director ejecutivo de FTX y el de Alameda Research tenían una relación romántica. «La gente nunca ve lo que no está buscando», dijo Sam. Ahora no veían que el romance había terminado. Sam había ocultado la relación y ahora escondía que la había terminado, junto con el hecho de que estaba viviendo en un lugar diferente al que todos suponían que habitaba. En ese momento estaba, por curioso que parezca, creando una verdad a partir de dos mentiras. Sucedió un poco antes de que se desplomaran los precios de las criptomonedas. Y, curiosamente, también el momento en que llegué a observar.

ACTO III

8

El tesoro del dragón

Una de las primeras cosas de las que me percaté de Sam Bankman-Fried es que era una persona fácil de robar. Esa mañana a finales de abril de 2022 prácticamente cualquiera habría podido entrar en su cabaña y tomar lo que quisiera. No había nadie en la cabina de vigilancia al frente de la sede temporal de FTX. La pluma del estacionamiento no llegaba ni a la mitad del camino de entrada, por lo que era más bien la idea de un obstáculo que algo real. La puerta de la cabaña número 27, donde Sam trabajaba, no estaba cerrada con llave y el escritorio de la recepcionista estaba vacío. Pronto le pediría a Nishad Singh el mismo análisis prospectivo de problemas (premortem)[1] que les había solicitado a todos aquellos que el psiquiatra había ubicado en la parte superior de su organigrama:

—Imagina que estamos en el futuro y tu compañía colapsó: dime cómo ocurrió.

—Secuestraron a Sam —fue la respuesta inmediata de Nishad antes de revelar su pesadilla recurrente sobre que la actitud permisiva de Sam hacia su seguridad personal provocaba la ruina de su imperio.

---

[1] Estrategia de negocios en la que se plantea que un proyecto u organización está fracasando y se crea un plan para evitar que suceda (*n. de la t.*).

En ese momento parecía comprensible que se preocupara más por esto que por otros peligros. Sam era una persona famosa y rica fácil de rastrear que se desplazaba sin guardaespaldas mientras se encontraba en posesión de miles de millones de dólares en criptomonedas, las que, aunque no eran del todo útiles como medios de intercambio, sí constituían un excelente rescate.

—La gente con acceso a las criptomonedas es el principal blanco de secuestro —dijo Nishad—. No entiendo por qué no pasa más seguido.

La única parte difícil habría sido descubrir en cuál cabaña estaba Sam. Por el momento, la sede de FTX consistía en más o menos una docena de inmuebles idénticos de un solo piso pintados de beige, con techos de metal color leche con chocolate. Quien fuera que los hubiera construido, había comenzado por hacer a un lado la idea de decorarlos, o de ponerles algún adorno de ningún tipo. Por fuera, ninguno indicaba en cuál podría habitar alguien que valiera la pena secuestrar. Claro que a esa hora, las siete de la mañana, eso no habría importado, ya que había muy poca gente. Había buenas probabilidades de que Sam fuera el único ser humano en alguno de los edificios, por lo que el secuestrador solo tendría que ir de cabaña en cabaña hasta encontrar a su presa. Sam no podría hacer nada; no estaba hecho para escapar, o siquiera para percatarse de cualquier amenaza física.

Sin embargo, no estaba ahí cuando llegué. Nishad sí, aunque apenas levantó la mirada cuando me senté a su lado, en el escritorio de Sam. Una pequeña montaña de objetos que cubrían el escritorio cayó sobre el puf a un costado. Mientras Nishad escribía en el teclado, yo levanté los objetos e hice un inventario:

- Un bote grande de sal Morton
- Una caja de iPhone con un celular nuevo todavía ahí
- Un billete arrugado de un dólar
- Cuatro *spinners*

- Un mazo de cartas
- Una almohada y una cobija
- Dos cajas grandes a medio abrir llenas de playeras de los Miami Heat
- Un cúter
- Una botella abierta de repelente para mosquitos sin aroma en una bolsa de plástico sellada
- Cuatro sobres manila que contenían documentos corporativos confidenciales para firma de Sam
- Un control de puertas de garaje LiftMaster
- Una segunda caja de iPhone con un teléfono adentro
- Una medalla que Francis Suarez, el alcalde de Miami, le había dado a Sam Bankman-Fried
- Una docena de cajas de plástico cuadradas de propósito desconocido con el siguiente mensaje grabado: «FTX: Bienvenido a tu nuevo mundo de pagos»
- Tres pares de palitos chinos
- Una tarjeta de habitación del hotel Ritz-Carlton
- Un ventilador de mano marca Gaiatop
- Un cubo Rubik raro pintado todo de blanco

Yo iba a la mitad del inventario cuando llegó Sam. Tuve la momentánea impresión de haber sido descubierto por un adolescente mientras observaba el caos que tenía en su recámara. Si en algún momento tuvo curiosidad sobre cómo había yo llegado a su oficina o por qué estaba revisando el contenido de su escritorio no lo demostró. Algo nuevo estaba pasando.

Si había una norma que regía la vida de Sam, era que nunca debía aburrirse. «Es como Kanye», dijo un observador de Sam que también pasó tiempo con Kanye West. «A donde quiera que vaya pasan muchas locuras». Ese día, la mañana en que llegué a su escritorio e hice un inventario, estaban sucediendo locuras. Elon Musk estaba comprando Twitter y Sam había estado hablando por teléfono con uno de los asesores de Musk, Igor Kurganov. Este último era un antiguo jugador profesional de póquer ruso a quien Musk le había encargado la tarea, se decía, de donar más de 5 000 millones de dólares de su fortuna. Para complicar la trama, Musk también se describía a sí mismo como un AE. Él y Sam acababan de hablar de la posibilidad de que este lo ayudara con parte de la compra de Twitter. Resultó que Sam ya había invertido cien millones de dólares en acciones de Twitter y jugueteaba con la fantasía secreta de encontrar la manera de comprar el resto. Había comprado la mayoría de las acciones a 33 dólares, o 21.20 dólares menos por acción de lo que Musk acababa de acordar pagar por la compañía completa.

Cuando había algo nuevo que comprar, Sam con frecuencia encontraba útil platicarlo con Ramnik y con Nishad. Ambos eran inteligentes, cuando menos en la forma que Sam entendía, es decir, tenían un CI alto. Pero también tenían la curiosa habilidad de no estar de acuerdo con Sam sin hacer un gran embrollo por ello, o de hacerlo sentir obligado a escuchar lo que decían. Después de hablar con ellos, Sam podía decirse a sí mismo que había revisado sus decisiones sin haberlo hecho en realidad. Ahora los agarró a los dos y se los llevó a la cabaña que fungía como sala de juntas en medio de esa jungla. Tenía una única silla y un sofá, sobre el cual Sam se acostó descalzo con un *spinner* sobre el pecho. Ramnik y Nishad se sentaron en el suelo con las piernas cruzadas. Los tres traían shorts y, por un momento, el cuarto se sintió como si fuera la hora de la siesta de un grupo de niños inquietos de primer año. Pero entonces Sam explicó de lo que quería hablar: Elon Musk sí iba a comprar Twitter, pero no lo quería pagar él. Estaba en busca de aliados para reunir los 44 000 millones de dólares que iba a costar.

—Nos quieren de aliados. Pero solo tenemos tres horas para contestarles.

—¿Qué ganarías con esto? —preguntó Nishad razonablemente.

—Hay algunas mierdas en cuestión —contestó Sam; luego dejó en claro que la más importante era una nueva alianza con Elon Musk. El mundo de las criptomonedas vivía en Twitter, y Musk era la voz más fuerte ahí. Con un simple tuit, Musk podía provocar que una estampida de agentes de criptomonedas se cambiara de Coinbase a FTX y viceversa. También controlaba la fortuna privada más grande del mundo, y al usar a Igor Kurganov estaba mandando señales de que estaba dispuesto a destinar algo de esa fortuna a causas altruistas eficaces.

—¿En cuánto estamos pensando? —preguntó Ramnik.

—Tal vez mil millones de dólares —respondió Sam. Una expresión de intranquilidad cruzó por el rostro de Ramnik, pero luego desapareció—. Aunque pueden ser 250 millones —replicó Sam. Una minucia. Tan solo 150 millones más de los cien que ya poseía en acciones de Twitter, y que podían incluir en el trato.

—¿Podemos hablar con Elon? —preguntó Nishad—. ¿En realidad esto iría a acciones de altruismo eficaz?

—Es un tipo raro —contestó Sam levantando la mirada al techo. Con una mano jugueteaba con el *spinner* y con la otra le daba vueltas a un humectante de labios. Detrás de él había una gran ventana. Afuera, una palmera lánguida se doblaba al viento. Más allá, en un campo de asfalto, varios ingenieros jóvenes caminaban de un lado a otro y contaban sus pasos—. Si el dinero fuera su motivación principal, hay mucha gente de la que puede conseguirlo —continuó—. Podría reunirlo en una semana. No son los dólares, se trata de quién ha sido amable con él y quién no.

En el suelo, Nishad parecía pensativo; la expresión de Ramnik a su lado era más difícil de leer.

—Nos pondrá todavía más en el mapa —dijo Sam.

—¿Hay algún motivo por el cual necesitemos estar todavía más en el mapa? —preguntó Nishad.

Era evidente que Sam creía que sí. Twitter lo fascinaba. Había resultado ser la única forma mejor para que una persona como él se comunicara con una gran audiencia. En Twitter se evaporaban todos los problemas que tenía cara a cara con las personas.

—Ha movido los mercados cinco veces más que cualquier otra cosa allá afuera —continuó—. Es una marca muy específica.

—¿Sería de mala educación decir 75 millones? —preguntó Nishad.

—Twitter tiene 230 millones de usuarios activos todos los días —intervino Ramnik—. Si lográramos que tan solo ochenta millones pagaran por usarlo, digamos, unos cinco dólares al mes, eso es un ingreso mensual de cuatrocientos millones de dólares. —Ramnik hacía este tipo de cosas en ocasiones. Ofrecía argumentos para respaldar argumentos que quería presentar Sam, aunque Ramnik prefiriera que no lo hiciera.

—Esta es una dinámica divertida —dijo Nishad interrumpiendo el nuevo tren de pensamiento—: que Elon nos trate como un vehículo de inversión por poder.

Siguieron peloteando la decisión un rato más. La discusión completa no duró más de 15 minutos. En algún punto Sam decidió que ya habían dedicado suficiente tiempo a cada idea útil sobre el tema y pidió que los otros dos votaran.

—No —respondió Nishad.

—No, o una cantidad realmente pequeña —contestó Ramnik.

Y con eso terminó la reunión. De lo que no me di cuenta, pero tanto Nishad como Ramnik ya lo daban por sentado, era que aun así era probable que Sam le diera una fuerte suma de dinero a Elon Musk. Era perfectamente capaz de pedir una votación para luego ignorar el resultado. Y ciertamente, por cuenta propia, Sam pronto le preguntó a Morgan Stanley, quien estaba asesorando y ayudando a financiar la compra de Twitter por parte de Musk, si estarían dispuestos a prestarle mil millones de dólares para invertir en Twitter y si aceptarían sus acciones en FTX como garantía. También le mandó un mensaje a uno de los asesores financieros de Musk para informar que estaba dispuesto a invertir 5 000 millones de dólares si Musk aceptaba cambiar Twitter a una blockchain. Twitter, al igual que otras plataformas de redes sociales, era una isla sin ninguna conexión con las demás redes; si las pones en blockchains, todas podrían ligarse entre sí. Cuando Musk se negó, Sam perdió el interés y decidió no invertir nada. Seis meses después no sabía si todavía poseía los cien millones de dólares de Twitter o si las acciones le habían sido vendidas a Musk.

Nadie tenía el panorama completo del acertijo que Sam había construido con dinero. Tal vez Ramnik tenía el punto de vista más claro, pero incluso este era parcial. En menos de tres años Sam había invertido aproximadamente 5 000 millones de dólares en una cartera de trescientas inversiones separadas, lo que implicaba que cada tres días debía tomar una decisión de inversión. Si Sam dedicaba únicamente unos veinte minutos a decidir si invertir o no mil millones de dólares en Twitter, era porque era el único tiempo que tenía disponible: lo esperaban muchas otras decisiones de inversión. Había invertido en nuevos tokens de criptomonedas, como Solana, y compañías viejas, como la firma de inversiones de Anthony Scaramucci, SkyBridge. Había adquirido empresas obviamente importantes para FTX —por ejemplo, un exchange de criptomonedas japonés llamado Liquid— y compañías que no tenían una conexión obvia con las criptomonedas, como el estudio que había desarrollado *Storybook Brawl*. El dinero casi nunca provenía de FTX, sino de Alameda Research, que Ramnik y los demás veían como el fondo privado de Sam. Con frecuencia Ramnik se veía íntimamente involucrado con una compra, pero casi con la misma frecuencia se enteraba de lo que Sam había hecho después de que lo hiciera. Sam había invertido quinientos millones de dólares en una *start-up* de inteligencia artificial llamada Anthropic, al parecer sin haber discutido la idea con nadie más. «Le dije a Sam después de que lo hiciera: "No sabemos una mierda sobre esta compañía"», dijo Ramnik. Al mismo tiempo que intentaba decidir si meter más dinero en Twitter,

Sam le entregó 450 millones de dólares a una antigua agente de Jane Street llamada Lily Zhang para que creara un segundo negocio cuantitativo de criptomonedas con sede en las Bahamas llamado Modulo Capital. Hasta donde Ramnik podía ver, Sam no le había dicho nada a nadie sino hasta después de hacerlo. En marzo, Sam había prometido invertir 5 000 millones de dólares con un agente de Hollywood convertido en asesor financiero, llamado Michael Kives, sin consultarlo con Ramnik ni con nadie más. Sam había conocido a Kives unas cuantas semanas antes de hacer ese compromiso. No sabía nada de él, ni siquiera cómo pronunciar su nombre.

Cuando se enteraron de que estaba a punto de darle 5 000 millones de dólares a un completo desconocido, Ramnik y los demás en FTX se alarmaron. Con mucha ayuda de los abogados de FTX, Ramnik y Nishad lograron que bajara los 5 000 millones a quinientos millones, o cuando menos pensaron que Sam había accedido a hacerlo. Mucho después Ramnik se enteró de que, como siempre, Sam había hecho lo que quería, y se había comprometido a invertir 3 000 millones de dólares en varios fondos de inversión que llevaba Kives. «Creo que Sam es demasiado confiado. Confía demasiado y demasiado pronto», dijo Ramnik.

Mucho de lo que se hacía en el mundo de Sam se hacía sin las revisiones y balances habituales. A los demás se les hacía difícil quejarse en voz alta. Los tratos parecían involucrar solo el dinero de Sam: ¿por qué no podría hacer lo que quisiera? Aun así, no debía haber muchos otros casos en la historia de la humanidad en que una persona de su edad anduviera tirando las cantidades de dólares que él tiraba sin mucha supervisión adulta, o sin las restricciones habituales de una vida corporativa. Por ejemplo, un consejo directivo. «No es claro si tenemos un consejo directivo real, pero nos lanzan miradas sospechosas si no tenemos uno, entonces tenemos algo con tres personas», contó Sam. Cuando me dijo esto, justo después de su reunión en Twitter, admitió que no podía recordar los nombres de las otras dos personas. «Hace tres meses sabía quiénes eran. Podría haber cambiado. El requisito principal es que no les importe firmar algo en DocuSign a las 3:00 a. m. DocuSign es el trabajo principal», dijo. Luego estaba el CFO. Durante los últimos 18 meses varios inversionistas de riesgo a quienes Sam había permitido invertir en FTX le habían estado diciendo que debía contratar a un adulto serio para que actuara como el jefe financiero de la compañía. «Hay una religión alrededor de un CFO. Les pregunto: "¿Para qué necesito uno?". Algunos no pueden siquiera articular una sola cosa de las que se supone debe hacer un CFO. Me dicen: "Mantener un registro del dinero" o "Hacer proyecciones". Y yo digo: "¿Qué carajos crees que hago todo el día? ¿Crees que no sé cuánto dinero tenemos?"», dijo Sam.

En Hong Kong, con el Cisma todavía fresco, Sam brevemente tuvo la idea de que sería útil tener gente más grande alrededor. «Intentamos tener algunos adultos, pero no hacían nada», admitió. «Esto era cierto en todas las personas mayores de 45 años. Lo único que hacían era preocuparse. Esta es una característica de los adultos: se mueren de miedo por las severas medidas del Gobierno chino sobre las criptomonedas en Hong Kong. Su trabajo era portarse con la seriedad necesaria ante cualquier problema, aunque los problemas no fueran serios. Y no eran capaces de identificarlos. Los reguladores los aterrorizaban. ¡O los impuestos! No es que no los pagáramos, pero pagábamos demasiado y luego, al año siguiente, teníamos pérdidas, pero ya habíamos pagado los impuestos». No era que Sam quisiera pagar menos impuestos, o que los chinos no pudieran, en cualquier momento, entrar, detenerlo y llevárselo a la cárcel. Era que las probabilidades de que pasara algo malo eran bajas, y cualquier cantidad de tiempo que se dedicara a pensar al respecto era un desperdicio. «Era una serie de preocupaciones al azar, completamente desligadas, muchas de las cuales eran en verdad exageradas, demasiado forzadas. La única manera de calmarlos era que hubiera una nueva preocupación para distraerlos de las otras», explicó Sam.

La verdad era que los adultos lo aburrían. Lo único que hacían era retrasarlo.

Unos cuantos meses después, hacia finales de julio de 2022, conocí a Sam junto a una pista de aterrizaje privada en el norte de California. Yo había manejado de mi casa hasta el lugar; él había llegado de un breve retiro con los líderes del altruismo eficaz en el que habían hablado sobre cómo gastar el dinero de Sam. Como siempre, estaba retrasado. Cuando por fin llegó, salió atropelladamente del asiento trasero de un coche negro. En lugar de portafolios llevaba lo que parecía ser un pequeño montón de ropa vieja sucia. Conforme se acercó, vi que era un traje azul y una camisa Brooks Brothers.

—Este es mi traje para D. C. —anunció casi a manera de disculpa—. Por lo regular lo dejo allá. —Dentro de seis horas se suponía que cenaría con Mitch McConnell, senador líder de la minoría, a quien no conocía. Le habían informado que McConnell se ofendería si llegaba vestido con shorts—. McConnell en serio se fija en la ropa que usas —dijo Sam mientras subía las escaleras del avión privado y aventaba el traje hecho bola en un asiento desocupado—. Además, debes llamarlo «Líder» o «Líder McConnel» o «Señor líder». Lo estuve practicando para asegurarme de no cagarla. En particular porque es muy tentador decir: «Querido líder».

Le eché un vistazo al bulto de ropa. Las arrugas no eran nuevas y ligeras, sino viejas y profundas, se le quitarían con tiempo y esfuerzo. Era difícil ver que esa ropa le sirviera en tal situación.

—¿Tienes cinturón? —le pregunté.

—No, no tengo cinturón —contestó al mismo tiempo que extendía la mano hacia una canasta de tentempiés veganos, agarraba una bolsa de palomitas y se dejaba caer en el asiento.

—¿Zapatos?

—Eh… no —contestó.

Era como si nada más hubiera recibido una sola instrucción: «Lleva un traje». Quienquiera que lo hubiera mandado, había omitido agregar: «Asegúrate de que esté presentable, también de tener todo lo demás que necesites para satisfacer la necesidad de Mitch McConnell de que sus compañeros de cena lleguen bien vestidos», entonces, Sam no se había molestado en pensar qué otra cosa podría necesitar para que un traje estuviera completo. Hacía mucho este tipo de cosas. Siete meses antes había testificado sobre una regulación de criptomonedas ante el Comité de la Cámara de Servicios Financieros de Estados Unidos. Alguien fotografió sus pies por debajo de la mesa: las agujetas de sus zapatos de vestir nuevos seguían amarradas hacia un lado, como vienen en la caja. Alguien debió haberle pasado los zapatos sin más instrucción que: «Deberías ponerte esto».

En todo caso, este único elemento diferenciaba los viajes de Sam a Washington, D. C., de todos los demás viajes que hacía. Solo en D. C. utilizaba traje: lo que estaba en riesgo justificaba el sacrificio. En décadas recientes las leyes en Estados Unidos se habían suavizado un poco, de tal manera que los individuos e incluso las corporaciones podían donar sumas ilimitadas de dinero a las campañas políticas y a los comités de acción política (super PAC,[2] por sus siglas en inglés), sin que el pueblo estadounidense pudiera ver qué estaban haciendo o por qué. Lo que sorprendió a Sam una vez que tuvo cantidades ilimitadas de dinero era lo lento que se habían adaptado los ricos y las corporaciones a este nuevo ambiente político. El Gobierno estadounidense ejercía una influencia enorme en prácticamente todas las cosas bajo el sol, y tal vez en unas cuantas más encima de este. En el curso de un solo mandato de cuatro años un presidente, trabajando con el Congreso, manejaba el gasto de aproximadamente 15 billones de dólares. Y aun así, en 2016, la suma total de gastos de todos los candidatos en

[2] Los super PAC son entidades políticas que, a diferencia de otras organizaciones, pueden recaudar y gastar fondos ilimitados; y aunque pueden apoyar u oponerse a cualquier candidato, deben hacerlo de manera independiente a este (*n. de la t.*).

la carrera presidencial y para el Congreso ascendió a tan solo 6 500 millones de dólares. «Parece que no hay suficiente dinero en la política. La gente lo está subestimando. Lo raro es que Warren Buffett no esté dando 2 000 millones de dólares al año», dijo Sam.

Sam estaba creando otro acertijo monetario dentro de la política de Estados Unidos: incluso después de que hubiera soltado miles de millones de dólares en varias inversiones de capital de riesgo, estaba dispuesto a gastar cientos de millones más para influenciar la política pública. Después, todo lo que había hecho se reinterpretaría con un mayor cinismo que en el momento inicial, pero incluso en el momento inicial mucha gente se hacía preguntas sobre él, y muchas de ellas erraban el punto. Sus gastos políticos estaban distribuidos de manera general en tres rubros. El primero y más pequeño era el que contenía sus estrechos intereses comerciales: unos cuantos millones de dólares en donaciones a políticos y grupos de interés, dispuestos a presionar para que pasara alguna legislación que permitiera a los estadounidenses hacer transacciones con los contratos de criptomonedas en FTX en el país, de la misma manera que los extranjeros lo hacían en otros países. Le sorprendía otro rasgo extraño y sin sentido del mundo adulto: que Estados Unidos hiciera una excepción con los valores o cualquier cosa que pudiera considerarse un valor, cuando por otro lado estaba dispuesto a someter a los ciudadanos más pobres y vulnerables a las loterías y casinos estatales, además de otros juegos de azar en los que las probabilidades estaban en contra de la gente. Pero esas eran las reglas de este nuevo juego, y Sam había decidido, con ciertas dudas sobre lo fácil que sería controlarlas, que intentaría cambiarlas, en lugar de hacer lo que los otros exchanges estaban haciendo: ignorarlas.

Curiosamente, el dinero que le dio a la gente para que le facilitara hacer todavía más dinero era el dinero más evidente para los demás. Todo podía rastrearse sin mucho problema hasta Sam, FTX o grupos de interés de criptomonedas. Eran los otros dos rubros —el dinero que tenía poco que ver son sus estrechos intereses financieros—

los que eran turbios. Sus intentos por cambiar el mundo como creía que debía cambiarse tenían poco que ver con su negocio. Pero, para que fuera efectivo, tenía que esconder lo que estaba haciendo, pues otros podrían suponer que el objetivo de sus donaciones era darle forma a la legislación sobre las criptomonedas. Para algunas mentes razonables, «criptomoneda» era sinónimo de «criminal». «El problema era que si se divulgaba, todos supondrían que era dinero de las criptomonedas», dijo. Era más difícil donar dinero de las criptomonedas de lo que debería haber sido, desde el punto de vista de Sam. A los políticos y los grupos de interés no siempre les gustaba cómo se vería si lo aceptaran, aunque no estuvieran seguros de cómo era que se veía. «Ahí no hay nada concreto», dijo Sam. «Solo se sentían incómodos». Su inconformidad podría acarrear resultados extraños. «Teníamos un grupo que decía: "Sí, de verdad estamos agradecidos, pero no sería bueno que aceptara dinero de FTX, entonces no puedo aceptarlo, además, ya encontré otra fuente de donación". Esa otra fuente era mi hermano Gabe».

Desde el punto de vista de Sam, su dinero no era de las criptomonedas. Era dinero altruista eficaz que por casualidad había obtenido a través de las criptomonedas. Junto con su hermano, Sam había visto al mundo y había decidido que tenía más sentido dirigir su dinero a dos causas relacionadas con el altruismo eficaz que a cualquier otra. Y mucho del dinero debía ser furtivo.

Su primera iniciativa no tan furtiva fue la prevención de una pandemia. En la lista de riesgos existenciales para la humanidad, las pandemias ocupaban un lugar especial. A diferencia, por ejemplo, de las amenazas que representan el posible impacto de un asteroide, el cambio climático o una guerra contra la humanidad provocada por la inteligencia artificial, en el escenario de una pandemia, que sí era más probable, era posible persuadir a los políticos para que la tomaran en serio, pero difícilmente alguien hablaba o pensaba en realidad en cómo abordar el problema (incluso después de que millones de estadounidenses hubieran muerto debido a un patógeno nuevo), y sí había algunas acciones obvias que, aunque costosas, se podían llevar a cabo para mitigar el riesgo. Por ejemplo, alguien debería tomar el liderazgo en la creación de un sistema global para la predicción de enfermedades, parecido al sistema global para la predicción del clima. Sam suponía que se necesitarían unos 10 000 millones de dólares, algo que estaba fuera de su alcance. «Si fuera diez veces menor, sería posible que lo hiciera yo mismo. Si FTX termina siendo seis veces más grande de lo que somos hoy, tendríamos que volver a los cálculos», dijo. Tal vez en ese momento no tenía el dinero para hacerlo por sí mismo, pero sí lo tenía para persuadir al Gobierno de Estados Unidos para que lo hiciera. Este tema era el motivo, aunque no el principal, de su cena con Mitch McConnell: discutir una iniciativa para entregar 10 000 millones de dólares para poder responder ante una pandemia a una entidad dentro del Departamento de Salud y Servicios Humanos, llamada Autoridad de Investigación y Desarrollo Biomédico Avanzado. McConnell era republicano y, en teoría, contrario a los grandes gastos del gobierno. Pero Sam ya había decidido que estos políticos eran recursos mucho más complejos de lo que sus identidades tribales podrían sugerir. «Es un sobreviviente de polio. Y creo que está interesado», dijo Sam.

Persuadir a funcionarios electos para que se interesaran en la pandemia solo era una parte de la estrategia de Sam. La segunda parte era lograr que llegaran al Congreso algunos nuevos guerreros de la pandemia. El grupo de operación política de Sam había descubierto, o eso creía, que tenía mucho más sentido gastar dinero en las elecciones primarias en lugar de en las generales. Podía persuadirse a los votantes en las primarias, cosa que no pasaba en las generales. Mucha de la persuasión en las primarias dependía del reconocimiento del nombre, cosa que se podía hacer con anuncios. También habían descubierto, o cuando menos eso creían, que un millón de dólares en una primaria cerrada en el Congreso les daba una probabilidad de uno en cinco de favorecer a su candidato. El problema era que no tenían forma de saber por adelantado a cuál de los cinco podrían influenciar. Y entonces adoptaron la estrategia de buscar a todos los candidatos al Congreso que pudieran y que apoyarían el gasto en la prevención de una pandemia y comprar su elección al por mayor, y al mismo tiempo hacer su mejor esfuerzo para simular que el dinero tenía algo que ver con las criptomonedas.

Claro, ganar una de cinco carreras al Congreso significaba que habías perdido las otras cuatro. El portafolios político de Sam se parecía a su portafolios de capital de riesgo: en busca de recompensas locas, tomaba lo que, después de los hechos, parecían riesgos demenciales. En muy poco tiempo el dinero de Sam había financiado algunos de los fracasos más espectaculares en la historia de la manipulación política.

Por ejemplo, Carrick Flynn. Cuando Sam se topó con él, Carrick Flynn era un recién llegado a la política de cargos de elección. Era el arquetipo del experto en política en Washington, D. C. —uno de los subordinados sin rostro de traje azul que se sientan a lo largo de la pared detrás de la gente más importante, y que ocasionalmente se levanta y les susurra algo al oído—. El rasgo más importante de Carrick Flynn era, desde el punto de vista de Sam, su completo dominio y compromiso en la prevención de pandemias. Su segundo rasgo más importante era ser un AE. Se podía confiar en que se apegaría a los cálculos en lugar de dejarse llevar por sentimientos confusos. Convenientemente, recién se había mudado de D. C. a un nuevo distrito congresista de izquierda en las afueras de Portland, Oregón. El escaño era tan valioso que finalmente otros 15 candidatos se sumarían a la carrera. Flynn les pidió a algunos compañeros AE su opinión sobre que él entrara a la carrera por el Congreso. Como candidato político tenía debilidades obvias: además de conocer Washington y ser un poco oportunista, le aterraba hablar en público y era sensible a las críticas. Se describía a sí mismo como «muy introvertido». Y aun así, ninguno de los AE podía ver una buena razón para que no lo hiciera, y entonces presentó su candidatura. En algún momento del camino altruista eficaz había conocido a Sam. Tenía la sensación de que él podría apoyarlo, pero no tenía idea de lo que eso significaba. El escritor Dave Weigel capturó el momento en el que Flynn se enteró de la noticia, en el inicio de su artículo en el *Washington Post*:

> —Estábamos viendo juntos un video de YouTube, era un tutorial sobre algo —dijo Flynn, sentado con su esposa, Kathryn Mecrow-Flynn, después de un desayuno en la Cámara de Comercio de Estados Unidos la semana pasada, en el que él y otros candidatos congresistas demócratas escucharon una presentación sobre el crimen suburbano.
>
> —De pronto escuchamos una voz decir: ¡CARRICK FLYNN! —recordó Mecrow-Flynn.
>
> —Y yo tenía un agua en la mano —dijo Flynn.
>
> —Era Mountain Dew —lo corrigió Mecrow-Flynn.
>
> —Debe haber sido Diet Mountain Dew —comentó con más confianza Flynn.

Lo que fuera que estuviera tomando, al escuchar su nombre en un anuncio político pagado, Flynn lo escupió. Fue la primera descarga del equivalente político de la invasión del Día D. El equipo político de Sam tomó *diez millones de dólares* del dinero de Sam, los cargaron en bazucas y los dispararon sobre los suburbios de Portland. Esta pequeña primaria se convirtió en la más cara en la historia de Oregón. Luego se convirtió en la tercera primaria demócrata de la Cámara más cara en todo el país. El intento de Sam de convertir a Carrick Flynn en un congresista fue más un asalto a los sentidos de la población local que una campaña política. «Estar en ella en realidad era como estar en un episodio de *Veep*»,[3] dijo Tess Seger, quien dirigió la campaña de un rival demócrata. «Los comentaristas deportivos que reportan sobre los Trail Blazers de Portland se quejaban sobre cuántos anuncios había. Todo se hizo de manera poco artística».

Los efectos de la falta de arte en la política no son predecibles, pero tiene cierto sentido lo que pasó después. La gente descubrió de dónde provenía el dinero para todos esos anuncios de Carrick Flynn. Los otros ocho demócratas se unieron para denunciarlo. «Mr. Creepy Funds» (señor Fondos Tenebrosos), lo llamó uno. «Es un multimillonario de las Bahamas que intenta comprar un distrito del Congreso en Oregón», dijo otro. ¡Y así era! Sam estaba intentando comprar un escaño en el Congreso para que este finalmente comenzara a abordar un riesgo existencial para la humanidad. El pueblo de Oregón no solo no apreció el esfuerzo; mucha gente comenzó a odiar a Carrick Flynn. Y él no podía ignorar su sentir. Se fue a la mitad de un debate cuando otro candidato lo atacó. Sus declaraciones públicas comenzaron a parecerles erráticas y poco sabias incluso a sus patrocinadores financieros. «Lo lastimó mucho que la gente comenzara a decir cosas malas sobre él. Insultó a los búhos, sin darse cuenta de que hay una gran comunidad de búhos en Oregón»,[4] dijo Sam.

Al final, que llegó el 17 de mayo de 2022, Carrick Flynn obtuvo el 19% del voto popular y terminó en un respetable, pero distante, segundo lugar ante Andrea Salinas, quien ganó con el 37% de los votos. Por cada voto que obtuvo Carrick Flynn, Sam gastó poco

3 Comedia de corte político estelarizada por Julia-Louis Dreyfus (*n. de la t.*).

4 En un pódcast, Flynn se puso del lado de un grupo de extrema derecha llamado Timber Unity en sus quejas sobre lo que consideraba como restricciones excesivas a la actividad económica en el hábitat de una especie en peligro de extinción, el búho moteado del norte. «Hay gente en la ciudad que decía: "Oh, mira. Ahí hay un búho, ¿no es genial?"», dijo Flynn. «"Vamos a destruir todas las formas de sustento en tu comunidad porque nos gusta este búho"… Ya sabes, es como decir: "Oh, me gusta esta exhibición en el zoológico más que a todos los que conoces"». Muchas de estas personas en la ciudad resultaron ser electores en su elección.

menos de mil dólares. De hecho, eso no le importó mucho. Había aprendido una lección: hay candidatos políticos que no ganan sin importar cuánto dinero se les invierta. «Hay límites para lo que el dinero puede comprar», dijo Sam.

En cualquier caso, para Sam, el dinero que había gastado en Carrick Flynn había sido una gota en su segundo rubro. Otras carreras al Congreso habían salido mejor. También tenía otro rubro, más prometedor, una forma de gastar en política que era aún más difícil de ver que las otros dos. Para que los votantes no supieran de dónde había salido el dinero este rubro sería controlado en gran medida por Mitch McConnell, o amigos suyos. Para que el encubrimiento fuera legal, Sam y McConnell no hablarían sobre en qué se utilizaría el dinero. Y eso era justamente el trasfondo de la cena a la que se dirigía Sam, porque había encontrado en McConnell a alguien tan interesado como él en otra amenaza existencial para la humanidad: Donald Trump. El asalto de Trump al Gobierno y a la integridad de las elecciones estadounidenses pertenecía, desde el punto de vista de Sam, a la misma lista de las pandemias, la inteligencia artificial y el cambio climático. Por todo el país, las primarias republicanas estuvieron llenas de candidatos dispuestos a comportarse como si a Trump le hubieran robado la elección presidencial. Se enfrentaron a candidatos que se vieron obligados a apoyar superficialmente la idea. La gente de McConnell ya había descifrado quiénes, y McConnell pretendía derrotar a los primeros. «Ya había hecho el trabajo», dijo Sam. Añadió que el trabajo era distinguir a la «gente que intentaría gobernar de verdad versus la gente que socavaría al gobierno».

En ese momento Sam planeaba dar entre 15 y treinta millones de dólares a McConnell para derrotar a los candidatos más trumpistas en las elecciones del Senado. En un frente aparte, me explicó conforme el avión descendía sobre Washington, D. C., estaba explorando qué tan legal sería pagarle al mismo Donald Trump para que no se presentara como candidato a la presidencia. De alguna forma su equipo había creado un canal secundario dentro de la operación Trump y había regresado con la no tan impactante noticia de que tal vez Trump sí tenía un precio: 5 000 millones de dólares. O cuando menos eso fue lo que le dijo a Sam su equipo.

Era interesante, especialmente en retrospectiva, lo bien que la mente de Sam podía comprender a Donald Trump. En ese momento su equipo estaba utilizando la misteriosa línea de comunicación dentro del terreno de Trump para sembrarle a este una idea. En Missouri, un ferviente trumpista llamado Eric Greitens se encontraba en lo que parecía ser una carrera cerrada contra un trumpista menos entusiasta llamado Eric Schmitt. Schmitt quería gobernar; Greitens quería derribar todo. Trump todavía no había intervenido en la carrera, y el temor era que su apoyo podría inclinar las elecciones hacia Greitens. El equipo de Sam había tenido una idea que, Sam afirmaba, en ese mismo instante le estaba llegando al mismo Trump. La idea era persuadirlo de que saliera a decir: «¡Apoyo a Eric!», sin especificar a cuál Eric estaba apoyando. Después de todo, a Trump no le importaba realmente quién ganara. Lo único que quería era que lo vieran apoyando al ganador. Si decía que apoyaba a Eric, se llevaría el crédito por quienquiera que ganara. «¡Apoyo a Eric!» atraería aún más atención hacia Trump que un apoyo más específico y la atención era lo único que le importaba a fin de cuentas. «Es típico de Trump. Se convertiría en un meme», dijo Sam.

Al mismo tiempo que decía eso, se echó palomitas en la boca, con un movimiento torpe, muy parecido a un burdo tiro al aro. Atinaba 60 % y el resto de las palomitas volaba por todos lados. No pudo agarrar bien un plato de nueces calientes cuando pasaron a su lado durante el despegue, y seguían todas regadas a su alrededor. Mientras ordenaba el mundo político en su mente, generaba un caos en el espacio que ocupaba. Finalmente aterrizamos y corrió a su cena, dejando que alguien más limpiara el desastre.

Habíamos acordado reunirnos dos días después por la mañana en la casa adosada en la parte trasera de Capitol Hill, que servía como sede de Guarding Against Pandemics, la organización que Sam pagaba y que Gabe dirigía. Una vez más estaba retrasado. Una vez más salió atropelladamente de la parte trasera de un coche, en esta ocasión un taxi regular de D. C. Y una vez más llevaba en las manos un traje hecho bola, pero en esta ocasión, al bajar del coche, cayó de la bola en sus manos un zapato de vestir café. Cuando se agachó para recogerlo el otro zapato cayó debajo del coche. Fue en ese momento que me percaté de que el color del traje había cambiado: alguien había tomado el traje arrugado con el que había llegado y lo había reemplazado por otro, planchado, y que ahora era ropa sucia. Observé a Sam entrar en la casa, abrir un clóset y, sin mirar siquiera los ganchos vacíos, aventar la bola de ropa al piso. Luego nos fuimos juntos en coche al aeropuerto y de regreso a las Bahamas.

Dos días después Trump anunció en su red social, Truth Social, su intención de decir a qué candidato apoyaba en la elección al Senado de Missouri. Acto seguido publicó una declaración: «¡ERIC tiene mi Apoyo Total y Absoluto!».[5]

El sol se estaba poniendo en el resort Albany cuando los AE se reunieron para discutir la forma en que podrían donar su dinero. Como gente rica vestida para un evento formal, los edificios alrededor del puerto deportivo lucían su mejor aspecto cuando se bajaba la luz. Bajo el sol de mediodía solo eran siete monstruosidades vulgares de un blanco cegador apenas distinguibles entre sí. Pero después del atardecer, cuando se iluminaban artificialmente, sus nombres cobraban

5 Inmediatamente, tanto Eric Greitens como Eric Schmitt afirmaron contar con el apoyo de Trump y, por tanto, la influencia de este se neutralizó. Eric Schmitt terminó ganando las elecciones tanto primarias como generales y ahora se encuentra en el Senado de Estados Unidos.

sentido. La fachada de un edificio llamado Honeycomb se convertía en un montón de hexágonos de cera. El llamado Cube se revelaba como un revoltijo seductoramente desigual de rectángulos. Orchid —el edificio más cercano al océano, el que tenía la mayor parte de vistas panorámicas— era más sutil. No se parecía en nada a una orquídea bajo ninguna luz, pero el exterior estaba envuelto con una funda de aluminio, cuyo patrón estaba diseñado para recordar esa flor tropical —de la misma forma que el exterior planeado de la nueva sede de FTX pretendía evocar el corte afro / judío de Sam. En la noche, el penthouse se iluminaba de color púrpura, y esa luz lo hacía parecer glamoroso y provocaba envidias incluso entre aquellos acostumbrados a ser objetos de envidia. Ahí era donde vivían los AE, cuando menos hasta que Caroline echó a Sam. Gary, Nishad, Caroline, y el mejor amigo de la universidad de Sam, Adam Yedidia, dormían en habitaciones más o menos iguales, todos con sus parejas, salvo Caroline.

El interior del penthouse del edificio Orchid contenía más cosas para impresionarte, si eras alguien impresionable. Tres mil quinientos metros cuadrados de superficie, con pisos de mármol, habían sido decorados con suficiente lujo como para persuadir a cualquier persona rica normal de que todo sacrificio que hubiera hecho para adquirir semejante cosa valía la pena. El problema era que la gente rica en el interior no era normal. Los AE ya casi habían arruinado el esplendor. Una pared ahora se encontraba oscurecida por una fila de monitores cuyos cables corrían por el mármol como lianas de la jungla. Un librero barato, parecido a los de Ikea, gemía bajo el peso de los juegos de mesa favoritos de los AE: Galaxy Trucker, Wingspan, 7 Wonders, y más de un ajedrez. La sala estaba invadida por un gigantesco monitor para videojuegos. Junto con las diversas chucherías de cristal y plata que evidentemente eran parte del lugar, los AE habían depositado, sin pies ni cabeza, un montón de tonterías que les había dado flojera tirar: libros cuyos autores se los habían regalado a Sam y que nunca había leído, una pelota firmada que Shaquille O'Neal le había dado a Sam, equipo para fans enviado por varias ligas deportivas profesionales. De hecho, habían convertido un departamento de treinta millones de dólares en un albergue de mala muerte. Tenían una vista envidiable desde el balcón envolvente en el sexto piso, y aun así, rara vez siquiera le echaban un vistazo. Justo debajo había una playa semiprivada, tan cerca, que desde su balcón Tom Brady podría haber lanzado el balón de Shaquille O'Neal. Nishad Singh había ido a esa playa solo una vez en un año de esta nueva vida en las Bahamas, y solo lo hizo porque algunos parientes estaban de visita. Una vez más que Sam, y lo más probable más que Gary también.

Caroline apareció con una copa de vino, que aquí implicaba un acto de hedonismo, y comenzó la reunión. En la división de hacer dinero en FTX estaban ella, Sam, Gary y Nishad; en la parte de las donaciones estaban los cuatro empleados que trabajaban en el ala filantrópica de FTX. Estos compartían el hábito de sus empleadores de convertir las decisiones de vida en cálculos de valor esperado, y sus cálculos internos arrojaban resultados sorprendentemente parecidos. En 2020 Avital Balwit había ganado la beca Rodhes y la había rechazado, primero para dirigir la campaña de Carrick Flynn y luego para donar el dinero de FTX. Leopold Aschenbrenner, quien había entrado en la Universidad de Columbia a los 15 años, y se había graduado cuatro años más tarde con las mejores calificaciones, había declinado un lugar en la Escuela de Derecho de Yale para trabajar en esta nueva filantropía. Su jefe, un antiguo filósofo de Oxford llamado Nick Beckstead, también estaba presente, así como su gurú espiritual, Will MacAskill, quien por supuesto, de alguna manera, era responsable de que todos, incluido Sam, estuvieran ahí.

Desde que MacAskill convenció a Sam, allá en el otoño de 2012, de ganar para dar, el movimiento altruista evidentemente había cambiado. Le interesaba mucho menos salvar la vida de los seres humanos existentes que la de los futuros. A principios de 2020 el cofundador del movimiento, Toby Ord, publicó un libro, *The Precipice* (El precipicio), que detallaba cuál había sido su forma de pensar (y la de todos en el penthouse) desde hacía ya un tiempo. En él ofrecía estimaciones aproximadas de la probabilidad de varios riesgos existenciales para la humanidad. La posibilidad de una explosión estelar la puso en una en mil millones y el impacto de un asteroide en una en un millón. Los riesgos provocados por el hombre de las bombas nucleares y el cambio climático tenían una posibilidad de uno en mil de borrar a la especie completa. A un patógeno creado por el hombre, a diferencia de una enfermedad natural, le dio una posibilidad de uno en treinta. Ord argumentaba que la amenaza más probable para la humanidad era la inteligencia artificial fuera de control. A la posibilidad de que la IA acabara con la vida como la conocemos la puso en uno de diez. «Si pasa, nos eliminará a todos. En cuanto al riesgo biológico, no sé, aunque la situación se pusiera realmente mal, no tendría la inteligencia para eliminar a los que sobrevivieran como sí podría hacer la inteligencia artificial», explicó Sam.

Una respuesta a este tipo de cálculos es que son una especie de ciencia ficción extravagante. Nadie sabe en realidad cuáles son las probabilidades de todas estas cosas, y tu disposición a presentar cifras debería hacerte un sujeto menos, y no más, creíble en la materia. Y aun así… es evidente que hay *cierta* posibilidad de que todas estas cosas terribles pasen. Y si hay *cierta* posibilidad, ¿cómo podrías no intentar adivinar cuál es? Eres libre de objetar sobre posibilidades específicas. Sin embargo, una vez que comiences a discutir, descubrirás que es imposible escapar a cierta lógica: el valor esperado de reducir incluso la más minúscula probabilidad de una amenaza existencial para todos los seres humanos futuros es mucho más grande que el valor esperado de lo que puedas hacer para salvar la vida de la gente viva actualmente. «El argumento central era que, mira, el futuro es vasto, puedes intentar ponerle un número, pero evidentemente cualquier cosa en esa dirección va a tener un gran multiplicador», concluyó Sam.

Un día, algún historiador sobre altruismo eficaz se maravillará sobre lo fácil que el movimiento se transformó a sí mismo. Le dio la espalda a la gente viva, en realidad sin derramar sangre, ni muchos gritos. Podrías pensar que gente que había sacrificado fama y fortuna para salvar niños pobres en África se rebelaría ante la idea de dejar de hacerlo para salvar niños futuros en otra galaxia. Pero no lo hicieron, no en realidad, lo que te dice algo sobre el papel que juega el sentimiento humano, común y corriente, en el movimiento. No importaba. Lo único que importaba eran los cálculos. El altruismo eficaz nunca obtuvo su carga emocional de los mismos lugares de donde la obtenía la filantropía común y corriente. Siempre era impulsado por el firme deseo de encontrar la forma más lógica de llevar una buena vida.

De cualquier forma, la gente sentada alrededor de la sala de Sam hablando sobre en qué se gastaba el dinero de Sam no hablaba de la compra de mosquiteras para niños en África para prevenir la malaria. Buscaban formas más inteligentes de reducir el riesgo existencial. Las sumas que podían donar estaban a punto de incrementarse de manera dramática, o cuando menos eso creía. Después de entregar treinta millones de dólares en 2021, estaban en camino de repartir trescientos millones de dólares en 2022, y luego mil millones en 2023. Como Nishad me lo había dicho hacía no mucho: «Finalmente vamos a dejar de hablar sobre hacer el bien y vamos a comenzar a hacerlo».

La lista de cosas que acababan o que estaban a punto de hacer… bueno, pronto sería completamente irrelevante. Pero en retrospectiva, sería interesante por otros motivos. Hablaron durante un tiempo sobre las propuestas que habían recibido y podrían financiar. Por ejemplo, un economista de Stanford esperaba comenzar una nueva universidad que se enfocara únicamente en inteligencia artificial y biotecnología, que reclutara estudiantes entre gente joven proveniente de familias de medianos y bajos ingresos en países en desarrollo. Un ingeniero en un centro de investigación especializado en riesgo catastrófico quería lanzar un satélite de comunicaciones que sirviera como canal de respaldo para los servicios de emergencia si el 911 se caía. Un equipo llamado Apollo Academic Surveys había creado, con dinero de FTX, un mecanismo para determinar rápidamente cuál era el consenso de los expertos sobre cualquier tema. Curiosamente, solo la economía tenía una herramienta así. La primera pregunta que ingresaron fue cuál era la probabilidad de que la Tierra fuera destruida por un asteroide. Resultó ser que no era tan probable. «Una cosa menos por la que preocuparse», dijo Avital.

Tenían apenas un año haciendo esto y ya habían reunido casi dos mil proyectos por el estilo. Habían donado algo de dinero, pero en el proceso habían llegado a la conclusión de que la filantropía convencional era un poco tonta. Tan solo lidiar con las solicitudes que recibían —muchas de las cuales no podían evaluar— requeriría una gran cantidad de personal y un gasto enorme. Mucho del dinero terminaría utilizándose en una gigantesca burocracia. Y entonces acababan de adoptar un nuevo acercamiento: en lugar de dar el dinero ellos mismos, exploraron el mundo en busca de expertos en las materias que pudieran tener mejores ideas sobre en qué donar el dinero. Durante los seis meses previos, cien personas con un profundo conocimiento en la prevención de pandemias e inteligencia artificial habían recibido un correo electrónico de FTX que decía, textualmente: «Ey, no nos conoces, pero aquí tienes un millón de dólares, sin condición alguna. Tu trabajo es donarlo de la forma más eficaz que puedas». La fundación FTX, iniciada a principios de 2021, rastreaba lo que esta gente hacía con el millón de dólares, pero únicamente para decidir si les darían más dinero. «Intentamos no juzgar mucho una vez que tienen el dinero. Pero tal vez no les volvamos a dar más», dijo Sam. En primer lugar, la esperanza era que estas personas en el campo supieran mejor que nadie qué hacer con el dinero; en segundo lugar, que algunas de ellas pudieran, realmente, tener excelentes ideas para darlo. «Es tratar de superar la vacilación. La tendencia natural a no hacer nada», dijo Sam.

Los AE terminaron su primera reunión a la medianoche, luego regresaron a la mañana siguiente y estuvieron hablando hasta la una de la madrugada. Nishad y Sam hablaron un poco, Caroline tomaba algo de vino y hablaba menos, Gary no dijo absolutamente nada. Avanzaban rápido, como siempre hacía Sam. En algún punto dijo: «Si tiras una cuarta parte del dinero es algo muy triste, pero si te permite triplicar la eficacidad del resto, eso es ganancia».

Y había otro juego. Consistía en que él, Nishad, Gary y Caroline generaran cientos de miles de millones de dólares y que los utilizaran para reducir la probabilidad de que el gran experimento llegara a su fin. Como todos los juegos que le gustaban a Sam, este se jugaba con un reloj. De alguna forma había decidido que había pocas probabilidades de que él o, en realidad, la mayoría de la gente, hiciera algo importante después de los 40 años. Aquí estaba el motivo por el cual no dormía, no hacía ejercicio ni comía adecuadamente, y siempre prefería la acción a quedarse sentado. Tenía que moverse rápido. No creía que los últimos años de su vida tuvieran mucho valor esperado. Creía que contaban con quizá unos diez o, cuando mucho, unos quince años para contribuir a salvar a la especie.

Resultó que solo tenían cinco semanas.

En los últimos días de octubre de 2022 podrías haber registrado las cabañas de la jungla como loco y no habrías tenido la más ligera sospecha de que algo estaba mal. Caminando por el terreno de asfalto hacia la cabaña número 27 me topé con Ramnik y su esposa, Mallika Chawla. Incluso con la caída del precio del bitcoin, el humor de Ramnik alcanzaba nuevas alturas todos los días. Al usar el dinero de Sam —o lo que suponía era el dinero de Sam— estaba jugando un nuevo y curioso papel en las finanzas de las criptomonedas. Entre el inicio del estallido en 2017 y junio de 2022 las criptomonedas habían imitado a las instituciones financieras tradicionales, sin las reglas, las regulaciones y las protecciones de inversionistas que existían en ellas. Tenían agentes. También tenían sus propios bancos y seudobancos que pagaban intereses en criptomonedas por depósitos en criptomonedas, aunque no ofrecían un seguro sobre dichos depósitos. Los bancos prestaban nuevamente el dinero a tasas de interés más altas a fondos de cobertura de criptomonedas, sin que nadie tuviera realmente idea de lo que esos fondos hacían con el dinero. Tenían exchanges que no solo facilitaban transacciones con criptomonedas, sino que también guardaban el dinero de sus clientes, sin que ningún regulador prestara mucha atención a la forma en que lo hacían. Incluso tenían el equivalente a dólares estadounidenses en la forma de stablecoins. Estos eran monedas digitales en un blockchain, como bitcoin, pero, a diferencia de bitcoin, se encontraba respaldado por dólares reales. Por cada stablecoin valorado en un dólar, se suponía que había un dólar depositado en un banco auténtico, asegurado por la Corporación Federal de Seguros de Depósitos. No obstante, no había pruebas de que esos dólares estuvieran ahí.

Toda la estructura se basaba en una cantidad fantástica de confianza. Para finales de octubre ya no había dicha confianza y las criptomonedas se encontraban en una versión mejorada de una crisis financiera anticuada. A finales de junio había estallado el segundo fondo de cobertura más grande después de Alameda Research, Three Arrows Capital. Los bancos y seudobancos sufrieron retiros masivos y colapsaron. A diferencia de una crisis financiera tradicional, no había un gobierno que interviniera para calmar las cosas. La crisis financiera de 2008 solo se había apagado después de que los Gobiernos acordaron rescatar a los bancos. La crisis en las criptomonedas de 2022 carecía de este mecanismo. En lugar del gobierno, las criptomonedas tenían a Sam. O, más bien, tenían a Ramnik, quien se encontraba ocupado evaluando a cuál de los negocios en criptomonedas salvar y a cuál dejar morir. Sam nunca había sido tan importante y, por asociación, tampoco Ramnik. «Es una expresión de la pérdida de la confianza. Ahora es confianza en Sam», dijo alguien cercano al negocio.

Confiar en Sam significaba confiar en Ramnik, quien se encontraba dando los toques finales a la compra de dos bancos de criptomonedas en quiebra, Voyager Digital y BlockFi. En su mejor momento, ambos habían estado valorados en aproximadamente 7000 millones de dólares. Ahora Ramnik los estaba comprando por no más de doscientos millones de dólares. Una suma ridícula.

O cuando menos eso parecía. Ramnik le había preguntado hacía poco a Sam cuánto capital debería considerar como disponible para posibles adquisiciones, y Sam le había contestado: «Solo dime si llegas a los mil millones». Dos años antes Ramnik era un sujeto con la esperanza de poder caminar hacia su trabajo por las mañanas. Ahora era la mano derecha del J. P. Morgan de las criptomonedas. Delante de su esposa resplandecía con el placer y la gloria de todo ello.

—Lo que no entiendo es cómo sabe hacer todo esto —le dije a su esposa mientras caminábamos hacia la cabaña 27.

—¡Ajá! —exclamó ella radiante—. Le pregunto lo mismo todo el tiempo. «¿Cómo sabes?». Simplemente lo sabe.

9

La desaparición

Solo me fui más o menos una semana. Cuando regresé, Ramnik, junto con prácticamente todo el organigrama, había huido de la isla. Un porcentaje significativo de la flotilla de coches de la empresa había sido abandonado, con las llaves adentro, en el aeropuerto de las Bahamas. Era una escena extraña: empleados aterrados de FTX y Alameda Research tratando de escapar entre una marea entrante de turistas desprevenidos con chanclas y camisas florales. Mientras se cruzaban por la terminal, pantallas enormes en el aeropuerto mostraban un mensaje sobre sus cabezas: «Obtén criptomonedas gratis en cualquier momento, en cualquier lugar. Descarga la app de FTX». El 11 de noviembre, el día en que llegué, los letreros en las paredes del aeropuerto seguían promocionando animadamente las criptomonedas, aunque a las 4:30 a. m. Sam había firmado vía DocuSign los papeles que declaraban la bancarrota de FTX en Estados Unidos.

Ya era tarde cuando Natalie me recogió en el aeropuerto en uno de los pocos coches que los acreedores locales no habían rastreado y embargado. La noche anterior había renunciado a su puesto de jefa de Relaciones Públicas y administradora de la vida de Sam. Tenía planeado irse a la mañana siguiente sin la mayor parte de sus posesiones y sin siquiera una idea clara de lo que había pasado. Sabía lo mismo que todos los demás: cuando menos 8 000 millones de dólares pertenecientes a agentes de criptomonedas y que debían estar sanos y salvos dentro de FTX habían terminado en Alameda Research. No era claro el destino de esos 8 000 millones, pero no era bueno. Natalie había llorado al enterarse de que, como ella misma comentó: «Había un botón en FTX. Alameda podía tomar cualquier riesgo que quisiera». Al igual que la mayoría de los empleados de FTX, ella había mantenido su dinero en el exchange. Ahora ya no tenía nada. Al igual que la mayoría de los empleados de FTX, había sentido que estaba viviendo un sueño. Dicho sueño ya se estaba volviendo borroso y difícil de recordar. ¿En verdad era cierto que había sido vecina de Vince Carter?

Entre domingo y miércoles el círculo interno de AE había estado encerrado en la habitación de Sam, tratando de salvar la compañía y fracasando en el intento. Natalie ahora solo tenía una sensación vaga de en dónde estaban o de su estado de ánimo. El miércoles, George Lerner había decidido que Nishad corría el riesgo de suicidarse y arregló que lo acompañaran fuera del país para entregarlo a sus padres en San Francisco. Mientras la compañía se venía abajo, Caroline se encontraba de viaje en Asia y se había quedado allá en un humor extraño. Tanto a su psiquiatra como a otras personas con las que habló les pareció entre aliviada y feliz. Se rumoraba que también iba de vuelta a casa de sus padres en el área de Boston. Gary, como siempre, guardaba silencio y era impenetrable, pero al parecer todavía andaba por ahí. Y Sam, bueno, Natalie no tenía idea de qué sentía en realidad, ni dónde se encontraba. Rastrear a Sam ya no era su trabajo.

El camino del aeropuerto al resort Albany pasaba por las oficinas de FTX. A Natalie le incomodaba que yo quisiera verlas. Temía que ahí pudieran estar las personas que estaban embargando los coches de la compañía. Aun así, bajamos la velocidad cuando nos acercamos. La cabina del vigilante estaba vacía. La pluma estaba abajo, pero bloqueaba muy poco del camino como siempre. No había señal de vida en el terreno de asfalto; ya no había coches; las cabañas parecían completamente abandonadas. Luego, en el extremo más lejano, una figura rodeó una cabaña y quedó a la vista. Era Sam, completamente solo, con una camiseta rojo brillante y shorts. Caminaba en círculos alrededor de su antiguo imperio. Incluso a la distancia podías ver que le caería bien un baño y una rasurada. Se acercó y se subió al coche, como si nos hubiera estado esperando. Necesitaba un aventón a casa, lo que, obviamente, planteó la pregunta de cómo y por qué había venido aquí en primer lugar.

—¿Sabes lo que es raro pensar? —preguntó conforme íbamos dejando atrás la oficina—. El sábado. El sábado todo estaba bien.

Hice mi mejor esfuerzo por reconstruir lo que había pasado las semanas anteriores, antes de reconsiderar lo que había pasado los años anteriores. Había habido otra pelea entre Sam y CZ que en su momento no había parecido tan importante. A finales de octubre Sam había volado a Medio Oriente para recaudar dinero y en el trato encontró un segundo hogar, en el hemisferio oriental, para FTX. En la tarde del 24 de octubre de 2022 se topó con CZ en una conferencia en Riad, Arabia Saudita. Era la primera vez en casi tres años que se encontraban en la misma habitación. Habían tenido una charla breve e incómoda, solo porque había implicado menos esfuerzo que el hecho de no tenerla. «Fue una conversación de cinco minutos en la que no intercambiamos información real. Fue falsamente agradable. Prescindimos de nuestra obligación de reconocer que ambos estábamos ahí», dijo Sam. Al día siguiente Sam voló a Dubái para encontrarse con sus reguladores financieros. Estos esperaban en ese momento que FTX pudiera hacer de Dubái su sede en el hemisferio oriental. Más tarde, Sam escribió el mensaje que había intentado transmitirles. «Me encanta Dubái», dijo.

> Pero *no podemos* estar en el mismo lugar que Binance... por dos motivos: en primer lugar, constantemente dedican grandes recursos de la empresa para intentar lastimarnos; y en segundo lugar, ensucian la

> reputación del lugar en donde se encuentren. No puedo enfatizar esto lo suficiente: por lo regular escucho grandes cosas de otras jurisdicciones / reguladores, etc., sobre Dubái y los Emiratos Árabes Unidos, salvo que constantemente se repite que: esa es la *jurisdicción que aceptó a Binance, y entonces no confiamos en sus estándares.*

A Sam no le quedaba claro si algún país en el que CZ estuviera dispuesto a vivir lo aceptaría, si Dubái había decidido deshacerse de él y su exchange. En estos bosques, CZ era el oso más grande y Sam parecía estar haciendo todo lo posible por molestarlo. Dubái era un pequeño Houston con jeques. El intento de Sam de convertir a CZ en un fugitivo sin hogar seguramente se le regresaría. Y aun así, Sam no se quedó en paz. El 30 de octubre, cuando regresó a las Bahamas, tuiteó una broma sobre la incapacidad de CZ para dar forma a las regulaciones sobre criptomonedas estadounidenses. «Ah, pero todavía tiene permitido ir a D. C., ¿verdad?».

Tres días después, el 2 de noviembre, el sitio de noticias de criptomonedas CoinDesk publicó un artículo sobre un documento curioso que al parecer les había sido filtrado por alguien adentro de Alameda Research, o tal vez alguien que le había prestado dinero a Alameda Research. No era un balance formal. No había señales de que hubiera sido auditado, o de que presentara una imagen completa de los contenidos de la empresa, o siquiera de que fuera real. Enlistaba 14 600 millones de dólares en activos y 8 000 millones de dólares en pasivos que supuestamente estaban dentro de Alameda Research hasta el 30 de junio de 2022. Lo que el artículo de CoinDesk buscaba resaltar era que más de una tercera parte de esos activos eran FTT, el token que FTX había emitido tres años antes.

La gente de FTX percibió el artículo en sí mismo como poco más que un interés impúdico.[6] Todos se percataron de que una de las con-

---

6 Incluso personas ajenas informadas no se sorprendieron tanto. Steve Ehrlich, el reportero de *Forbes* que había sido designado para determinar la riqueza de Sam, dijo

tribuyentes era la novia actual de Eric Mannes, el antiguo novio de Caroline Ellison en Jane Street. El mes anterior la pareja había visitado las Bahamas y se había quedado con los empleados de Alameda Research en el resort Albany: ¿acaso la filtración se había originado desde el interior de la compañía? También estaba el escalofrío que producía un vistazo al tesoro del dragón. Pero el artículo no alarmó ni sorprendió a nadie en FTX. FTT era, de hecho, capital en FTX, tenía derecho a la primera tercera parte de los ingresos de FTX. FTX había generado mil millones de dólares en ingresos en 2021 e incluso con la caída en los precios de las criptomonedas estaba a punto de repetirlo en 2022. De lo que más se arrepentía Sam, que había expresado repetidamente desde el momento en que el precio de FTT se había disparado en 2019, era de haberlo creado y vendido por principio de cuentas. Desde entonces había estado introduciéndolo en Alameda Research.

El domingo 6 de noviembre por la mañana CZ posteó un tuit a sus 7.3 millones de seguidores.

> **CZ Binance**
> @cz_binance
> Follow
>
> Como parte de la salida de Binance de la participación de FTX el año pasado, recibió aproximadamente el equivalente en efectivo a $2 100 millones de dólares (BUSD y FTT). Debido a recientes revelaciones que han salido a la luz, hemos decidido liquidar cualquier FTT remanente en nuestros libros. 1/4
>
> **3:47 p. m. 6 nov. 2022**

---

que al ver el artículo pensó: «Felicidades por descubrir algo que ya sabíamos desde hace dos años».

CZ todavía tenía los aproximadamente quinientos millones de dólares en FTT que había tomado a mediados de 2021 como parte de la recompra de 2 275 millones de dólares (la mayor parte del restante de su gigantesco pago la había recibido en bitcoin y dólares, aunque también recuperó más o menos cuatrocientos millones de los tokens de Binance, BNB, que por principio de cuentas había utilizado para comprar su participación). Sam no le había prestado más atención al tuit de la que le había prestado al artículo de CoinDesk. El sábado 5 de noviembre él y su hermano, Gabe, junto con Ryan Salame, se habían reunido en Palm Beach con el gobernador de Florida, Ron DeSantis. La reunión no había tenido un motivo en particular. Al igual que prácticamente todo el mundo en la política y finanzas estadounidenses DeSantis quería conocer a Sam, y este tenía curiosidad por saber más sobre esta persona que algún día podría pedirle dinero. «Era para decidir en dónde se encontraba en la escala de persona razonable para Trump. Pero no pude descifrarlo», dijo Sam. Después de la reunión tenía previsto volar a Tampa para ver a los Buccaneers de Tom Brady jugar contra Los Angeles Rams al día siguiente. Resultó ser emocionante, pues Brady lideró otro touchdown con el que ganó el juego en el último minuto. Sin embargo, solo Gabe y Ryan Salame lo observaron, ya que en ese momento Sam ya estaba de regreso en las Bahamas para finalizar otro juego.

La avalancha en FTX fue, en cierto sentido, espectacular. Había habido en el exchange 15 000 millones en depósitos de clientes. O se suponía que debería haber esa cantidad, ya fuera en moneda fíat[7] o bitcoin y ether. En un día normal, más o menos cincuenta millones entraban o salían del exchange. Todos los días, entre el 1 y 5 de noviembre, volaron doscientos millones. Ya tarde por la noche del 6, cien millones volaban cada hora. Los clientes de FTX retiraron 2 000

[7] El dinero fíat es dinero que no está respaldado por ningún valor como el oro o la plata, sino que es declarado de curso legal por un decreto gubernamental (*n. de la t.*).

millones ese día, y luego intentaron retirar otros 4 000 millones el lunes. Para el martes por la mañana habían salido 5 000 millones, y era evidente que el exchange no iba a ser capaz de reunir suficiente dinero para pagar el creciente número de clientes que querían que les regresaran su dinero. No cerró de manera formal los retiros, aunque dejó de regresarles realmente el dinero a los clientes.

Aún más interesante que la velocidad del suceso eran los eventos que lo propiciaron. Era evidente que el tuit de CZ había sido el primero, pero no era el último, ni siquiera tal vez el más importante. Caroline le había respondido a CZ el domingo por la mañana.

> **Caroline**
> @carolinecapital
> Follow
>
> @cz_binance si estás buscando minimizar el impacto en el mercado de tus ventas en FTT, ¡Alameda te comprará encantada todo hoy a $22!
>
> **4:03 p. m. 6 nov. 2022**

El tono —la simplicidad vivaz que evidentemente enmascaraba algún otro motivo— se parecía mucho al de Sam. Aunque de hecho fue Caroline quien lo escribió. Ni ella ni Sam esperaban que CZ aceptara el trato. Este quería maximizar el daño a FTX, por lo que extendería la incertidumbre tanto como le fuera posible. La esperanza era que una oferta concreta de compra a cierto precio lo callara y tranquilizara el mercado.

Ocurrió justo lo contrario. Una compañía de análisis de riesgos llamada Gauntlet, que estudiaba los movimientos del precio de varios tokens de criptomonedas, tendría tal vez una mejor idea de lo que pasó a continuación. Dentro de los siguientes veinte segundos del tuit de Caroline hubo una avalancha de ventas de FTT por parte de especuladores que habían pedido prestado dinero para comprar. El pánico se debió a una suposición: si Alameda Research, el propietario mayoritario de FTT, presumía estar dispuesto a comprar un montón a 22 dólares, por algún motivo necesitaban mantener el precio del mercado en 22. La explicación más plausible era que Alameda Research estaba utilizando FTT como garantía para pedir prestados dólares o bitcoin a otros. «No revelas un precio base de 22 a menos que tengas la seguridad de que es el precio que necesitas», le dijo el director ejecutivo de Gauntlet, Tarun Chitra, a Bloomberg News. El precio de FTT había caído de 22 dólares a siete para la noche del lunes. El medio millón de dólares que CZ había sacrificado de su propio dinero era, en el esquema general, una suma tan insignificante que ya pocos le prestaron atención.

Para el martes los cálculos relevantes eran de cuarto grado. Antes de la crisis se suponía que FTX tenía cerca de 15 000 millones en depósitos de clientes.[8] Cinco mil millones de ese dinero ya se habían pagado a los clientes y, por tanto, FTX todavía debería haber tenido aproximadamente 10 000 millones. Pero no era así. Los únicos activos restantes eran lo que quedaba del tesoro del dragón en Alameda: un montón de FTT, otro montón de tokens de Solana, una variedad de tokens de otras criptomonedas que habrían sido más difíciles de vender, trescientos millones en bienes raíces en las Bahamas y una gigantesca cantidad de inversiones de capital de riesgo de Sam, incluyendo la participación en Twitter que Sam nunca se molestó en vender. Tal vez todavía cerca de 3 000 millones en moneda fuerte y bitcoin que debían regresar a los clientes, pero la gran mayoría de la

8 Voy a simplificar esto, aunque solo un poco. FTX era un exchange de futuros, y por tanto le prestaba dinero a sus clientes para hacer apuestas. No se esperaría que tuviera disponible de manera inmediata todo el dinero de sus clientes en cualquier momento. Pero su principal punto de venta en 2019 era que había encontrado una mejor forma de evaluar las apuestas de los clientes a los que les prestaba dinero, y así era. Entonces no debería haber estado expuesto a pérdidas en los préstamos que hacía a sus clientes.

reserva secreta no tenía un mercado inmediato. Mucho de lo que Caroline y Sam estuvieron viendo los primeros dos o tres días del abandono de FTX fue precisamente esto. Caroline, quien para entonces se encontraba radiante en la oficina de Hong Kong, aparecía en una videollamada. Sam repasaba la lista de las muchas cosas que o él o ella habían comprado y preguntaba: «¿Cuánto tiempo te tomará vender esto?». En la mayoría de los casos la respuesta era «demasiado tiempo».

La noche del 6 de noviembre Sam había llamado a Ramnik para pedirle que fuera a su unidad en Albany para hablar sobre cómo podrían conseguir dinero. De hecho, Sam lo llamó dos veces en un espacio de veinte minutos, y Sam nunca llamaba dos veces. La siguiente hora dejó a Ramnik triplemente confundido. Creía que Sam se encontraba en Florida viendo jugar a Tom Brady. Creía que Sam no vivía solo en la planta baja de Gemini, sino en el penthouse Orchid, con los demás AE (al igual que casi todos en FTX, todavía no tenía idea de que Sam y Caroline habían tenido una relación). Sobre todo, Ramnik no sabía por qué Sam necesitaba dinero con tanta urgencia. Podía ver que el dinero estaba saliendo de FTX, pero no le parecía tan importante. Los clientes podían tener miedo y sacar todo su dinero, pero regresarían una vez que vieran que no había nada que temer, y con ellos, su dinero.

Ramnik siempre había querido caminar al trabajo, y eso hizo ahora. Salió de su lugar (Cube 1B) y caminó por el puerto deportivo de Albany, más allá de los enormes yates en silencio. Todos tenían nombres que sonaban a chistes privados o malos juegos de palabras: *Special K*, *Pipe Dream*, *Fanta Sea*. Era curioso que casi nunca había gente por ahí. Incluso durante el día, había más botes que gente; en la noche el resort entero se sentía vacío. Era un lugar en el cual la gente rica compraba casas que no necesitaba porque eso es lo que se supone que hace la gente rica.

Se encontró con puros AE al entrar en la unidad de Sam en Gemini. Nishad estaba en la sala, Caroline estaba presente en una pantalla y Sam se dirigía a su recámara para acostarse. Sam no estaba siendo incoherente, sino que más bien era difícil hablar con él. Nishad estaba enojado con Sam de una manera que Ramnik nunca había visto; en un punto se volteó hacia él y le gritó:

—¡Carajo! ¿Podrías dejar de jugar *Storybook Brawl*?

Nada de lo que decían tenía sentido para Ramnik. Aunque Caroline estaba a cargo de Alameda Research, parecía no tener la más remota idea de en dónde estaba el dinero. Había aparecido en la pantalla para anunciar que había encontrado doscientos millones aquí, o cuatrocientos millones allá, como si hubiera acabado de hacer un descubrimiento científico. Alguien en Deltec, su banco en las Bahamas, le mandó un mensaje a Ramnik que decía: «Ah, por cierto, tienen trescientos millones con nosotros». ¡Y eso para todos fue una completa sorpresa!

Finalmente, Ramnik comprendió que necesitaban reunir 7 000 millones, y rápido, para cubrir lo que creían que podría ser un faltante de 7 000 millones (el número exacto variaba mucho en esos primeros días). Sam, Nishad y Caroline ofrecían respuestas vagas a la pregunta obvia: «En primer lugar, ¿por qué hay un faltante?». Gary permanecía sentado en silencio a un lado.

Ramnik se había sentado en el escritorio a un lado de Gary durante seis meses. «Llegaba, se sentaba, comenzaba a trabajar, y lo hacía durante 12 horas seguidas. No decía ni una palabra al llegar, ni una palabra al salir», dijo Ramnik. Gary generalmente no llegaba sino hasta temprano por la tarde, pero un día llegó a las 11:00 a. m., y Ramnik utilizó ese hecho como un intento para iniciar una conversación.

—Hoy llegaste temprano —dijo Ramnik—. Apenas son las 11.

—Y de la mañana —contestó Gary.

Ese fue el único intercambio que habían tenido y no parecía que Gary esperara otro. Como siempre, Sam era el que hablaba más. Si en ese momento le hubieras preguntado a Ramnik qué creía que sabía o no Sam, habría contestado que Sam en realidad no sabía lo que había pasado. Que lo habían tomado por sorpresa. Se preguntó: «Si esa gente sabía que había el riesgo de que no tuvieran suficiente dinero, ¿por qué no se habían molestado en ver cuánto tenían? No habían hecho nada».

Al día siguiente, después del almuerzo, apareció un abogado de FTX llamado Can Sun. Sam lo había llamado por la misma razón que había llamado a Ramnik: para hablar con los inversionistas y ayudarlo a reunir los 7 000 millones. Can también estaba perplejo. «No respondían preguntas directas sobre a dónde se había ido el dinero. Cuando entré en la habitación, nadie reconoció que se estaba manejando mal el dinero. El dinero estaba ahí. Solo teníamos un problema de liquidez», dijo. Sam, Can, Ramnik y otros llamaron a todo el mundo en el planeta que pudiera dar rápidamente los 7 000 millones: fondos soberanos de inversión, fondos de capital privado, exchanges asiáticos. Pero resultó que no era fácil que alguien te diera 7 000 millones cuando no podías explicar para qué los necesitabas. Y era todavía más difícil lograrlo cuando los necesitabas de inmediato. Muchos estaban dispuestos a hablar con Sam, Can y Ramnik, pero todos tenían la misma pregunta: «¿A dónde se fueron los depósitos de los clientes?». Cuando no la respondían, todos los que tenían disponibles esos 7 000 millones perdían el interés.

Del universo de personas que podían disponer de esa cantidad de dinero solo una dijo que podría estar dispuesta a darlo: CZ. Por obvias razones, CZ era la última persona a la que Sam quería llamar para rogarle por dinero. Sam le habló a CZ hasta el martes. «Le hablé a CZ y estaba enojado. Entonces me humillé. Tres horas después habíamos firmado una carta de intención», mencionó Sam. El acuerdo le cedió toda la compañía a Binance, menos el FTX estadounidense, a cambio de que asumiera sus obligaciones. También le otorgaba derecho a revisar los libros tanto de FTX como de Alameda Research así como estuvieran. Colocaba a CZ como el primer externo en el planeta en ver la guarida del dragón y en saber, o parecer saber, exactamente lo que había pasado al interior tanto de FTX como de Alameda Research.

La tarde siguiente, el miércoles 9 de noviembre, CZ dijo que lo que había visto había hecho que cambiara de opinión. Sam se enteró de la noticia a través de un tuit:

> **Binance**
> @binance
>
> Follow v
>
> Como resultado de la debida diligencia corporativa, así como de los últimos reportes en relación con el mal manejo de los fondos de los clientes y supuestas investigaciones de agencias estadounidenses, hemos decidido que no continuaremos con la potencial adquisición de FTX.com.
>
> **9:00 p. m. 9 nov. 2022**
>
> **Binance @binance**
> Responde a @binance
>
> Follow v
>
> En la tarde teníamos la esperanza de poder apoyar a los clientes de FTX con liquidez, pero los problemas van más allá de nuestro control o capacidad de ayuda.

Ahí fue cuando todos los que no se habían ido ya corrieron al aeropuerto. Todos tenían diferentes motivos de urgencia. Nishad era el que más hablaba de suicidarse; la esposa de Can le dijo que si no se iba de inmediato, se divorciaría de él. Ramnik, quien se había considerado a sí mismo como el que permanecía tras bambalinas, invisible para el mundo exterior, estaba recibiendo amenazas de muerte. Se sintió aliviado de que nunca le hubieran dicho que el dinero que debería haber estado en FTX en realidad estaba en Alameda. Cruzó por su mente que su esposa lo había salvado, porque todo el mundo debió saber que decirle a él era lo mismo que decirle a ella. Los AE tal vez habrían expandido su círculo o confianza para incluir a uno más, pero no a dos.

Para el miércoles por la tarde la confianza se estaba desvaneciendo incluso dentro del pequeño círculo de AE. Caroline siguió mostrándose alegre e intentó explicarle a Sam el motivo: «Durante mucho tiempo había temido este día, y ahora que finalmente ocurrió, se siente genial terminar con ello de una forma o de otra», le había escrito el domingo. En la madrugada del martes, tiempo de las Bahamas, le escribió otro mensaje: «Se siente extrañamente bien terminar con esto. Lo he temido durante tanto tiempo, que siento como si me hubieran quitado un peso de los hombros». Al día siguiente, cuatro horas antes de que CZ anunciara su cambio de parecer sobre la compra de FTX mediante un tuit, ella se dirigió a sus subordinados en la oficina de Hong Kong:

—Creo que comenzaré por decir algunas cosas y ¿siéntanse con la libertad de hacer preguntas? —empezó a decir con una risa nerviosa.

Caroline pensaba en oraciones cortas, pero se expresaba más con preguntas y exclamaciones. Su voz subía y bajaba, y se escuchaba incierta mientras les comunicaba un mensaje brutalmente simple: estaban en bancarrota. No tuvo que entrar en muchos detalles sobre cómo había ocurrido, pero sí dijo que Alameda había sufrido pérdidas en junio, cuando sus mayores prestamistas de cripto habían pedido que les regresaran su dinero. En ese momento Alameda le había pedido «prestado» a FTX para pagarles. Ahora que le habían vendido —hasta donde ella estaba enterada— FTX a CZ, lo más probable era que Alameda dejara de existir.

—Lo que quiero decir es, ¿lo siento? Esto está realmente mal. No es justo para ustedes. —Entendía que la gente no quisiera quedarse a ayudar a limpiar el desastre que debía limpiarse. Pero...—, para los que se queden puede que haya algo más adelante. —Concluyó con una nota esperanzadora, haciendo alusión al trato con CZ—: Pagarles a todos nuestros acreedores y asegurar que Alameda no se vaya a la bancarrota es, tal vez, ¿algo bueno?

—¿Puedes decir qué tan grande es el faltante? —preguntó uno de los agentes entre la audiencia cuando ella terminó. Caroline le contestó que preferiría no decirlo.

—¿Son cerca de mil millones o de 6 000 millones? —la presionó.

—Eeeh… ¿lo último? —contestó Caroline.

Después de la conversación Caroline se acercó a una empleada y le preguntó con aire vivaz:

—¡Apreciaría si quisieras quedarte a ayudar!

—Jódete —replicó la mujer.

Mientras ella defendía felizmente su culpabilidad, Nishad buscaba infeliz evidencias de su inocencia. Al inicio de la crisis parecía más preocupado por que el sueño altruista eficaz hubiera muerto y que él, y todos los demás que habían pedido dinero prestado a FTX, pronto estarían en bancarrota, ya que no tenían activos y todavía le debían dinero a la compañía. Le mandó un mensaje a Caroline a las cuatro de la mañana del lunes: «Me entristece la forma en que esto afecta al altruismo eficaz». Para el miércoles 9 de noviembre lo que le preocupaba era su propio estatus legal. «Esto es muy egoísta de mi parte, pero puede que deban saber que no fue mucha la gente la que lo orquestó», le mandó en un mensaje a Sam, sin especificar quiénes eran «ellos» ni lo que se había «orquestado». Luego le mandó otro mensaje: «¿Puedes hacer que seas tú, o Gary y tú, a quien culpe la gente?». Y luego un tercero: «Creo que debo decirle a Zane que yo no sabía nada».

Esa noche Nishad solicitó una reunión solo con Gary y con Sam. Una vez que estuvieron solos en una habitación les preguntó:

—¿Qué pasa si se acercan las autoridades o los reguladores?

—¿A qué te refieres? —preguntó Sam.

—¿Cómo nos aseguramos de no traicionarnos en el dilema del prisionero?[9] ¿Cómo nos aseguramos de decir que los otros son inocentes?

[9] Este dilema ilustra una situación en la que dos individuos enfrentan la decisión de cooperar o traicionar al otro, en la cual, si ambos cooperan (dicen que son inocentes), ambos cumplen un tiempo mínimo en la cárcel; si uno traiciona al otro (dice que el otro

—No tengo ningún motivo para creer que cualquiera haya tenido una intención criminal —contestó Sam.

—No —replicó Nishad—. Pero eso no es suficiente. Debes hablar con ellos, debes decirles que yo no tenía idea.

—¿Cómo podría saber yo eso? —preguntó Sam—. Estás diciendo que debería decir que tú no sabías nada sobre algo de lo que yo no sé nada. ¿Cómo es eso posible? No tiene sentido.

—Pero yo no sabía —replicó Nishad.

—Entonces di eso.

—Eso no me sirve —dijo Nishad—. Porque hay evidencia con base en el código de lo que hice.[10]

Gary se limitó a observar de principio a fin, como había estado haciendo toda la semana. Nunca dijo una palabra. Era como si hubiera hecho un cálculo de valor esperado sobre cualquier cosa que dijera y hubiera decidido que no era bueno hablar.

Nishad se había ido para el viernes, y tal vez fue lo mejor, ya que para ese momento la policía de las Bahamas se estaba alistando para arrestar a todos los líderes que quedaran. Esa tarde, aproximadamente 450 millones en cripto desaparecieron de la cartera de FTX. Nadie sabía quién había sido el hacker; todos supusieron que fue un trabajo interno; muchos sospecharon de Sam y Gary. Esa tarde Caroline no le contestó a Sam cuando este le habló. Y nunca le volvería a contestar.

es culpable), uno cumple un tiempo mínimo y el otro no; y si ambos se traicionan (los dos dicen que el otro es culpable), los dos cumplen sentencias moderadamente severas (*n. de la t.*).

10 El lector tendrá razón al preguntarse cómo es que sé todo esto. O, como diría Sam, ¿cuál es la probabilidad de que algo de esto sea cierto? La conversación proviene de los recuerdos inmediatos de Sam. El resto del relato fue confirmado por otros en la habitación donde vivía Sam. No estoy seguro de cómo eso afecta los distintos cálculos de probabilidad, pero no incluí nada que no crea que no sucedió. Lo que esto *signifique* es otra cuestión.

En medio de todo esto intervino la mujer responsable de la presencia de todos estos personajes en las Bahamas. Christina Rolle, la jefa reguladora financiera de las Bahamas, se encontraba genuinamente sorprendida por lo rápido que había colapsado el ecosistema financiero que había crecido alrededor de Sam, lleno de oportunistas que habían sacado ventaja de él, y por cómo esa misma gente que había tomado su dinero ahora le daba la espalda sin saber a ciencia cierta lo que había hecho. Mientras Sam le estuvo dando dinero a todo el mundo, la gente lo amaba y nadie hacía muchas preguntas; pero lo dejaron solo en el momento en que comenzó a perder dinero y no quisieron escuchar las respuestas a las preguntas que le hacían. Le parecía preocupante que la policía se dispusiera a arrestar gente antes de tener idea de lo que había hecho. Ninguna autoridad había hablado con él ni con ninguno de los otros líderes de FTX o Alameda. Lo único que sabían era lo que habían leído en Twitter. No tenían ninguna evidencia para culpar a nadie de un crimen: en las Bahamas, el fraude requería intención, y la intención no era clara. Sin cargos específicos no podrían retener mucho tiempo a nadie que arrestaran.

El otro motivo por el que no quería que fueran arrestados Sam y Gary era que necesitaba su ayuda para comprender lo que había pasado. Sam no le había regresado las llamadas toda la semana. Finalmente, el miércoles en la tarde tuvo una reunión por Zoom con Ryan Salame, quien, aunque seguía siendo el codirector ejecutivo de FTX, había permanecido en Estados Unidos después del juego de Tom Brady, y con Ryne Miller, el abogado del FTX estadounidense. Le dijeron que se había pasado dinero de FTX a Alameda, pero que no sabían cómo o por qué. «Me pareció curioso que alguien que era el codirector ejecutivo tuviera este bajo nivel de conocimiento y eso no era bueno», dijo Rolle.

Fue un momento raro. De pronto parecía que toda la gente de FTX quería saber menos de lo que sabían y toda la gente fuera de FTX pensaba que sabía más de lo que en realidad sabía. En Twitter, un rumor se convertía en hecho en un parpadeo, el hecho se convertía en historia, y la historia se convertía en una explicación. Sam se había llevado miles de millones y ya estaba huyendo. Sam estaba en Dubái o en algún otro lugar que no tenía tratado de extradición con Estados Unidos. Alguien posteó videos de un hombre que supuestamente era Sam en las calles de Buenos Aires. Christina Rolle no creía que Sam estuviera huyendo, y no creía que estuviera escondiendo miles de millones. Su mayor preocupación con respecto a él era que no le daba respuestas directas cuando le hacía cualquier pregunta. «No creo que sepa por qué la gente no confía en él. No es difícil ver que está jugando contigo, como en un juego de mesa».

El jueves congeló los activos de FTX y puso efectivamente a la compañía en liquidación, la versión bahamense de la bancarrota. El viernes —el día en que yo llegué—, Joe, el padre de Sam, lo había dejado en las viejas oficinas de FTX para que se reuniera con los liquidadores de las Bahamas. Tres horas después lo dejaron libre por ese día. Rolle le pidió que se reuniera con ella al día siguiente en la jefatura de policía. También quería hacerle algunas preguntas a Gary, pero los liquidadores lo necesitaban para asegurar los activos del exchange, entonces eso lo pospuso hasta el lunes siguiente. Después de interrogar a Sam durante varias horas Rolle se subió a un coche con su asistente, quien había observado la interacción. La asistente comenzó a llorar.

—No puedes dejar que arresten a este hombre —le suplicó.

Rolle no lo permitió. En cambio persuadió a la policía de que se llevara los pasaportes tanto de Sam como de Gary. Y ese es el motivo por el cual, cuando llegué al estacionamiento de FTX con Natalie, encontré a Sam solo pero todavía en libertad, caminando en círculos.

Para el viernes en la noche solo había dos personas todavía esperando a salir del escenario para dejar que los demás encontraran el significado de la obra. El primero fue Zane Tackett. Me había enterado de que Zane tal vez todavía andaba por ahí y me lo encontré al día siguiente, el sábado 12 de noviembre. Zane hizo algo que nadie más había hecho: cuando comenzó la batalla, corrió hacia ella en lugar de alejarse. El domingo previo había estado en una conferencia de criptomonedas en Lisboa, antes de irse a Abu Dabi, lugar en el que FTX patrocinaba una carrera de Fórmula 1. Ahora caminaba de un lado a otro sobre los pisos de mármol de una unidad en Albany, sacando ropa de una secadora para meterla en una bolsa y bebiendo de una botella de ron.

Desde un inicio había estado embelesado con Sam y con todo el imperio que podría crear. Pero no había entrado a ciegas a la causa. Antes de unirse a FTX había investigado entre sus viejos amigos en el mundo de las criptomonedas. CZ era uno de ellos. Recordaba ahora: «Fue CZ quien me contó sobre él. Me dijo: "Creo que sería una muy buena opción para ti". Me han preguntado: "¿Cómo fue que llegaste a confiar tanto en Sam?". CZ fue quien comenzó todo. Pero nadie podía decir algo negativo sobre él». Zane fue el tipo arriesgado al que convencieron para que construyera un hogar respetable en la ciudad junto a lo que parecían ser personas respetuosas de la ley. Muchos de los grandes especuladores de las criptomonedas habían confiado su dinero a FTX porque confiaban en Zane.

Por supuesto que esa gente había tenido sus dudas durante las últimas dos semanas. También entraban a Twitter. Pero el domingo, cuando las cosas comenzaron a desmoronarse, Zane le había pedido instrucciones a Sam, y este le había dicho que tranquilizara a todo el mundo. «Lo llamé y le pregunté: "¿Debo hacer control de daños?". Me contestó: "Sip"». Luego le mandó un mensaje con tres preguntas: «Uno, ¿somos insolventes?; dos, ¿alguna vez le prestamos a Alameda del capital de nuestros clientes?; y tres, ¿hay algo que no haya preguntado y que deba saber?». Sam no contestó, y luego guardó silencio absoluto. Lo dejó plantado de la misma forma en que dejó plantada a Christina Rolle.

Aun así, Zane imaginaba que no había forma de que FTX estuviera en verdaderos problemas. No tenía sentido. El precio del FTT no debería tener ningún efecto en el valor del exchange, de la misma manera que el precio de las acciones de Apple no afectaba las ventas del iPhone. Justo al contrario: los ingresos del exchange impulsaban el valor del FTT. «¿Y qué si FTT se va a cero?», dijo Zane. El otro motivo por el que no tenía sentido era que FTX había sido increíblemente rentable. «Sé a cuánto ascienden nuestros ingresos reales: dos puntos base [0.02 %] sobre 250 000 millones de dólares al mes. Entonces pienso: "Hombre, estabas sentado sobre una maldita imprenta de dinero, ¿por qué tenías que hacer esto?"».

Hasta el lunes por la noche Zane se había dedicado a decirles a sus amigos que todo estaba bien. El dinero que se había ido del exchange era de la gente que no sentía nada por el mismo; el dinero que quedaba, cuando menos una parte, era de la gente que compartía la creencia principal de Zane de que debías permanecer al lado de tus aliados en las buenas y en las malas. «Ese maldito idiota, ¿cómo pudo no decirme cuando yo salí a defenderlo?», dijo Zane, repitiendo más o menos lo que le había dicho directamente a Sam: «Dejaste que saliera a mentir por ti. Jódete».

Era muy diferente a los AE. Él no compartía el interés de Sam de «Cómo pensar sobre Bob». Si Bob era un buen amigo de Zane y no tenía evidencias de que Bob hubiera cometido el asesinato sin resolver, Zane habría seguido pensando de Bob de la misma forma en que siempre lo había hecho. Habría hecho lo imposible por defenderlo, y por hacer que se sintiera mejor por lo que había pasado. Pero si descubría a Bob enterrando un cuchillo ensangrentado en el patio trasero le dispararía en el acto, sin siquiera detenerse a actualizar las probabilidades. O cuando menos así es como yo todavía imagino a Zane.

Renunció el martes. Ahora estaba en camino a Miami y no estaba seguro de a dónde iría después. Pero cualquiera que fuera el camino que tomara no iba a perder tiempo intentando descubrir por qué Sam había hecho lo que fuera que había hecho. Para Zane no importaba. Solo había un punto en el que no dejaba de pensar: ¿por qué ni él ni nadie más se había dado cuenta de lo que venía? Tenía el comienzo de una respuesta. «Por la forma rara de ser de Sam. Su rareza mezclada con su inteligencia te hacía descartar muchas preocupaciones. La pregunta "por qué" desaparece».

Seguía pendiente la pregunta de quién tomaría acción legal en contra de Sam y de los demás, y de quién limpiaría el desastre. Las Bahamas había puesto en liquidación FTX el día previo a que Sam firmara los papeles para declarar la bancarrota en Estados Unidos. Alameda Research y el pequeño exchange estadounidense estaban constituidos en Delaware. El exchange internacional de cripto más grande de FTX, en el que se llevaba a cabo la gran mayoría de las transacciones, había sido creado en Hong Kong. Constituido en Antigua y ahora con sede en las Bahamas, el exchange principal prohibía que lo utilizaran ciudadanos estadounidenses y se esforzaba mucho para evitarlo. Cualquier estadounidense que estuviera realizando transacciones en él había mentido para poder hacerlo. Se podía argumentar de manera sólida que el juicio de Sam y la liquidación de FTX debía llevarse a cabo en las Bahamas. Un argumento menos sólido era el que presentaron abogados de quiebras estadounidenses (quienes querían hacer una fortuna con el caso) de que todos los activos y los que debían cuidarlos debían ser trasladados a Estados Unidos. Y había un tercer argumento, presentado por Sam, de que cualquier cosa que pasara debía ocurrir donde estuviera Gary, porque él era el único que podía explicar el código que regía el negocio. La noche que Zane se marchó, Sam dijo: «A fin de cuentas, el factor decisivo en la disputa jurisdiccional es Gary, porque es el único que sabe cómo usar una computadora».

Gary fue el último en irse. Llevó a un lado a Sam en el penthouse Orchid y habló, de verdad habló, aunque brevemente:

—Hablé con mi abogado y me voy a ir.

—¿Hay algo que decir que sea relevante? —preguntó Sam.

—Mi abogado me dijo que me fuera y tengo que irme —contestó Gary.[11]

Eso fue todo. Gary nunca dijo cuándo o cómo se iría, algo que era una locura, pues el Gobierno de las Bahamas le había quitado el pasaporte. El domingo por la noche, sin cruzar una palabra con nadie más, simplemente abandonó el penthouse en el Orchid sin que nadie se diera cuenta. El abogado que lo animó a hacerlo había arreglado con las autoridades estadounidenses que le concedieran un segundo pasaporte para que lo pudieran regresar a Estados Unidos antes de que el Gobierno de las Bahamas supiera lo que había pasado. Christina Rolle nunca tuvo oportunidad de hablar con él.

11 Fui testigo de esta conversación de lejos. Se sintió como una especie de milagro.

10
MANFRED

Una vez que huyeron todos aquellos que sentían que debían hacerlo, el resort Albany me recordaba a Nueva Orleáns una semana después del huracán *Katrina*. Nada de gente, pero un montón de cosas y una apariencia tranquila que enmascaraba un caos más profundo. Podías entrar en cualquiera de una docena de departamentos de lujo y encontrar no solo refugio, sino también comida y ropa. Podías tomar cualquiera de las unidades más gloriosas de cinco recámaras en Honeycomb o Cube, que además estaban bien surtidas de bocadillos chinos, ropa para cada ocasión y suficiente alcohol como para hundir un barco pirata. Los padres de Sam habían volado a las Bahamas y permanecieron en el penthouse Orchid con su hijo hasta el final, al igual que su psiquiatra. Se quedó un solo tecnólogo llamado Dan Chapsky, pero era un caso raro. Había tenido el puesto de jefe científico de Datos, pero Sam apenas si sabía quién era o lo que hacía o por qué se había quedado, y tampoco él lo sabía. El viernes de la bancarrota había surgido de su propio departamento de lujo con la expresión aterrada de un hombre después de un ataque aéreo en busca de George Lerner.

—¿Por qué estoy aquí? —preguntó.

George lo había mirado directamente a los ojos durante un buen rato y luego le dijo:

—Debes irte.

Por algún extraño motivo Dan no se había ido. Pronto lo contratarían los equipos de bancarrota tanto de Estados Unidos como de las Bahamas y, justo después, quedaría atrapado en la guerra entre ambos por el control de los activos restantes de la compañía. Ambos necesitaban a alguien que los ayudara a descifrar los contenidos de la base de datos de FTX. Dan era el único que quedaba que sabía usar una computadora.

En su punto máximo, Albany había albergado hasta setenta empleados e invitados tanto de FTX como de Alameda Research. Para el lunes 14 de noviembre la única otra señal de vida de FTX dentro de las paredes del resort Albany provenía de una casa directamente detrás de las habitaciones en Orchid de Sam. Tenía por nombre Conch Shack. Este lugar era la mejor compra de Ryan Salame: una casa increíblemente hermosa de seis recámaras que, algo atípico en Albany, guardaba proporción con su entorno. Ryan había pagado 15 millones de dólares por ella y había pensado que Sam viviría ahí. Este la había visto una vez, había notado que algunas de las recámaras eran más grandes que las otras, y decidió que mejor tomaría el penthouse de Orchid, en donde él y los demás AE podrían vivir en condiciones prácticamente idénticas.

Conch Shack le había sido entregada a Constance Wang, la empleada más antigua de FTX en las Bahamas, aparte del círculo interno de Sam de AE. Contratada el 1.º de abril de 2019, había sido la primera china en FTX y la octava empleada en general. En el momento del colapso del exchange todavía conservaba el puesto de directora de Operaciones, además de director ejecutivo de Mercados Digitales de FTX. Incluso después de que todos sus compañeros se hubieran ido, Constance se quedó en Conch Shack con sus dos gatos. Estos fueron un punto de conflicto. Se llamaban Lucky y Money. Constance necesitaría dos semanas para conseguir el permiso para volar con ellos de regreso a China, e incluso entonces las aerolíneas le permitieron regresar con un solo gato. Si la hubieran obligado a elegir, habría escogido a Lucky, pero la idea de dejar a Money era insoportable, y Constance se sintió aliviada de no tener que hacerlo. Su buena amiga Quinn Li se había quedado para ayudarla. Junto con Natalie Tien y Zane Tackett, Quinn era una de las 48 personas debajo de Constance en el organigrama de George. «Se quedó por mí. Necesitaba de su ayuda para traer a mis gatos a casa».

No era la primera vez que veía gente arriesgarlo todo por una mascota. Eso también había pasado durante el huracán *Katrina*. Pero Lucky y Money obviamente no eran la única razón por la que Constance se había quedado, ya que permaneció bastante tiempo después de que hubo obtenido la documentación para el viaje. Sam todavía conservaba la esperanza de revivir el exchange. Esa esperanza descansaba en un multimillonario de las criptomonedas nacido en China llamado Justin Sun, quien le había presentado un plan a Sam. Sun, fundador de Tron, un blockchain, quería entregarle su propia criptomoneda privada, Tronix, a los acreedores de FTX, a cambio de sus derechos sobre los activos restantes. Al ver que necesitaba a alguien que hablara mandarín, Sam le había suplicado a Constance que se quedara. «Quería asegurarme de que Sam no se suicidara. Aunque en ocasiones siento que no es mi responsabilidad», dijo Constante, quien no creía mucho en el plan de Justin Sun.

Pero, más que nada, Constance quería comprender qué era lo que había pasado. Ese fue el motivo más importante por el que la directora de Operaciones de FTX se hubiera quedado en las Bahamas y se hubiera arriesgado a que la arrestaran: no soportaba no saber cómo había funcionado FTX. «Me gusta entender las cosas. Me molesta mucho cuando no puedo hacerlo».

Esa mañana del lunes después de la caída me encontré a las dos mujeres chinas en la cocina de Conch Shack. Constance ya había conseguido una pequeña pila de lo que parecían ser documentos clasificados de FTX y Alameda Research. Quinn acababa de regresar de un intento fallido de conseguir vegetales frescos de las casas y departamentos alrededor de la isla previamente habitada por empleados de FTX (los lugares ya estaban cerrados y vigilados). Ambas lidiaban con sus padres en China, que estaban aterrados porque sus hijas se negaban a regresar a casa hasta que hubieran terminado su investigación. Todo el asunto había sido exagerado por los medios; incluso en China, todo el mundo hablaba sobre Sam y FTX. «FTX se volvió muy famoso. Esto es justamente lo que la compañía buscaba lograr. ¡Lo logramos al irnos a la bancarrota!», dijo Constante.

Ambas mujeres habían utilizado varios trucos para lograr que sus padres las dejaran en paz. Quinn le dijo a su madre que los padres de Sam ahora se encontraban en las Bahamas y no tenían nadie que los consolara. «Le dije a mi mamá: "Son dos personas mayores y no tienen a nadie". Ella me contestó: "¡Yo también soy una persona mayor!"», contó Quinn. Constance solo logró que su madre ya no le dijera nada al decirle que, si seguía llamándola para gritarle y no le permitía un espacio para darle un cierre a este capítulo de su vida, su tristeza podría salirse de control y la haría sentir emociones a las que no podría sobrevivir. Sorprendida por el éxito de la estrategia de Constance, Quinn intentó hacer lo mismo con su madre. «Le dije a mi mamá: "Estoy realmente triste, ¿quieres que me ponga más triste? Si dices algo más me voy a suicidar". ¡Y no funcionó! Me contestó: "¡Ya te concedí suficiente lástima! ¡Trabajas todo el tiempo y todavía no tienes novio!"».

Constance tomó el liderazgo en su investigación y usó a Quinn principalmente como un recurso para expresar sus ideas. Como Constance era la más perpleja, también era la más motivada. Conoció a Sam antes de que comenzara con FTX, cuando todavía era otro agente de criptomonedas más, del que nadie en Asia había escuchado jamás. A finales de 2018 ella trabajaba en la oficina en Singapur de Huobi, cuando el exchange había congelado o colocado mal el dinero de Alameda Research. «No hablaban chino, y en soporte al cliente no hablaban inglés. Me encontraron y encontraron la solución mágica a su problema».

Después de que Sam decidiera abrir su propio exchange convenció a Constance de que dejara Huobi y la contrató. Ella se volvió la persona que él llevaba consigo a todas las reuniones en las que había que hablar mandarín. «Él era literalmente un donnadie, y ninguna persona lo tomaba en serio», dijo Constance. En esas primeras reuniones Sam subía y bajaba la pierna con tanta violencia, que la mesa en la que se encontraban sentados también brincaba, y Constance sentía la necesidad de extender la mano para ponerla sobre su rodilla y tranquilizarlo. Él se limitaba a mirarla y asentía, pero su pierna se relajaba. Con frecuencia la dejaba con una sensación de intranquilidad por lo mucho que se había abierto ante completos extraños. «Hubo ocasiones en esos primeros días en que le dije: "No tienes que ser tan honesto. En el mundo de las criptomonedas todo el mundo alardea". Sam siempre me decía: "Déjame mostrarte mi última carta"».

En ese entonces el mundo de las criptomonedas todavía era pequeño. «Vas a unas pocas conferencias, organizas un evento y ya conoces a todo el mundo», describió Constance. Entonces, para que la gente conociera a Sam, lo había llevado a un baile («Sam solo tiene un paso de baile, brincar de arriba abajo»), y lo mantuvo ahí hasta las tres de la mañana. Tenían una reunión programada a las nueve. Constance se despertó con resaca a las seis y le mandó un mensaje a Sam para que pospusieran la reunión. Él le contestó de inmediato. «Nunca duerme. En una ocasión le pregunté cómo podía ser feliz y me dijo: "La felicidad no importa"».

Cuatro años más tarde, en la cocina de Conch Shack, revisó página por página los documentos privados que había encontrado (nunca supe cómo) y que describían algo de lo que Sam había hecho con esas horas extra despierto. El primero era una hoja de cálculo interna de los gastos en patrocinios de FTX. En el organigrama de George, Constance supervisaba todo el marketing de FTX. Y hasta ese momento nunca había visto los más grandes gastos de marketing de la compañía. Los números la dejaron aturdida. Acuerdos, de tres años cada uno, con el festival de música Coachella, con Steph Curry y con el equipo de Mercedes de Fórmula 1, por las cantidades de 25 millones, 31.5 millones y 79 millones de dólares, respectivamente. El acuerdo de cinco años con las Ligas Mayores de Beisbol por 162.5 millones de dólares. Un acuerdo de siete años con el desarrollador de videojuegos Riot Games por 105 millones de dólares («Solo porque a Sam le gusta *League of Legends*»). Y así siguió, durante mucho tiempo, hasta que llegó a los acuerdos más pequeños que, de hecho, no se veían tan pequeños: por ejemplo, 15.7 millones de dólares para *Shark Tank* de Kevin O'Leary, por «veinte horas de servicio, veinte posts en redes sociales, un almuerzo virtual y cincuenta autógrafos».

¡Almuerzo virtual! Claro que Constance sabía que Sam era desprendido con el dinero, pero había supuesto que tenía tanto, que no importaba cuánto le daba a Kevin O'Leary. «Intenté cuestionar esto, pero creí que estaban utilizando las ganancias de Alameda. O que las inversiones de Sam estaban generando montones de dinero».

El siguiente documento de la pila era un balance aproximado de Alameda Research que difería en partes importantes del balance aproximado que había motivado el artículo de CoinDesk, al que ahora se le atribuía haber derribado todo el negocio. A Constance le pareció que había sido elaborado rápidamente por Sam o Caroline, o tal vez por ambos. Constance había visto el documento por primera vez el martes anterior, después de que FTX había dejado de regresar el dinero a sus clientes. «Cuando lo vi, le dije a mi equipo que no respondiera preguntas externas porque no quería que perdieran su buen nombre o reputación». La lista de activos incluía los detalles de cientos de inversiones privadas que Sam había hecho durante los dos años previos, al parecer de un total de 4 717 030 200 dólares. Los pasivos ahora tenían una partida más importante que todo lo demás combinado: *10 152 068 800 dólares de depósitos de clientes*. Más de 10 000 millones de lo que se suponía era custodiado por FTX de alguna manera había terminado en el fondo privado de transacciones de Sam. El documento enlistaba solo 3 000 millones en activos líquidos, esto es, dólares estadounidenses o criptomonedas que podían ser vendidas de inmediato por dólares. «Pensé: "Válgame Dios". La pregunta es: "¿Por qué?"». Era la misma pregunta que Zane había hecho. «Teníamos un negocio muy rentable. Nuestro margen de ganancia era de entre un 40 y un 50 %. El año pasado hicimos cuatrocientos millones de dólares».

Estos dos primeros documentos del botín privado de Constance la ayudaron a comprender cómo se había gastado el dinero. Los otros le revelaron quién, a fin de cuentas, lo había hecho. Ahora pasó la página a una lista con los cincuenta principales acreedores de FTX: las cincuenta cuentas más grandes cuyos propietarios no habían podido retirar su dinero del exchange, clasificados por el tamaño de sus pérdidas. Al momento del colapso FTX había tenido más de diez millones de titulares de cuentas, a quienes les debía 8 700 millones. Casi la mitad de esas pérdidas, o 4 000 millones, estaban concentradas en estas cincuenta cuentas. Los perdedores más grandes no empleados ni por FTX ni por Alameda eran compañías de negocios de alta frecuencia. Cerca de la cima estaba Jump Trading (206 160 600.00 dólares), y al final estaba Virtu Financial Singapore (10 095 336.83 dólares). Los nombres verdaderos de casi la mitad de la lista estaban ocultos. La entidad enlistada como Tai Mo Shan Limited, y otra pérdida de más de 75 millones, era en realidad una filial de Jump Trading. Muchas de las cuentas disfrazadas pertenecían a empleados de FTX. La misma Constance había perdido alrededor de 25 millones. Todavía tenía ochenta mil en una cuenta ordinaria de banco que había conservado de su vida anterior, por lo demás, había perdido todo.

También había supervisado al equipo de ventas, conocía casi todos los nombres de la lista, en especial a los agentes de alta frecuencia. Sabía que todos ellos habían tenido fuertes sospechas de la relación entre FTX y Alameda Research. «A todos les preocupaba. Era lo primero que me preguntaban todos los días: "¿Alameda Research se nos está adelantando en las operaciones financieras? ¿Alameda Research puede ver las transacciones de otra gente? ¿Alameda Research tiene menor latencia?"». En otras palabras: ¿Alameda disfrutaba de la misma ventaja injusta en FTX que los agentes de alta frecuencia disfrutaban en Nasdaq y la Bolsa de Nueva York? Curiosamente no era así. En vez de eso, FTX simple y sencillamente le había prestado a Alameda todos los depósitos de los agentes de alta frecuencia… ¡gratis!

FTX también había hecho otras cosas que habían puesto en peligro el dinero de los agentes de alta frecuencia, junto con el de todos los demás. Había exentado a Alameda de las reglas de riesgo que regían a todos los demás agentes. Las transacciones hechas por cualquier otro agente en FTX eran liquidadas en el momento en que sus pérdidas excedían la garantía que habían colocado. Es por eso que FTX se sentía mucho más seguro que los otros exchanges de criptomonedas. A ningún agente se le permitía perder tanto dinero como para poner en riesgo al exchange y a todos los que hacían transacciones en él. Sin embargo, con Alameda Research se había hecho una excepción. De hecho, a la firma privada de transacciones de Sam se le había permitido perder infinidad de dólares antes de que sus transacciones fueran liquidadas. «*Nadie* preguntó nunca sobre liquidación. Y *nadie* nunca pregunto: "¿Nuestro dinero se encuentra en Alameda?"», dijo Constance. Sam tenía razón: la gente nunca ve lo que no está buscando.[12]

Hasta ese momento Constance había permanecido tranquila y objetiva. Era como si estuviera inspeccionando el cuadro médico de un completo extraño para determinar el motivo de la muerte. Su compostura cambió cuando llegó al último documento. Había descubierto una lista completa de los accionistas de FTX, junto con el número de acciones que cada uno poseía. Al final de cada año, como parte de su bono, a ella, al igual que a otros empleados, se les había permitido

12 Sam me dijo prácticamente lo mismo: «Nadie nunca preguntó sobre el motor de riesgo. No sé qué habría hecho si alguien hubiera preguntado. Una de dos: o les habría contestado con otra pregunta, o habría contestado con un palabrerío».

comprar cierto número de acciones de la compañía. Todos estuvieron de acuerdo en que estas acciones eran la mejor inversión posible. Hasta el final, los inversionistas de riesgo más conocidos del mundo habían implorado poder comprarlas a un precio más alto del que les ofrecían a sus empleados. «Sam decide cuánto puede comprar cada empleado. Casi todos llegaban al máximo», detalló Constante. Ella también lo había hecho, aunque nunca había comprendido realmente lo que eso significaba. Cuando vio ese documento, lógicamente buscó el número a un lado de su nombre: 0.04 %. No 4 %; no cuatro décimas de 1 %: cuatro *centésimas* de 1 %. Por supuesto que sabía cuántas acciones le habían dado, o le habían permitido comprar a un costo bajo, como parte de su bono anual. Nunca pensó en calcular exactamente cuánto poseía de la compañía en realidad, o cuánto poseían los demás. Por supuesto, sabía que Sam era dueño del 60 % y que Gary y Nishad, los dos accionistas más grandes después de Sam, poseían entre ambos otro 23 %, porque esos números se habían publicado. *Forbes* los había necesitado para clasificar no solo a Sam, sino también a Gary y a Nishad en su lista de multimillonarios.

Constance había permanecido en la oscuridad sobre todos los demás empleados de FTX, incluida ella misma. Ahora comparó su número con los números de algunas otras personas en la parte superior del organigrama de George. Ramnik poseía muchas más acciones que ella, al igual que Brett Harrison, el antiguo director ejecutivo del pequeño FTX estadounidense, y quien apenas se había integrado a la compañía en mayo de 2021 (y había renunciado 16 meses después). Al igual que… prácticamente todos en el mismo nivel que ella. Recordó conversaciones que había mantenido durante los últimos tres años con varios inversionistas potenciales. Varios le habían dicho que habían visto la estructura de capital de FTX (la lista de accionistas con participaciones significativas), y les había sorprendido no ver su nombre ahí. No le había dado mucha importancia. «Siempre confié en que Sam me trataría justamente».

Ahí fue cuando los sentimientos de Constance sobre Sam cambiaron: cuando vio cómo la había tratado en realidad. Hasta unos momentos antes solo había estado triste. En el último día que pasaron en la cabaña número 27, el martes anterior, ella y Quinn se habían abrazado y lloraron. Habían perdido todo, pero se sentían desamparadas, no amargadas. Hasta que Constance vio lo poco que Sam le había dado en comparación con otros, entonces se puso furiosa. Encolerizada, se dirigió al penthouse en Orchid y lo confrontó: «No es posible, creí que tenías cuando menos un millón de acciones», le dijo Sam. Ella tenía menos de una cuarta parte de eso. «Sam me dijo: "Nunca fue mi intención que eso te pasara", y yo le contesté: "¡No importa cuál fuera tu intención!"».

Esa revelación marcó el tono para el mes siguiente. Constance se quedó e hizo como que ayudaba a Sam con su plan absurdo para resucitar FTX. Se reunía con él casi todos los días y atendía sus necesidades lingüísticas e incluso le preparaba la cena. Lo que en realidad estaba haciendo era tratar de comprender con exactitud lo que Sam había hecho. Finalmente, el Departamento de Justicia de Estados Unidos la buscaría y ella accedería a servir como testigo en el caso que tenían contra Sam, pero antes de eso pretendía hacerle unas cuantas preguntas. Hacer que se explicara. Ver si podía sorprenderlo en algo. Sacarle una confesión. Como mínimo, podría encontrar los fallos y las contradicciones en su historia.

La historia que Sam le contó a Constance va de la siguiente manera: había habido dos formas diferentes en que el dinero que debería haber estado en suspensión en FTX había terminado en las manitas calientes de Alameda. La primera era a través de las transacciones normales de Alameda. Como cualquier otro agente, a Alameda se le había permitido pedir prestado al exchange de FTX mediante una garantía. Alameda había utilizado como garantía, entre otras cosas, FTT (el token que, de hecho, era capital de FTX). El precio de FTT se había desplomado junto con FTX. Ahora la garantía no valía nada, y algunos de los préstamos permanecían sin pagar. De acuerdo con la historia de Sam, había un motivo por el cual Alameda había sido exentada de las reglas que regían a todos los demás agentes en FTX, por las cuales liquidaban sus transacciones cuando las pérdidas excedían el valor de sus garantías. En 2019, cuando se creó FTX, Alameda era con mucho su agente más grande. En un inicio Alameda estaba al otro lado de la mayoría de las transacciones que se hacían en FTX. Ayudaba al funcionamiento del mercado en el exchange si Alameda de cuando en cuando sufría pérdidas, por ejemplo, si necesitaban intervenir y adquirir posiciones perdedoras de otros agentes después de que FTX los hubiera liquidado.

En el recuento de Sam, FTX había desactivado los límites de riesgo de Alameda para verse más atractivo. En cualquier caso, las pérdidas provocadas por esta inquietante política eran triviales. Los préstamos ordinarios para transacciones que había hecho FTX a Alameda constituían una pequeña fracción de las pérdidas para los clientes; por cuenta propia no habrían constituido problema alguno. La cantidad de dinero de los clientes que estaba en Alameda cuando en realidad debería haber estado en FTX —8 800 millones, para ser exactos— se encontraba en una cuenta que Alameda había etiquetado como fiat@.

La cuenta fiat@ se había abierto en 2019 para recibir los dólares y otras monedas fiduciarias que enviaban clientes nuevos de FTX. Alameda Research había creado la cuenta solo después de que FTX no había podido conseguir sus propias cuentas bancarias. En 2019 ningún banco de verdad en Estados Unidos había estado dispuesto a ofrecer sus servicios a un nuevo exchange de criptomonedas internacional. Las entidades cripto a las que sí prestaban sus servicios, como Alameda Research, por lo regular disfrazaban su asociación con las criptomonedas. CoinBase, el exchange estadounidense más grande, milagrosamente había persuadido al Silicon Valley Bank para que le otorgara una cuenta, y de esa manera un mecanismo para recibir y enviar dólares estadounidenses a sus clientes de criptomonedas. Por tanto, una cuenta bancaria estadounidense le había dado una enorme ventaja a CoinBase, pero la forma en la que habían conseguido la cuenta era una historia para otro día; la historia para este día es cómo FTX fracasó en la búsqueda de su propio banco estadounidense para enviar y recibir dólares. Desde su fundación en la primavera de 2019 hasta julio de 2021, cuando por fin persuadió a un banco en San Diego llamado Silvergate Capital[13] de que le abriera una cuenta a su nombre, FTX no contaba con una manera directa de aceptar depósitos en dólares.

En el recuento de Sam, los dólares enviados por los clientes que habían acumulado en Alameda Research no se habían movido. Hasta julio de 2021 no había otro lugar para ponerlos, ya que FTX no tenía cuentas bancarias en dólares estadounidenses. Habían sido enlistados en un tablero de depósitos de clientes de FTX, pero habían permanecido en las cuentas bancarias de Alameda. Sam también afirmaba que, hasta al menos junio de 2022, este hecho, que ahora otros encontraban escandaloso, no había llamado su atención. Él no dirigía Alameda Research, era Caroline. Hacia finales de 2021, cuando el flujo de dólares nuevos hacia la cuenta fiat@ se redujo a cero (ya que ahora los clientes podían depositar sus dólares directamente en FTX a través de un banco estadounidense), Alameda Research contaba con un activo neto de 100 000 millones de dólares. Claro que ese número era muy poco confiable, ya que solo era el valor de mercado de un montón de criptomonedas para las cuales el mercado podía desaparecer si Alameda intentaba venderlas. Pero incluso aunque evaluaras el contenido de Alameda de manera más minuciosa, como Sam medio hacía mentalmente en algunas ocasiones, podías obtener con facilidad 30 000 mi-

13 Las instituciones que ofrecieron sus servicios a las criptomonedas terminaron pagando un alto precio. De las cuatro que colapsaron en la primavera de 2023, durante la retirada de fondos de los bancos regionales estadounidenses, tres eran los primeros bancos de compañías de criptomonedas: Silicon Valley Bank, Silvergate Capital y Signature Bank. La cuarta, First Republic Bank, no era importante dentro del ecosistema financiero de las criptomonedas, pero sí tenía una cuenta con 200 000 dólares bajo el nombre de Sam Bankman-Fried.

llones de dólares. Los 8 800 millones que no deberían haber estado en Alameda Research no eran precisamente un error de redondeo. Pero, tal vez, no era como para preocuparse. Como Sam decía: «Yo no pregunté: "¿Cuántos dólares tenemos?". Teníamos la sensación de que Alameda tenía una infinidad de dólares».

Esa sensación cambiaría a finales de la primavera de 2022. Entre principios de abril y mediados de junio el precio de un bitcoin cayó de poco más de 45 000 a menos de 19 000 dólares. Al entrar ese verano se disparó la importancia relativa para Alameda de los 8 800 millones, pero, según Sam, él no llevaba el riesgo en Alameda Research, era Caroline. Tal vez debido a que en ese momento él y Caroline casi no hablaban, ella no se había molestado en decirle directamente sus preocupaciones sobre los riesgos que había estado enfrentando.

Hasta octubre de 2022, en el recuento de Sam, él solo había tenido dos pinceladas de esa enorme pila inexplicable de dinero de otras personas que se había acumulado en Alameda, y de la que Alameda era cada vez más dependiente. La primera era verdaderamente extraña: a mediados de junio Caroline se había alarmado al descubrir que la cuenta fiat@ había crecido de 8 800 millones a 16 000 millones. Ella compartió sus preocupaciones no con Sam, sino con Nishad, quien, a su vez, informó a Sam y a Gary, con lo que Gary descubrió que solo era un error en el *software*. El número real en la cuenta fiat@ no había cambiado: seguía siendo 8 800 millones.

Tres meses después, en septiembre, Caroline llevó a un lado a Nishad y le dijo que le preocupaba cada vez más la exposición al mercado de Alameda. Nishad llevó a Sam al balcón del penthouse de Orchid y le entregó el mensaje, pero sin mencionar explícitamente la cuenta fiat@. En ese punto, de acuerdo con el recuento de Sam, él pensó que Alameda podía estar en problemas. Decidió investigar en sus cuentas por sí mismo para entender el problema. En octubre ya tenía un panorama más claro. Fue entonces cuando pudo ver que Alameda había estado operando como si los 8 800 millones de los fondos de los clientes le pertenecieran. Y para entonces era demasiado tarde para hacer algo al respecto.

Constance lo escuchó. Puso atención a su historia, pero se negó a creerla. Sospechaba que había omitido un hecho grande e importante, digamos, una pérdida repentina en una transacción en Alameda Research que hubiera provocado que tomara el dinero de los clientes para pasarlo a Alameda. «Es una locura. Intentó hacerme creer que era un error de contabilidad». No sabía cómo o por qué había decidido de manera consciente tomar el dinero de los clientes para usarlo como propio, pero estaba segura de que así había sido. «Siempre me siento decepcionada de que Sam no haya dicho de manera explícita que él movió esos fondos». Decidió descubrir por cuenta propia lo que había pasado, de la misma forma en que había conseguido los documentos internos de la compañía. Le hacía preguntas a Sam cuando se encontraba con la guardia baja; veía por encima del hombro de Dan Chapsky mientras este revisaba el código de computadora de FTX en busca de evidencia de que Sam no le estaba contando toda la historia. Después de un mes, no había encontrado nada.

Solo en una ocasión sintió que había logrado engañarlo para que confesara. Había estado hablando con él sobre cómo presentar su historia al público. «Le dije a Sam: "Tienes que explicar por qué moviste los fondos". Y nunca lo negó».

Pero en realidad nunca dijo que había movido los fondos. Su historia, por increíble que pareciera, seguía siendo irritantemente difícil de refutar. La experiencia de trabajo de Constance en FTX no sirvió. Por ejemplo, no le habría sorprendido en ese momento enterarse de que, para mantener a los mercados en el exchange, habían necesitado exentar a los agentes de Alameda de las reglas de riesgo de FTX. Había visto lo fundamental que había sido para el exitoso lanzamiento de FTX la disposición de Alameda de hacer transacciones de cualquier tipo con cualquiera en cualquier momento. Ni siquiera le pareció sospechoso que un exchange tuviera su propio equipo de agentes. «La mayoría de los exchanges lo hacía.[14] Todos los chinos. Solo es cuestión de qué tan grande es el equipo de agentes y lo que están haciendo». Ni siquiera pudo refutar la historia loca de Sam sobre la cuenta fiat@. Hasta finales de 2021, cuando hubo sacado sus propios dólares de su cuenta bancaria personal hacia FTX, había necesitado mandarlo, no directamente, sino a través de varias cuentas de Alameda Research. Algunos de los dólares en fiat@ habían sido de ella.

Durante una buena parte del mes observé a Constance regresar de sus encuentros con Sam. «Trato de provocarlo y cada vez dice un poco más, un poco más». Sin embargo, nada de lo que él dijera le daba la sensación de que hubiera explicado la situación. Una noche a principios de diciembre estaba con Quinn en la cocina y meditó sobre lo que, en dado caso, había descubierto sobre Sam Bankman-Fried a lo largo de ese mes. Decidió que solo había habido una revelación importante. Lo confrontó una y otra vez con el sufrimiento que le había infligido a la gente que le había sido más leal. Una lista muy pequeña de personajes, con CZ en la cima y unos cuantos antiguos ejecutivos occidentales de FTX, había abandonado la compañía en mejores condiciones que cuando habían llegado. La mayor parte de los empleados había perdido los ahorros de su vida. Algunos habían perdido a sus parejas, hogares, amigos y su buen nombre. Había empleados taiwaneses que seguían en Hong Kong y que no podían pagarse el boleto para volar de regreso a casa. «Le pregunté: "Cuando haces esto, ¿te detienes a pensar cuánto afectará a la gente? ¿Eso forma parte de tus cálculos iniciales de valor esperado?».

No obstante, incluso en ese momento, se dio cuenta de que no estaba logrando comunicarse efectivamente con él: en su recuento, él

14 La demanda legal en contra de Binance por parte de la SEC alegó, entre otras cosas, que el exchange de criptomonedas más grande del mundo utilizó un equipo propio de agentes para manipular su volumen y retiró miles de millones de dólares del dinero de los clientes y los envió a una empresa de comercio, propiedad de CZ, llamada Merit Peak Limited.

no se había percatado de a cuánto riesgo había sometido a los demás sin su permiso. Aun así, Constance sentía que no había registrado en realidad el daño que les había provocado a los demás de la misma forma en que, digamos, ella lo habría hecho. «No tiene nada de empatía. Eso es lo que descubrí que no sabía. No puede *sentir* nada».

A la mañana siguiente de que dijo esto yo regresé a la cocina de Conch Shack y me encontré con una nota: «¿Por qué Sam no puede amar? Quinn».

Yo tenía una pregunta diferente. Me había preocupado desde el momento del colapso: ¿a dónde se había ido el dinero? No era claro lo que le había pasado. Y sería difícil entender por qué los altruistas eficaces habían hecho lo que fuera que hubieran hecho con el dinero de sus clientes, sin saber cuánto del mismo habían perdido y cómo. En los días posteriores al colapso creé lo que podría haber sido el estado financiero más crudo del mundo. Traté a FTX y Alameda Research como una sola entidad: el Mundo de Sam. En una columna enlisté todo el dinero que había entrado al Mundo de Sam desde el inicio, en abril de 2019; en una segunda columna enlisté todo el dinero que había salido del Mundo de Sam. Ambas ignoraban el año y medio de existencia de Alameda antes de la creación de FTX, ya que las cifras involucradas eran relativamente pequeñas. Evidentemente todas las cifras eran muy aproximadas. Algunas provenían de Sam, pero todas fueron confirmadas por antiguos miembros que no tenían motivos para mentirme. En cualquier caso, cuando terminé mi estado de entradas y salidas de dinero extremadamente ingenuo se veía así:

Entradas de dinero:
Depósitos netos de clientes: 15 000 millones
Inversiones de capitalistas de riesgo: 2 300 millones
Ganancias de transacciones de Alameda: 2 500 millones

Ingresos del exchange de FTX: 2 000 millones
Préstamos pendientes netos de prestamistas de criptomonedas (principalmente Genesis y BlockFi): 1 500 millones
Venta original de FTT: 35 millones
Total: 23 335 000 000

SALIDAS DE DINERO:
Regresado a los clientes durante la huida de noviembre: 5 000 millones
Cantidad pagada a CZ: 1 400 millones (solo el dinero en efectivo del pago. No estoy tomando en cuenta los quinientos millones en FTT que también pagó Sam, ya que esos los emitió gratis. Tampoco tomo en cuenta los ochenta millones en tokens BNB que CZ utilizó para pagar su participación inicial, con un valor de cuatrocientos millones al momento en que Sam los regresó como parte de la compra de la participación de CZ)
Inversiones privadas de Sam: 4 400 millones (el portafolios completo era de 4 700 millones, pero cuando menos una inversión, valorada en trescientos millones, Sam la había pagado con acciones de FTX. Probablemente hizo lo mismo con otras, por lo que esta cifra tal vez sea más grande en realidad)
Préstamos a Sam: mil millones (utilizado en política y en donaciones altruistas eficaces. Después de que sus abogados le explicaron que sacar préstamos era más inteligente que pagarse a sí mismo dividendos en acciones, ya que debía pagar impuestos sobre los dividendos)
Préstamos a Nishad por lo mismo: 543 millones
Acuerdos de patrocinio: quinientos millones (igualmente, tal vez esto es algo generoso, ya que en algunos casos Tom Brady fue uno de esos, FTX pagó los patrocinios con acciones y no dólares)

Compra y quema de FTT, el token de su exchange: seiscientos millones
Gastos corporativos (salarios, comida, bienes raíces en las Bahamas): mil millones
Total: 14 443 000 000

Evidentemente esta no era la manera en que Ernst & Young lo habrían presentado, aunque estas listas que había hecho para mí no se veían muy distintas de los diferentes intentos de Sam y Caroline por resumir sus asuntos. En los tres años y medio previos habían entrado al Mundo de Sam casi 9 000 millones más de lo que había salido. Cuando FTX dejó de regresarles los fondos a sus clientes, el martes 8 de noviembre, todavía tenía 3 000 millones disponibles. Eso bajaba el faltante a 6 000 millones (los aproximadamente 450 millones robados en el hackeo tres días después son irrelevantes para este cálculo).

Había unas cuantas explicaciones posibles para el dinero perdido. Sin embargo, mientras más las pensabas, sonaban menos convincentes. Por ejemplo, los agentes de Alameda podrían haber perdido apostando los 6 000 millones, pero si lo hubieran hecho, ¿por qué todos hasta el final creían ser tan rentables? Había platicado con varios de ellos. Muchos eran antiguos empleados de Jane Street. No eran tontos; todos se habían mostrado alegres, optimistas e incluso un poco jactanciosos por cuánto dinero más generaba Alameda por agente que Jane Street. Tal vez Alameda había perdido mucho dinero en transacciones, pero no era fácil entender cómo habían ocurrido esas pérdidas. La historia menos precisa que se difundió en ese momento fue que la caída en los precios de las criptomonedas de alguna forma se llevó todo el dinero del Mundo de Sam. Y era cierto que las enormes participaciones de Sam en Solana y FTT (y otros tokens de un valor más dudoso) se habían caído. Habían pasado de valer en teoría 100 000 millones a finales de 2021 a valer casi nada en noviembre de 2022. Pero Sam había pagado prácticamente nada por dichos tokens; siempre habían sido considerados más como dinero encontrado que como una inversión en la que hubieran desembolsado dólares verdaderos. Él había emitido FTT gratis. No había pagado más de cien millones por el botín entero de tokens de Solana. Su fortuna a base de engaños se había evaporado, pero eso no explicaba el motivo por el cual había desaparecido todo ese efectivo.

Lo encontré a solas la tarde del 14 de noviembre en el penthouse de Orchid, hogar del *polycule*[15] como ahora se le llamaba a su club de AE en el *New York Post*. El mundo exterior en ese momento albergaba las fantasías más escabrosas sobre el círculo interno de Sam. Inevitablemente se había esparcido el rumor de que los AE se oponían por principio a la monogamia. Después de eso se esparció otro rumor de que pasaban la mitad del tiempo en el penthouse de Orchid descubriendo nuevas formas de tener relaciones sexuales entre sí. En realidad lo que habían hecho entre ellos era jugar juegos de mesa. En medio de los acalorados partidos de ajedrez en equipos habían explorado todas las combinaciones y posiciones posibles; fuera de eso, no mucho más. Pero la confusión era comprensible. Se habían concedido solos licencias para cazar sin siquiera querer aprender a manejar un arma. ¿Quién hace eso?

En las semanas posteriores al colapso el penthouse de Orchid nunca dejó de parecer la escena de una huida repentina. Cada habitación permanecía como había quedado en el momento de la partida de su ocupante. En ellas se preservaban no solo las posesiones, sino también el estado mental. La habitación de Caroline seguía siendo el

15 Término utilizado en las relaciones poliamorosas para visualizar las conexiones amorosas complejas involucradas en una relación de este tipo. Es una combinación de *polyamory* y *molecule* (*n. de la t.*).

desastre vertiginoso que dejó cuando se fue de vacaciones con un nuevo novio: toda la ropa que había decidido no llevar seguía en la cama. La recámara de Nishad estaba perfectamente limpia. Había necesitado que lo convencieran para dejar las Bahamas y se había tomado su tiempo para dejar su espacio como si fuera una habitación de hotel a la espera de nuevos huéspedes.

La recámara de Gary, a la que Sam se había mudado, contaba su propia, y más complicada, historia. En una esquina permanecían tres bolsas llenas de cosas: en medio de todo, Gary había decidido empacar y luego había dejado sus bolsas. No obstante, no había empacado todo: la ropa sucia seguía regada por toda la habitación. Sobre su escritorio había un paquete a medio comer de fideos fritos con aceite. Su cepillo de dientes seguía sobre el lavabo. Parecería que se había alistado para marcharse, luego se había arrepentido, se había quedado unos días más viviendo como si planeara quedarse, y luego había vuelto a cambiar de opinión, momento en el que limpió lo más rápido que pudo.

—Es lo que hace la gente cuando tiene miedo —comentó Sam mientras yo recogía las cosas abandonadas—. Te dice algo sobre cómo y por qué se fue la gente. O sea, ¿y si se hubieran quedado una hora más y hubieran empacado? Él se quedó durante *días*. ¿Por qué no quedarse durante días y una hora más? No es como si hubiera dicho: «Me quedan ciento seis horas aquí» y luego hubiera llegado a la ciento seis y tuviera que correr. —Hizo una pausa y luego añadió—: Supongo que los abogados le dijeron que enfrentaría cargos criminales si se quedaba.

La lista de preguntas con las que yo llegaba siempre que me encontraba con Sam se sentía como esos vasos engañosos que se rellenan solos después de que tomas un trago. Sus respuestas siempre conducían a más preguntas. «¿Qué pasó con esos 6 000 millones de dólares?» debería haber encabezado mi lista actual. Sin embargo, los documentos de Constance habían levantado un montón de preguntas más, obviamente menos importantes, y tenía que sacarme del pecho una de ellas.

—¿Le pagaste a Kevin O'Leary por un almuerzo virtual? ¿En serio? —pregunté.

—No fue tanto —contestó Sam mientras se estiraba sobre la cama de Gary, la que, ahora que ya no podía pagar el servicio de limpieza de Albany, permanecía destendida. El resort hablaba de quitar también el agua y la luz—. Eran como dos millones al año.

—Cinco millones anuales durante tres años —repliqué. Por algunos tuits y autógrafos; por parte de una persona de *Shark Tank*. Y ni siquiera la más importante. Tal vez ni siquiera la segunda más importante.

—En fin —dijo Sam—. Hay un cierto tipo de productos que son como el shampoo. La forma en que funciona el shampoo es la siguiente: si quieres shampoo, vas y compras shampoo. No necesitas un tuit sobre el shampoo. Los productos financieros son diferentes. ¿Por qué haces transacciones en Robinhood? Porque tus amigos hacen transacciones en Robinhood. Es una decisión consciente.

Había entrado en el modo que tal vez le salía más natural. Yo lo veía como el modo de Sam de *explicar pacientemente algo a un idiota*. Habría sido un excelente maestro de Física de preparatoria.

—Accediste a pagarle 15 millones de dólares a Kevin O'Leary —dije.

—¿Cómo logras que alguien entre en FTX? —continuó sin hacerme caso—. La inversión es una red social. No tiene sentido, pero así es. Y Kevin O'Leary es un *influencer*. Y cuando ves quién tiene influencia en esta red social, descubres que no hay muchos.

Y con eso comenzó a enlistar a los que podían contarse como *influencers* en el mundo de las finanzas. Kevin O'Leary ni siquiera había estado al inicio de la lista. Sam había intentado contratar a Jim Cramer de *Mad Money*, pero había fracasado.

—¡Es Kevin O'Leary! —casi grité.

—¿Quién le hace caso? —preguntó Sam. De hecho, había meditado el caso de Kevin O'Leary de la misma forma en que lo había hecho sobre todos los demás patrocinios—. La respuesta no es nadie. Lo siguen un millón de personas, y lo hacen por sus consejos financieros. Es impresionante, pero es verdad. Ayuda cualquier cosa que puedas hacer para que crezca esta red exponencial. No puedo aseverar que Kevin O'Leary sea el que importa, pero yo no sé quién importa. ¿Cuánta gente que se supone que da consejos financieros tiene un millón de seguidores en Twitter? No son muchos, son treinta. Veinte nos dirán que no por diversos motivos. Él dijo que sí. Ese es el motivo principal.

—¿Cuál es el segundo? —pregunté.

—El segundo motivo es que fue él quien se nos acercó.

Finalmente llegamos a la pregunta cuya respuesta podría arrojar pistas en otros acertijos: ¿a dónde había ido el dinero? No sería la última vez que lo preguntara. Al igual que Constance, lo provoqué en varias ocasiones y siempre me fui con la sensación de que había aprendido menos de lo que necesitaba saber. Pero esa tarde Sam me entregó una pieza de este acertijo en particular: FTX había perdido mucho dinero por los hackers. Para evitar animar a que otros hackers hicieran lo mismo, no habían dicho nada sobre las pérdidas. Los más grandes hackeos ocurrieron entre marzo y abril de 2021. Un agente había abierto una cuenta de FTX y arrinconó el mercado en dos tokens poco comercializados, BitMax y MobileCoin. Sus compras elevaron increíblemente los precios de ambos tokens: el precio de MobileCoin pasó de 2.5 a 54 dólares en unas cuantas semanas. El agente, quien al parecer operaba desde Turquía, hizo lo que hizo no por amor a MobileCoin. Había encontrado una falla en el *software* de manejo de riesgos de FTX. El exchange permitía que los agentes pidieran prestados bitcoins y otras criptomonedas de venta fácil contra el valor de sus tenencias de MobileCoin y BitMax. El agente había inflado el valor de ambas para poder pedir prestadas criptomonedas realmente valiosas en FTX. Una vez que las tuvo, desapareció, y dejó a FTX con un montón de tokens en caída y una pérdida de seiscientos millones en cripto.

Sam dijo que el tamaño de esos hackeos fue una excepción. Todas las pérdidas debidas al robo combinado sumaban poco más de mil millones. En todos los casos Gary había arreglado el problema en silencio, siguieron adelante y permitieron que los ladrones se quedaran con lo que se habían llevado. «Personas que conocen las reglas del juego», así era como Sam los describía (de verdad que era alguien fácil de robar).

Los hackeos dejaban en 5 000 millones la cantidad de dólares faltantes. Sam no ayudó a reducir más la cifra. O bien no sabía a dónde había ido a parar el dinero, o bien no quería decirlo. Descartó la explicación más obvia: Alameda había sufrido grandes pérdidas en la gran caída de las criptomonedas de 2022. El colapso de FTX se parecía un poco al caso de los ripple perdidos, pero en una escala mucho mayor. En esta ocasión la pregunta de en dónde estaba el dinero tardaría más tiempo en recibir una respuesta, y la persona más calificada para descubrirla se fue pronto.

Era la tarde del lunes 12 de diciembre y Constance y Quinn acababan de terminar de ver un video gracioso de YouTube sobre tofu apestoso. Estaban haciendo el pequeño recorrido nocturno a Orchid para ayudar con la cena cuando vieron, justo adelante, a los hombres uniformados. Parecía un episodio de *CSI*; los alcanzaron en la banqueta afuera del edificio de Sam para preguntarles por qué estaban ahí. Los hombres no les contestaron; en cambio les dijeron:

—Son bienvenidas a subir y descubrirlo ustedes mismas.

Eso es algo que los uniformados por lo regular no te invitan a hacer, así que subieron.

Momentos antes una pequeña multitud —funcionarios de Albany, personas con aspecto de *CSI*, un policía bahamense muy grande— habían salido del elevador hacia el penthouse. Había un largo pasillo del elevador hacia la sala. Caminando por él, el policía grande preguntó:

—¿Se encuentra aquí el señor Sam Bankman-Fried? —leyó el nombre de un papel que traía en la mano, al parecer una orden judicial. Cuando George se levantó de su silla en la sala el policía se acercó a él y le preguntó—: ¿Es usted Sam Bankman-Fried?

Al principio nadie podía encontrar a Sam. Resultó ser que se encontraba en el baño de Gary escribiendo en el teléfono. Menos de una hora antes sus abogados le habían llamado para decirle que el Gobierno estadounidense le daba una hora para decidir entre regresar a Estados Unidos o ser arrestado en las Bahamas. Se había apresurado para mandar su testimonio escrito al Comité de la Cámara de Servicios Financieros, que estaba a punto de realizar una investigación de la caída de FTX. Sam había tenido la esperanza de lograr un trato que le permitiera acudir en persona sin ser detenido por las autoridades estadounidenses, pero era evidente que eso no iba a ocurrir. Antes de que presionara «enviar» se había puesto a discutir con su madre sobre lo que planeaba decir. El comienzo de su testimonio incluía la oración: «La cagué».

—No le puedes decir «la cagué» a un comité del Congreso —lo regañó Barbara. Ese punto ahora parecía irrelevante,[16] pues el policía bahamense lo esposó antes de que pudiera terminar lo que había estado haciendo. Barbara dejó de discutir con Sam sobre lo que le podía decir al Congreso y comenzó a discutir lo que debería vestir para ir a la cárcel. Quería que se pusiera pantalones largos; Sam insistió en dejarse los shorts cargo.

Mientras la policía explicaba los cargos y llevaba a cabo el arresto, Constance y Quinn entraron e intentaron ayudar. Sam había agregado su propia capa de ropa sucia al desastre que Gary había dejado; se pusieron a buscar algo de ropa que tal vez Sam quisiera llevarse a la cárcel. «Necesita calcetines», pensó Quinn mientras el policía lo saca-

---

16 No lo era. El documento cayó en las manos de los reporteros, quienes lo reenviaron al comité. Los miembros del comité lo vieron y estuvieron de acuerdo con su madre.

ba de la habitación. «Porque le gusta mucho cambiarse de calcetines. Todavía no pueden llevárselo porque todavía no termino de recoger sus calcetines». George ya estaba también en la habitación buscando cosas que pudiera necesitar Sam. Se encontró una caja de recuerdos. Esto lo sorprendió. No había pensado que Sam tuviera ese tipo de sentimientos. La abrió. Tenía muy pocas cosas. Unas cuantas medallas de las competencias de matemáticas de la preparatoria. Una copia de la revista *Forbes* con su rostro en la portada. Y una caja de tarjetas de presentación, de su tiempo en Jane Street Capital.

Fue Manfred lo que llamó la atención de Constance. Manfred era el peluche de Sam. Lo había tenido desde que nació y había rechazado otros peluches, por lo que Manfred estaba a punto de cumplir 31 años. La primera vez que lo vio fue en Hong Kong, Sam lo había llevado consigo desde Berkeley. Incluso en ese momento Manfred estaba tan viejo y desgastado que era difícil determinar de qué especie era. Podría haber sido un perro o un oso. Manfred había viajado de Hong Kong a las Bahamas y, pensó Constance, pronto también iría a prisión. A Sam le encantaba tenerlo cerca. Constance y Quinn habían repasado una y otra vez el significado del amigo de la infancia de Sam. A este no le importaban los animales de verdad. Había sido el resultado de un cálculo de valor esperado en lugar de algo emocional lo que había hecho que se volviera vegano. Quinn creía que Sam mantenía cerca a Manfred porque «no tenía que compartirlo con nadie». Constance veía a Manfred desde otra perspectiva: «Creo que es muy muy importante para él tener un apego emocional».

11

El suero de la verdad

Cuando el abogado de Sullivan & Cromwell le envió el mensaje pidiéndole que esperara porque pronto le llegaría algo grande, John Ray no tenía idea de qué podría ser. Lo único que sabía era que, lo que fuera, sería un cadáver. No sabía nada de las criptomonedas ni de la cultura alrededor de ellas, ni siquiera hubiera querido explicar qué era un bitcoin. Desde luego, no sabía nada sobre FTX y, cuando el abogado de Sullivan & Cromwell dijo «SBF» no supo de quién o qué estaba hablando. «Creí que significaba *Small Box Ford*», comentó Ray. Después de una llamada la noche del martes 8 de noviembre, el abogado de Sullivan & Cromwell lo había dejado esperando. Finalmente, ya casi en la tarde del miércoles, Ray recibió un mensaje: «Es una locura. Más tarde intentaré hablarte». Luego silencio absoluto hasta las 12:33 a. m. del viernes 11 de noviembre. A esa hora inverosímil el sujeto de Sullivan & Cromwell le mandó un mensaje a John Ray: «Siguen sopesando si eres el mejor candidato para el trabajo». Dos horas después le mandó otro mensaje: «SBF se ha ocultado». Una parte de John Ray pensó que se estaba volviendo demasiado viejo para esta clase de juegos.

Sin embargo, este juego seguía necesitando a John Ray. El maravilloso y salvaje mundo de la bancarrota corporativa estadounidense estaba cada vez más dominado por los grandes bufetes de abogados, pero aún había unos cuantos actores solitarios, como Ray, que hacían el papel de buscadores de petróleo. Los bufetes llamaban a los buscadores para que cubrieran el puesto de director ejecutivo de una compañía en quiebra y el buscador designado contrataba a estos bufetes. Por la parte legal, a las 4:30 a. m. del viernes 11 de noviembre de 2022 Sam Bankman-Fried había firmado vía DocuSign la bancarrota de FTX y había nombrado a John Ray como el nuevo director ejecutivo. Por la parte práctica, Sullivan & Cromwell arreglaron que John Ray reemplazara a Sam como el director ejecutivo de FTX, y luego este contrataría a Sullivan & Cromwell como el bufete de abogados de la gigantesca bancarrota.[17]

Sullivan & Cromwell estuvo presente en la escena solo porque el bufete había trabajado mucho para Sam cuando todos lo querían. De hecho, habían sido los abogados de FTX cuando el exchange se había presentado ante los reguladores estadounidenses para responder preguntas como: «¿Hay algún conflicto de interés entre FTX y Alameda Research?». Sam nunca había oído hablar de John Ray, y no había querido firmar los papeles de bancarrota. Más bien había habido un periodo de cerca de dos horas en la mañana del 11 de noviembre en el que había estado dispuesto a firmarlos. Hasta ese momento había escuchado a los abogados de Sullivan & Cromwell y a su padre, con una combinación de desinterés y escepticismo educado que reservaba para los adultos que le decían que hiciera lo que debían hacer habitualmente los adultos. Todos decían que si no firmaba los papeles lo declararían en bancarrota varios países bárbaros: él y FTX estarían en mejores manos en Estados Unidos que en cualquier otra jurisdicción. Sam no estaba seguro de que fuera a ser así.

17 Tan solo en los primeros siete meses los honorarios profesionales llegarían a los doscientos millones de dólares, con Sullivan & Cromwell como el bufete que más ganó, y solo era el principio. Un estudio realizado por un acreedor proyectó que para cuando hubieron terminado, los diferentes asesores de la bancarrota deben haber sacado mil millones de dólares.

Mientras Sam lo pensaba, John Ray lo investigaba a él y a la compañía que había creado. «Es algo como, ¿qué es esto? Ahora es un fracaso, pero alguna vez fue una especie de negocio. ¿Qué hacían? ¿Cuál es la situación? ¿Por qué cayó en bancarrota tan rápido?». Consideró brevemente la posibilidad de que el fracaso fuera inocente: «Tal vez los hackearon. Luego comienzas a ver al niño», (el niño era Sam). «Vi su fotografía y pensé: "Hay algo raro en él"». Ray se enorgullecía de sus juicios rápidos. Podía ver a una persona y en diez minutos saber quién era sin tener que reconsiderar nunca su opinión. Tenía la tendencia a colocar al hombre que evaluaba en tres categorías: «bueno», «ingenuo» y «retorcido». Era evidente que Sam no era bueno y ciertamente no parecía ingenuo.

A Sam le habían hecho creer que cualquiera que lo sucediera como director ejecutivo, lo utilizaría al menos como recurso para ayudar a encontrar el dinero faltante. Eso no iba a suceder nunca. En los primeros días de su carrera en la bancarrota, allá por la década de 1990, John Ray había aprendido una lección a la mala. Uno de los retorcidos al que había reemplazado entabló conversación con él y luego mintió sobre lo que se había dicho. En los primeros días después de que le entregó la compañía a Ray, Sam lo buscó una y otra vez por medio de correos electrónicos lastimeros. «Ey, John, me encantaría hablar contigo». Ray les echaba un vistazo y pensaba: «De ninguna manera».

Su negativa a interactuar en cualquier forma con Sam evidentemente dificultó que descubriera qué era lo que había hecho o por qué. «Es como sacar una caja con piezas de rompecabezas y ver que faltan algunas pero no puedes hablar con el que hizo el rompecabezas», manifestó Ray. Había hablado solo lo suficiente con los otros miembros del círculo interno de Sam para verlos como eran realmente. Nishad Singh le dio la impresión de ser alguien ingenuo. «Es cuadrado. Todo es tecnología con él. No hay problema que no pueda resolver. Él no roba dinero, no va a hacer nada incorrecto. Pero no tiene idea de lo que pasa a su alrededor. Si le pides un café, irá a cosechar los granos». El equipo de bancarrota había localizado a Caroline Ellison por teléfono el sábado siguiente después de que Ray se convirtiera en el nuevo director ejecutivo de FTX. Ella cuando menos pudo explicarle dónde se guardaban algunas de las carteras que clasificaban las criptomonedas. No fue de mucha utilidad más allá de eso. «Es fría como el hielo. Había que sacarle las palabras con tirabuzón. Un bicho raro hecho y derecho», opinó Ray.

Mientras Caroline hablaba, Ray intentó descifrar quién era. Afirmaba estar en Boston. Ray sabía que eso no era cierto. Fingió hacerle plática inocentemente: «¿Fue un vuelo largo desde Hong Kong? ¿Cómo está el clima donde estás?». El FBI la estaba buscando y él pretendía ayudarlos a encontrarla.[18] Él tenía un trabajo claro y definido: encontrar tanto dinero como pudiera y regresarlo a los acreedores. Casi inmediatamente de que se convirtió en el nuevo director ejecutivo de FTX aceptó un segundo trabajo bastante menos claro: ayudar a los fiscales estadounidenses a armar el caso en contra de Sam Bankman-Fried. «Hay gente que nace criminal, luego está la gente que se vuelve criminal. Creo que él se convirtió. Cómo y por qué lo hizo, no lo sé. Creo que tal vez sería necesario analizarlo a él y a sus padres».

Luego todo fue caos. Sam firmó los papeles y ocho minutos después anunció que había cambiado de opinión, solo para que la gente de Sullivan & Cromwell le informara que ya no había actualización después de que te declarabas en bancarrota. Eso limpió el camino para que se le informara a Ray sobre FTX. Ahora descubrió que FTX poseía treinta tipos diferentes de exchanges en criptomonedas, no solo en las Bahamas y Estados Unidos, sino también en Turquía, Japón y, vaya, donde se te ocurriera. En cualquier lugar en el que la gente hiciera

18 La encontraron al hacer una redada en la casa que sus padres usaban para vacacionar en New Hampshire. Se había mudado de Nassau a Nashua.

transacciones con criptomonedas en grandes cantidades, FTX había constituido un exchange y buscaba licencia por parte del Gobierno. Cada exchange tenía dinero y clientes que, en teoría, podían entrar y retirar sus depósitos. Hasta donde Ray podía ver, que no era mucho, el dinero no se movía. «No había un solo papel con información de una cuenta bancaria». Registros internos de bancos pequeños y exchanges lejanos, FTX o Alameda o alguna de las más de cien entidades corporativas que controlaban contenían muchos dólares y otras monedas fiduciarias. También había, en algún servidor de Amazon, códigos de acceso que te permitían entrar a carteras virtuales con criptomonedas. «Las carteras estaban en la nube. Si pierdes los códigos de acceso, pierdes el dinero».

En parte era difícil localizar el dinero porque no había una persona en FTX (cuando menos no una persona con la que Ray estuviera dispuesto a hablar) que debiera saber dónde estaba. «No había estructura. Ninguna lista de empleados.[19] Ningún organigrama». Después de seis días en su nuevo trabajo Ray presentó un informe ante la Corte de Quiebras del distrito de Delaware. «Nunca antes en mi carrera había visto un fracaso tan completo de los controles corporativos y semejante falta de información financiera confiable como aquí», escribió.

En lugar de interrogar a la gente que había provocado el desastre, Ray contrató equipos de detectives tenaces, con varios de los cuales había trabajado con anterioridad. «Adultos serios», así los llamaba. La compañía Nardello estaba compuesta por un montón de agentes del FBI (lema corporativo: *Averiguamos*). Chainalysis, la nueva empresa de rastreo de criptomonedas, era nueva para él. Ray le dijo a su gente: «Hagan entrevistas por Zoom con absolutamente todos los empleados de FTX. Y si no se ponen en contacto con ustedes para concertar

19 Sí había una, pero era tan escurridiza como el organigrama de George. Natalie me la había dado con el susurro que acompaña la transferencia de un documento clasificado.

una reunión, serán despedidos». Cerca de ochenta empleados fueron despedidos de esa forma. Prácticamente todos los demás fueron despedidos después de la reunión por Zoom. Te disparaban aunque salieras del bosque con las manos en alto. Un empleado de FTX comentó: «Actuaba como si todos los que no estaban en Estados Unidos fueran parte de un crimen, pero no sabía cuál era el crimen». En una llamada grupal por Zoom para hablar sobre el misterioso hackeo de aproximadamente 450 millones que había ocurrido el día del colapso, el mismo Sam se hizo presente: «¡Ey, aquí Sam!», dijo Ray imitando el tono alegre de Sam, que ya de por sí era fingido. «Estamos tratando de descubrir qué carajos está pasando y quién nos hackeó. Pero él no sabe nada sobre el hackeo. Se limita a repetir: "Tienes que preguntarle a Gary". Se aparece después y dice: "Necesito mis contraseñas para entrar en el sistema" y yo me quedo pensando: "Claro que no"», dijo Ray.

En unas cuantas semanas Ray despidió prácticamente a todo el mundo con el conocimiento suficiente sobre lo que había pasado en FTX y Alameda Research. Solo se le ocurría una excepción:

—Creo que le siguen pagando al psiquiatra —dijo Ray.

Eso fue a principios de 2023. Para finales de abril John Ray se mantenía atento. «Esto es en vivo. A todas horas pasa algo». Un día, un exchange a azar lo buscó:

—Por cierto, tenemos 170 millones en una cuenta de ustedes, ¿quieren que se los regresemos?

Otro día, un empleado de FTX los llamó de la nada para decir que había pedido prestados dos millones de dólares de la compañía y que quería pagar el préstamo, del cual, hasta donde podía ver Ray, no había ningún registro. Claro, una vez que escuchas sobre un préstamo, tienes que preguntarte cuántos otros como ese hay y no lo sabes. La búsqueda de dinero en el Mundo de Sam le recordaba a Ray la búsqueda de los huevos de Pascua que había organizado para sus nietos: «Al término hacen un conteo. Faltan cinco. Salen y los buscan.

Regresan con seis». El huevo extra era una reliquia que no se había descubierto el año anterior. Su nieto adolescente le había dicho: «¡Esto es como tu nuevo trabajo!». ¡Y era cierto! John Ray se encontraba en una extraña búsqueda de huevos de Pascua sin una cantidad previa de huevos. No tenía idea de cuántos huevos estaba buscando, nunca sabría cuándo detener su búsqueda.

Después de varios meses de búsqueda los detectives de Ray habían descubierto que «alguien había robado del exchange 450 millones». Habían encontrado no el simple hackeo de noviembre de 2022, sino los complicados de BitMax y MobileCoin de seiscientos millones de la primavera de 2021 (el valor del dólar cambiaba provocando fluctuaciones en el precio de las criptomonedas robadas). Habían rastreado al hacker, pero no en Turquía, sino en las Islas Mauricio. «Tenemos una foto de él entrando y saliendo de su casa». Ray estaba seguro de que iba a recuperar la mayor parte de ese dinero. «Creemos que hay muchos más como esos». Yo supuse que con el tiempo Ray encontraría los más o menos mil millones perdidos en los hackeos, y de los cuales Sam le habría podido informar, si Ray hubiera estado dispuesto a hablar con Sam.[20]

Era cierto, como Sam decía, que la gente nunca veía lo que no estaba buscando. También era cierto que tienen talento para ver lo que se espera que vean. John Ray esperaba ver evidencia de un crimen. Siempre llevaba a nuestras reuniones piezas nuevas y en apariencia condenatorias. Por ejemplo, en una ocasión encontró los formularios estadounidenses de impuestos de Alameda Research de

20 Antiguos empleados de FTX se mostraban más escépticos sobre los detectives de Ray. El Mundo de Sam controlaba una gran cantidad de carteras virtuales, y tenías que saber lo que estabas buscando. «No tienen idea de lo que hay en esas carteras», dijo un antiguo empleado. «No lo sabrán, incluso después de cinco años». Puso por ejemplo una colección de 101 tokens no fungibles (NFT) del Bored Ape Yatch Club, que Sam había comprado en una subasta por 24.4 millones en septiembre de 2021. No estaban en la lista de Ray de activos recuperados. El antiguo personal de Hong Kong creía que había un montón de cosas así.

2021. Alameda había reportado una pérdida de más de 3 000 millones de dólares. Si era lo que parecía ser, ayudaría a explicar el agujero en mi balance privado; pero en realidad era parte de un rompecabezas más grande y complicado. Ese año Alameda Research había vendido a bajo precio FTT al mismo tiempo que una entidad que controlaba la misma Alameda había comprado la misma cantidad de FTT. Su precio había subido, y mucho. Alameda Research sufrió una pérdida multimillonaria; la segunda entidad había recibido justamente la misma ganancia multimillonaria. Las reglas contables para Alameda Research le permitían reportar pérdidas de mercado no realizadas como pérdidas fiscales; las reglas contables para la otra entidad no requerían que hiciera lo contrario con sus ganancias. Los abogados fiscales de Alameda, un grupo que incluía al padre de Sam, habían argumentado a favor de asumir la pérdida fiscal, ya que podría compensarse con las ganancias actuales. Era, como lo había puesto uno de los abogados, «una pérdida falsa».

En junio de 2022 Nishad Singh me había bombardeado con las diversas y astutas formas en que la gente buscaba sacar dinero de FTX. Varios empleados se habían unido a la compañía, su desempeño había sido deficiente y los habían despedido, luego habían buscado uno de varios bufetes famosos especializados en derribar compañías de criptomonedas.[21] A Nishad lo había enfurecido no solo que las diferentes acusaciones de los exempleados fueran puros inventos, sino que todos los involucrados supieran que FTX preferiría pagar varios millones de dólares que enfrentar el costo de una acusación falsa. «El problema son los empleados estadounidenses. Los empleados chinos no hacen este tipo de cosas», dijo Nishad. Finalmente FTX ideó una estrategia a la que

21 Uno de los abogados responsables de cuando menos una de las redadas resultantes a FTX, Kyle Roche, sería despedido de su bufete después de hacer un video en el que explicaba cómo había derribado compañías de criptomonedas que en realidad no habían hecho nada malo. Afirmó haber estado drogado y que lo habían engañado para decir lo que había dicho. Una historia para otro día.

llamaron Operation Warm Blanket. Dicha operación identificó los bufetes involucrados en las extorsiones y los contrató para que realizaran labores legales y así no demandaran a FTX. En ese momento pareció una jugada inteligente; pero no tanto dos años después, cuando John Ray se puso a revisar los documentos; dijo que Sam había pagado por mantener en silencio las quejas de los demandantes.

A John Ray todo esto le parecía como una búsqueda de huevos de Pascua. A mí me parecía más como un arqueólogo novato que se había encontrado una civilización desconocida. Al no poder entender nada sobre sus costumbres o su lenguaje, se dedicó a excavar. Los artefactos desenterrados durante la excavación se prestaban a una interpretación que habría dejado perplejos a los aborígenes que los habían creado y utilizado. Pero el placer que Ray sentía con lo que fuera que desenterrara era tan contagioso que con frecuencia yo no tenía el corazón para decirle: «No estoy muy seguro de que hayas encontrado lo que crees que encontraste» o «De hecho, yo sé qué es esto, y no es lo que crees». Por ejemplo, en cierto momento su equipo descubrió que una subsidiaria de Alameda Research en Hong Kong, llamada Cottonwood Grove, había comprado grandes cantidades de FTT. Para el arqueólogo ingenuo era prueba de que el Mundo de Sam había elevado artificialmente el valor de FTT. Ray no sabía que FTX había sido obligado a gastar aproximadamente una tercera parte de sus ingresos en la recompra y quema de su token, y que Cottonwood Grove era la entidad que lo había hecho.

Desde mi lugar a un costado de la excavación ocasionalmente le gritaba mis suposiciones sobre el más reciente descubrimiento al sujeto a cargo, pero este solo me miraba con compasión. Era evidente que yo era un tipo ingenuo. Ray me preguntó durante una de nuestras reuniones:

—¿Alguna vez escuchaste sobre el tal Zane Hacket? —Le habían dado mal el nombre, pero había descubierto que Zane había extraído miles de dólares en criptomonedas del exchange en las semanas previas al colapso. ¡Y era verdad! En las semanas previas Zane había comprado algunas cosas, pero también había depositado millón y medio de dólares en criptomonedas en el exchange el domingo del colapso. Tenía los recibos que lo amparaban: cuando desapareció FTX, mucha de la riqueza de Zane desapareció con él. El problema de Zane no era que fuera retorcido, sino que era demasiado confiado. Lo mismo era cierto para casi todos los empleados de FTX, muchos de los cuales habían perdido todo. Su civilización perdida había sido construida en la confianza, no en el cinismo.

Fue algo difícil de ver para el arqueólogo sin un conocimiento previo de algo así. La primera impresión de Ray sobre Sam y su círculo interno fue el punto de partida de una narrativa que podía imponerse a casi cualquier fragmento restante del Mundo de Sam. Por ejemplo, los cientos de inversiones privadas hechas por Alameda Research. Cuando nos conocimos, a principios de 2023, Ray habló sobre lo sospechosas que eran todas estas. Tenía una teoría sobre por qué Sam había tirado dinero de la forma en que lo había hecho: Sam se había estado comprando amigos. «Por primera vez en su vida todo el mundo ignora que es un maldito bicho raro». Citó como ejemplo los dólares que Sam había invertido en compañías de inteligencia artificial: «Dio cinco millones de dólares a una cosa llamada Anthropic. Solo es un montón de gente con una idea. Nada», dijo Ray. Unas cuantas semanas después Google, Stark Capital y algunas otras compañías invirtieron 450 millones de dólares en Anthropic. Los términos revaluaron la participación que Sam había adquirido de quinientos millones a ochocientos millones de dólares. Yo conocía cuando menos un inversionista que pensó que si esa participación se dividía en partes más pequeñas y se vendía lentamente, con facilidad podría conseguir mil millones de dólares.

Una vez que la gente de Ray terminó de hacer los cálculos, concluyeron que FTX todavía les debía a sus clientes 8 600 millones. Había cuando menos tres formas en que podrían encontrar el dinero para pagarles. La primera era la búsqueda de huevos de Pascua, la búsqueda de fondos de la compañía que pudieran estar guardados en bancos y exchanges. Una segunda forma era vender lo que quedaba en la guarida del dragón, no solo la participación en Anthropic, sino los otros cientos de inversiones privadas y la gran cantidad de criptomonedas menos conocidas. La tercera forma era recuperar el dinero de la gente a la que Sam había pagado para que fuera su amiga; sus inversiones en los fondos de otras personas, sus donaciones políticas, incluso sus donaciones filantrópicas.

Para sacarle el dinero a la gente a la que Sam se lo había dado, John Ray necesitaba demostrar dos cosas. La primera era que FTX no había recibido un valor equivalente por su dinero. No podías recuperar el dinero dado a un plomero a quien se le hubiera pagado la tarifa habitual para desatascar una tubería de FTX. Pero sí podías recuperarlo del investigador a quien FTX había concedido una subvención para inventar tuberías que no se atascaran. Sin embargo, no recibir algo de valor a cambio de dinero no era suficiente para que Ray lo recuperara. También debía demostrar que en el momento en que Sam regaló el dinero, en realidad no era suyo. Y la única forma de que ese dinero no fuera de Sam era que FTX, en el momento en que regaló el dinero, fuera insolvente, o casi. Los diferentes intentos de Ray de recuperar el dinero provocaron una pregunta interesante, que su equipo debía responder de una forma inteligible: ¿en qué momento hubo menos dinero en todo el Mundo de Sam de lo que se suponía que debía haber en FTX? ¿Cuándo se había ido a la quiebra FTX exactamente?

En lugar de responder la pregunta, Ray lanzó una guerra relámpago de demandas en contra de varias personas a las cuales Sam había dado dinero. Eran una lectura divertida. Sí, eran textos legales, pero todos tenían un significado oculto. Además, Ray escribió para llamar la atención de los medios. «Tienes que contar una historia. Nadie quiere leer que X dólares se le enviaron a Y, bla, bla, bla. Necesitas la imaginación de un niño para escribir estas cosas», explicó Ray. En los primeros ocho meses y medio presentó nueve de estas demandas. Iban dirigidas principalmente a gente interna: Sam, sus padres, Caroline, Nishad y así; o gente a la que Sam le había desviado grandes cantidades para que invirtieran a su nombre.[22] Su objetivo más revelador, cuando menos para mí, era el abogado de FTX, Dan Friedberg.

En el Mundo de Sam, Dan Friedberg, quien ya pasaba los 50 años, había sido el único adulto importante. A petición del padre de Sam había dejado un trabajo en el que ganaba varios millones de dólares al año en el bufete de abogados Fenwick & West, para ir con Sam a todos lados. Era el abogado general de FTX. También era la niñera de un bebé que aterrorizaba a sus padres y que era quien tomaba las decisiones. Había seguido a Sam a Hong Kong y luego a las Bahamas, en

22 En una demanda presentada contra Michael Kives para que regresara los setecientos millones que Sam había invertido en su grupo de fondos K5, Ray comenzó su argumento con una cena que Kives organizó el 11 de febrero de 2022 y a la que asistió Sam. «Fiel a la reputación de Kives como un "superespecialista en redes"», escribió Ray, «los asistentes a la cena incluyeron a un excandidato presidencial, grandes actores y músicos, estrellas de *reality* y múltiples multimillonarios». Luego citó un memorándum que encontró, escrito por Sam, que describía a Kives como «una ventanilla única para relaciones que debíamos utilizar» y como un proveedor de «conexiones infinitas». Yo fui a esa cena con Sam. Ninguno de los dos, así como ninguno de los colegas de Sam, tenía idea de quién era Kives. La invitación a la cena había llegado más o menos de la nada, junto con una pista sobre la lista de invitados. Sam iba a estar en Los Ángeles de cualquier forma y decidió (como siempre) al último minuto ver si era real. Le preocupaba un poco cómo pronunciar el nombre de su anfitrión (suponía que se decía KY-ves, pero resultó que se pronunciaba KI-vus). A sus empleados les preocupaba que la invitación fuera un ardid para que Sam fuera a una casa en Beverly Hills para que pudieran secuestrarlo. Adam Jacobs lo siguió en un coche con un pequeño equipo y estaba listo para entrar en la casa y salvar a Sam si gritaba pidiendo ayuda. En este sentido, y por supuesto, vestido con shorts cargo, Sam entro en la casa de un completo extraño, solo para que lo condujeran al patio trasero, en donde ya estaban reunidos otros sesenta invitados. Entre estos estaban: Hillary Clinton, Leonardo DiCaprio, Chris Rock, Katy Perry, Kate Hudson, Orlando Bloom, Jeff Bezos, Doug Emhoff, y cuando menos cuatro de las Kardashian. Por un momento pareció una estrategia diseñada por Fox News para dramatizar uno de sus argumentos de la cultura de la guerra, pero entonces vimos al propietario de los Dallas Cowboys, Jerry Jones, un ferviente republicano, y al propietario de Los Angeles Rams, «Silent Stan» Kroenke, quien había donado un millón de dólares para ayudar a pagar la inauguración de Trump. Sam sacó su teléfono y le mandó un mensaje a Jacobs: «Creo que es real».

donde pasó mucho tiempo viéndose fuera de lugar vestido con bermudas. Friedberg era con quien Sam generalmente iba para quejarse de las cosas sin sentido por las que los adultos le decían que debía preocuparse. Incluso en los buenos tiempos, era obvio que Friedberg había tenido poca influencia en él, o en las operaciones, aunque claro, su nombre aparecía en muchos documentos oficiales. Había ayudado a crear las cuentas bancarias que recibían los depósitos de los clientes de FTX. Había ayudado a llevar a cabo la Operation Warm Blanket. Pero en la semana del colapso de FTX fue el primer empleado en abandonar el barco, y había acudido de inmediato con los reguladores estadounidenses y el FBI. En ese momento no sabía exactamente qué había pasado entre FTX y Alameda, solo que había sido algo malo. Y estaba completamente devastado. De alguna manera se había contagiado del entusiasmo de los altruistas eficaces. «Quería que hubiera un Sam», había dicho.

Yo sospechaba que Friedberg había cometido el delito más grave después del colapso. Luego de que se uniera a FTX, había movido cerca de un millón de dólares en criptomonedas de su cuenta en CoinBase al FTX estadounidense. Había intentado, y fracasado, unirse a una demanda hecha por otros acreedores para evitar que Sullivan & Cromwell controlara la bancarrota y, por tanto, toda la evidencia de lo que había pasado. Nadie le había pedido a Dan Friedberg que se pusiera en contacto con el juez de quiebras; por cuenta propia había presentado una declaración ante la corte de quiebras de Delaware. La energía literaria que puso en su declaración excedía incluso a la de John Ray. Explicaba que, a finales de 2020, Friedberg había contratado a un socio de Sullivan & Cromwell llamado Ryne Miller para que se volviera el abogado general del FTX estadounidense. Escribió que Miller le había dicho en ese momento que esperaba regresar a Sullivan & Cromwell, y por lo tanto necesitaba enviar tanto trabajo legal de FTX como pudiera al bufete. En consecuencia, FTX le había pagado a Sullivan & Cromwell entre diez y veinte millones de dólares en honorarios. Por ejemplo, alegaba Friedberg, Sullivan & Cromwell había facturado a FTX 6.5 millones de dólares por trabajo que debería haber costado una fracción de ese precio.

En cualquier caso, en la semana del colapso, cuando fue evidente que FTX estaba en bancarrota, los abogados discutieron sobre lo que había que hacer. Friedberg había renunciado junto con los demás abogados. Solo Miller se había quedado y había presionado a Sam para que firmara los papeles de bancarrota y para que Sullivan & Cromwell llevaran los procedimientos de esta. También fue Miller, escribió Friedberg, quien presionó para que el FTX estadounidense fuera incluido en la bancarrota, aunque esa compañía era una entidad completamente aparte y parecía ser solvente.[23] Friedberg sostenía que Miller lo había hecho por dos motivos. El primero era para fortalecer el argumento a favor de que se llevara el lucrativo proceso de bancarrota en Estados Unidos, en lugar de, digamos, las Bahamas. El segundo motivo era que el FTX estadounidense controlaba un fondo común de doscientos millones que podría usarse para pagar a Sullivan & Cromwell. Al final de su declaración Friedberg escribió: «No soy el único exempleado de FTX que tiene serias preocupaciones sobre S&C. Empleados activos y exempleados tienen miedo de sacar estos temas porque S&C podría tomar medidas adversas en su contra».

Dentro del sistema de quiebras de Estados Unidos existía un papel frustrante y con frecuencia frustrado, llamado fideicomisario. Empleado por el Departamento de Justicia de ese país, el fideicomisario debía servir como un control sobre los involucrados que se beneficiaban de la bancarrota (y quien controlaba la evidencia de cualquier caso criminal). Pero el único poder que la ley le otorgaba al

23 John Ray me dijo que no era así, pero no me proporcionó evidencia alguna. Un empleado del FTX estadounidense que trabajaba en un equipo pequeño que estudiaba la cuestión a principios de noviembre de 2022 me dijo: «Cuando corrimos los cálculos en el balance de Estados Unidos era una entidad solvente».

fideicomisario era el de quejarse y protestar ante el juez de quiebras, quien generalmente era un antiguo abogado de bancarrotas. El fideicomisario estadounidense designado para el caso de FTX, Andrew Vara, había escrito una carta, con términos bastante fuertes, al juez John T. Dorsey, en la que argumentaba que no se debería permitir que Sullivan & Cromwell llevara la bancarrota, y que debería traerse un examinador independiente para vigilar el caso. Dorsey le negó la solicitud e hizo lo mismo con la solicitud de Dan Friedberg. En la audiencia para determinar si Sullivan & Cromwell podía llevar el caso se permitieron testigos en persona o vía Zoom. Friedberg se conectó por Zoom sin haber sido invitado, y se ofreció a testificar bajo juramento. Dorsey se negó a permitirlo.

Fuera de la sala de audiencias Friedberg tenía una de las mejores vistas de lo que ocurría al interior del Mundo de Sam y quizá la mejor del papel que Sullivan & Cromwell había jugado. Dentro de la sala la experiencia de Dan Friedberg se había considerado irrelevante. Y eso, al parecer, era el fin. Los jueces de quiebras estadounidenses tienen poderes fantásticos para determinar cuáles evidencias admitir en un caso.

Pero luego, a finales de junio, John Ray hizo que Dan Friedberg recobrara relevancia al demandarlo ante la corte de quiebras. Ray tenía su propia respuesta a la disputa entre Ryne Miller y Dan Friedberg. Creía que Miller era un «ingenuo» y que Friedberg era «un criminal nato».

No se había presentado ningún cargo en contra de Dan Friedberg. Estaba cooperando con la investigación del Departamento de Justicia. Ray no tenía el poder para acusar a Friedberg de algún crimen. En su demanda, que buscaba recuperar todo el dinero que FTX le había pagado a Friedberg, Ray enlistó todo lo malo que creía que había hecho. También enlistó todos los importes que quería que regresara Friedberg. La mayoría del dinero se encontraba en un solo rubro. «En julio de 2020 el Grupo FTX dio la orden de que se le entregaran

102 321 128 tokens de Serum a Friedberg, una moneda digital lanzada por Solana Foundation en 2020 [...] Al momento en que el demandante declaró la bancarrota, el valor de Serum estaba estimado en 0.33 dólares por token, por lo tanto, los tokens de Friedberg valían 33 765 972.20 dólares», escribió.

Antes de que yo leyera ese rubro solo había escuchado a Ray referirse a Serum (y a Solana y a FTT) como «dinero de Sam» o «dinero de mierda». Su punto de vista sobre las criptomonedas era un poco parecido a la clasificación que hacía de la gente. Había «el dinero bueno» y «el dinero de mierda» (no había dinero ingenuo). Nunca intenté discutir con él, en parte porque creía que tenía algo de razón. Aun así, había diferencias que valía la pena hacer pero él no se molestaba en hacerlas. FTT recibía un verdadero flujo de dinero —los ingresos sólidos de FTX— y por tanto era más como una equidad corporativa. Solana, porque podía procesar más miles de transacciones por segundo que Bitcoin, estaba quizá mejor diseñada que Bitcoin para satisfacer la visión original de Satoshi, y convertirse en un medio de intercambio. En cualquier caso, debido a que un número suficiente de gente había llegado a creer esa historia, existía un mercado real para los tokens de Solana, y el montón que Sam había acumulado todavía tenía valor.

En comparación, Serum era una propuesta dudosa. Era más como la moneda del juego de mesa privado que Sam nunca había dejado de jugar en la cabeza.

Serum era la apuesta de Sam de que los blockchains reemplazaran, digamos, a la Bolsa de Nueva York o, lo que es más, a FTX. Los blockchains no eran más que registros mantenidos en conjunto sobre quién poseía qué y cuándo lo habían comprado. Podían rastrear cualquier transacción. Era posible, cuando menos en teoría, que pudieran rastrear todas las transacciones financieras. Los tokens de Serum que le habían pagado a Friedberg le otorgaban al propietario descuentos en las transacciones, derecho a voto, y una parte de la pequeña tarifa que se cobraba por cualquier transacción financiera que ocurriera en el blockchain de Solana. Eso parecía genial. El problema era que había relativamente pocas transacciones financieras en ese blockchain. Sam había planeado todo el asunto junto con los fundadores de Solana, había emitido 10 000 millones de tokens Serum, se había quedado con la mayoría, pero les había entregado algunos a sus empleados como pago.

Los tokens Serum con los que Sam les pagó a sus empleados, como Friedberg, parecían tener un valor de 0.33 dólares al momento de la bancarrota. Su valor verdadero no era claro. Estos tokens habían sido «bloqueados» por Sam; a los empleados se les prohibió venderlos hasta que los liberaran. La persona que los liberó fue Sam. En un inicio se había diseñado que fueran liberados durante el transcurso de siete años, comenzando al final del primer año. Los empleados podían vender una séptima parte de sus tokens al final de ese primer año, otra séptima parte al final de cada año siguiente y así hasta que los hubieran vendido todos.

El precio de Serum se había ido al cielo poco después de su creación. Era evidente que Sam no había previsto esto. Ahora tenía muchos empleados que se sentían ridículamente ricos (cuando menos en teoría, el valor de lo que Dan Friedberg poseía, en septiembre de 2021, estaba por arriba de los mil millones de dólares). Desde el punto de vista de Sam, todos de inmediato se sintieron mucho menos motivados para trabajar 14 horas diarias. Y entonces hizo algo muy típico de él: cambió los términos de los Serum en posesión de sus empleados. En la letra pequeña del contrato se había reservado el derecho de ampliar el tiempo de bloqueo de Serum, y lo utilizó para mantenerlos así durante siete años. Sus empleados siempre habían sabido que él prefería los juegos en los que las reglas podían cambiarse a la mitad. Ahora entendían que si las había cambiado una vez, bien podría hacerlo otra vez, por lo que se sintieron menos entusiasmados por los Serum. «No era nada claro si los tenías o no», comentó Ramnik, quien había observado irritado cómo Sam bloqueaba un montón de tokens que Ramnik había comprado con su propio dinero en el mercado abierto antes de entrar a FTX. «Supongo que te enterarás dentro de siete años», terminó.

Incluso el mercado para los tokens ordinarios de Serum no era bueno. No había oportunidad de que Dan Friedberg hubiera podido vender 102 millones de tokens Serum al precio de mercado indicado. Un token del que en realidad no serías dueño durante siete años y tal vez ni siquiera entonces, ¿quién tendría el coraje para adivinar lo que eso valía? ¿Tal vez nada? Esa era la conclusión a la que había llegado la revista *Forbes* cuando evaluó el monto en posesión de Sam, incluso mientras el precio iba al alza. Trataron los tokens bloqueados como si no existieran.

Y aun así, ahora, de alguna forma, en los registros de Ray los tokens bloqueados eran dinero bueno. Criptomoneda de primera clase, de la mejor cosecha, imbuida de todos los caballeros del buen gusto. ¿Y quién sabe? Tal vez algún día así será. Pero si Serum era un token para tomarse en serio, Sam Bankman-Fried y el mundo que creó debía verse bajo una luz diferente. En el precio máximo de Serum, el valor de mercado de la reserva de Sam era de 67 000 millones de dólares. El 7 de noviembre de 2022 la cantidad de Sam de tokens de Serum, la mayoría bloqueados, todavía «valía» miles de millones de dólares. Si incluso los Serum bloqueados tenían esa clase de valor, FTX era solvente justo hasta el momento de su colapso. Y John Ray no habría tenido fundamentos para recuperar el dinero de ninguna de las afortunadas personas a quienes Sam Bankman-Fried se los había entregado.

Seis meses después de iniciada la búsqueda de huevos de Pascua se podía argumentar de manera sólida que FTX era solvente hasta el momento en que había colapsado, aunque el Serum de Sam no valiera nada. La búsqueda había salido mejor de lo que nadie sin un conocimiento muy profundo de los motivos y métodos de Sam podría haber esperado. A finales de junio de 2023 John Ray presentó un informe sobre sus varias colecciones. «A la fecha, los deudores han recuperado aproximadamente 7 000 millones de dólares en activos líquidos y anticipan recuperaciones adicionales», escribió. Siete punto tres mil millones de dólares, para ser exactos. Ese botín no incluía Serum, ni cualquier recuperación importante, ni el dinero robado por el tipo en las Islas Mauricio, ni la participación en Anthropic, ni la mayoría de las demás inversiones privadas. Un inversionista que buscaba ofertar por la cartera restante me dijo que, si se vendía inteligentemente, debería irse por cuando menos 2 000 millones de dólares. Eso elevaría la cantidad reunida a 9 300 millones de dólares, incluso antes de que alguien le preguntara a CZ por los 2 275 millones de dólares que había sacado de FTX. Ray iba avanzando poco a poco hacia la respuesta a la pregunta que yo había estado haciendo desde el día del colapso: ¿a dónde se había ido todo el dinero? La respuesta era: a ningún lado. Seguía ahí.

Caroline había sido la primera en declararse culpable y en aceptar cualquier trato que los fiscales hubieran ofrecido implícitamente. Gary y Nishad pronto la siguieron. Todo tipo de gente que no tenía idea de lo que había ocurrido exactamente dentro del Mundo de Sam ahora creía que sabía todo lo que necesitaba saber. Un número sorprendente creía que el crimen debería haber sido algo obvio desde un inicio. No lo había sido. Administradores de fondos de cobertura que habían apostado en contra de las acciones de bancos estadounidenses que brindaban servicios bancarios para criptomonedas rutinariamente regaron rumores desagradables sobre los clientes de criptomonedas de los bancos, como FTX, en un intento por dañarlos. Si cualquiera de ellos hubiera sabido la verdad sobre FTX, lo más seguro es que la hubieran contado. No lo hicieron. Incluso aquellos que habían expresado sospechas sobre Sam o FTX no habían dicho lo único que podrías decir si supieras el secreto que ocultaban: «Los depósitos de los clientes que se supone que deben estar en FTX en realidad están en Alameda Research».

Las autoridades en las Bahamas encarcelaron a Sam y después de muchas de las típicas complicaciones provocadas por Sam lo extraditaron a Estados Unidos. En una acusación presentada por la oficina del fiscal del Distrito Sur de Nueva York, el Departamento de Justicia acusó a Sam de varios delitos y luego le permitió pagar una fianza de 250 millones de dólares. Sam no pagó ese dinero: sus padres pusieron su casa como garantía y asumieron el riesgo de una posible huida, en cuyo caso, en teoría, le deberían al Gobierno 250 millones de dólares. No tenían ese dinero. A los fiscales eso no les importó, al parecer, su preocupación principal era que la prensa informara que Sam Bankman-Fried todavía poseía cuando menos esa cantidad de dinero. Una vez que eso ocurrió, mucha gente que debería haber sido más sensata, pero que había caído en el hábito de hablar sin pensar, se fue a Twitter a decir que la facilidad con la que Sam había logrado dar 250 millones de dólares los había convencido de su culpabilidad. Muchos ni siquiera esperaron tanto. «Tu hijo es un judío avaricioso, egoísta, sucio y podrido, el típico criminal de nariz aguileña», fue el correo que alguien que se hacía llamar J. Revick le mandó a Joe Bankman el día en que FTX se declaró en bancarrota. Todos los amigos de la familia recibían muchos mensajes similares. Joe le contestó: «¿Revick no es acaso un apellido judío?».

Se reunían multitudes y el sentimiento se recrudecía más rápido que nunca. De lejos, se podía llegar fácil y rápidamente a una conclusión sobre lo que había pasado al interior del Mundo de Sam, incluso antes de que este se presentara en la corte. De lejos, se volvió prácticamente un tabú expresar cualquier duda sobre la naturaleza del delito de Sam.[24] De cerca, era difícil no tener dudas. Mientras más cercana

24 Y prácticamente nadie lo hizo, salvo una maravillosa excepción: Kevin O'Leary. Digan lo que digan sobre su capacidad de influencia, tiene agallas.

a él y a su negocio fuera la persona, más preguntas tenía al respecto. Por ejemplo, Zane Tackett no podía entender por qué, hacia finales de 2021, Sam simplemente no había reemplazado los depósitos de los clientes en Alameda Research por préstamos de bancos de criptomonedas. En ese momento Alameda podría haber pedido prestados entre 25 y 30 000 millones sin muchos problemas. ¿Por qué no tomar ese dinero y regresar a FTX los 8 800 millones de dólares de los clientes para que si Alameda fracasaba se llevara las criptomonedas de los bancos en lugar de las de FTX? Ramnik tenía una pregunta diferente. Él y Sam habían invertido miles de millones de dólares del dinero de Alameda, y aun así nunca había visto que Sam pusiera atención a los riesgos que Alameda estaba tomando. Tal parecía que su atención siempre estaba en otro lado. La pregunta que Ramnik quería hacerle a Sam era: «¿Por qué carajos te la pasaste jugando *Storybook Brawl* el año pasado?».

Por supuesto que yo también tenía preguntas. La primera tenía que ver con los incentivos financieros. Ninguno de los personajes en este drama financiero se había comportado como se espera que lo hagan personajes financieros. Gary había sido dueño de una parte de Alameda Research, pero su participación en FTX era mucho más valiosa. Nishad poseía una gran parte de FTX y nada de Alameda Research. Lo mismo con Caroline, quien la dirigía, pero poseía acciones solo en FTX. Ninguno tenía interés en mover dinero de FTX hacia Alameda Research de tal forma que pusiera en peligro a FTX. Justo lo contrario: bien podría haber sido su dinero el que se estaba moviendo. Y aun así, cuando menos hasta finales de la primavera de 2022, cuando los precios de las criptomonedas comenzaron a caer, y probablemente mucho después, ninguno expresó desaprobación alguna por el riesgo que se estaba corriendo con sus fortunas. ¿Por qué no?

Y, por supuesto, estaba la pregunta que sería central en el juicio de Sam, si es que de hecho había un juicio. El 90 % de los acusados por esos delitos por el Gobierno en 2022 había aceptado un trato y se había declarado culpable. Menos del 1 % había sido absuelto. Ir a juicio en contra del Gobierno era un poco como jugar un partido como visitante en contra de un oponente que comenzaba con varias ventajas materiales y psicológicas. Sam estaba empeñado en ir a juicio, insistía en que era inocente del cargo de intención fraudulenta. Sin embargo, para persuadir a los demás de su inocencia necesitaría explicar el motivo por el cual tres de sus colegas más cercanos ahora estaban dispuestos a declararse culpables. ¿Por qué alguien diría que había cometido un delito cuando no era cierto? ¿Por qué ellos parecían *creer* que lo habían cometido?

Sam ahora tenía mucho tiempo para pensar, y dedicó mucho tiempo a pensar en esto. La naturaleza humana siempre le había parecido como un acertijo, pero los acertijos podían resolverse. Se sentó a escribir un memorándum, muy parecido a aquellos que le había escrito como respuesta a Caroline. Estaba a unos cuantos días de que el juez Lewis A. Kaplan, quien llevaba su caso, le impusiera una orden de silencio como respuesta a una solicitud de los fiscales federales. Pero por el momento todavía podía compartir sus pensamientos. «La gente parece tener verdaderos problemas para *pensar* de forma poco convencional, *aunque nunca tengan que compartir sus pensamientos*», escribió. Continuó esta curiosa premisa con la habitual forma de memorándum:

1. Siempre es fácil criticar, aunque estés hablando de algo popular; nada es perfecto y nunca serás castigado por señalar las partes malas de cosas que por lo demás son buenas.
2. Y es fácil alabar algo que la sociedad alaba.
3. Pero parece que lo que realmente le da miedo a la gente —más que la amenaza de la cárcel— es reconocer para sí que *ella* misma es un ejemplo de las personas a las que la sociedad menosprecia.

Y añadió: «A la gente en ocasiones le resulta más fácil ser el villano públicamente, que tener pensamientos privados que otros *juzgarían* con dureza si se conocieran… en otras palabras: en ocasiones el coraje de pensamiento es más difícil que el coraje de acción». Cuando la presión social llegaba a cierto punto, a la gente le resultaba más sencillo ceder que mantener sus verdaderas identidades.

Al escribir esas palabras se encontraba sentado a solas en un cuarto de la casa de su infancia. Había completado un círculo. Se encontraba de regreso donde había comenzado, solo que ahora traía una tobillera electrónica y lo vigilaba un pastor alemán. Incapaz de pagar un guardia, sus padres habían comprado un enorme perro llamado Sandor. Lo habían traído de Alemania, en donde había sido entrenado para matar si se le ordenaba. Sin embargo, las órdenes debían ser dadas en alemán, y aunque sus padres las habían aprendido, Sam no lo había hecho.

El perro estaba ahí para proteger a Sam, y aun así no podía sentir el más mínimo interés por él. Joe había comprado y leído un libro llamado *Inside of a Dog* (Dentro de un perro); Sam seguía pensando que los libros eran una tontería y que sería mejor reducirlos a posts de blog, y de cualquier forma no le importaba lo que había dentro de Sandor. Y entonces, cuando Sam se encontraba en un cuarto con el perro, siempre parecía como si estuviera a punto de pasar un accidente. Algún terrible malentendido muy parecido a los malentendidos que Sam tenía con la gente. Evidentemente las probabilidades de un accidente eran difíciles de estimar. Más bajas que el impacto de un asteroide, pero seguramente más grandes que las de que una inteligencia artificial sacara un látigo para borrar a los humanos de la faz de la Tierra. Pero habría sido algo típico de Sam Bankman-Fried que se lo comiera su propio perro guardián.

Conclusión

Al final de la semana del colapso y después de que todo el mundo hubiera huido George Lerner había entrado a la oficina. Caminando por ahí, había llegado a la cabaña 27 y al escritorio de Sam. Ahí fue cuando vio al rey derribado. Alguien había tomado la pieza de un juego de ajedrez de la oficina y lo había colocado de costado sobre el teclado de Sam. George lo tomó, pero dejó todo lo demás sin tocar.

Seis meses después el lugar permanecía casi en el mismo estado. Los liquidadores de las Bahamas lo habían tomado y lo habían utilizado como oficina hasta que se quedaron sin dinero, pero era como si a sus trabajadores les hubieran dado la instrucción de mantener el lugar como lo harían con un cementerio sagrado. La camiseta enmarcada de Steph Curry seguía colgada en la pared. Las chucherías y tazas de café e incluso los lentes de los ocupantes anteriores seguían sobre los escritorios en los que habían estado cuando el volcán hizo erupción. Las repisas seguían llenas de bocadillos chatarra veganos, y en los refrigeradores seguía habiendo cerveza FTX. «Elaborada por piratas, para piratas», decía en los costados de las latas.

Para muchos de los antiguos habitantes todo estaba comenzando a sentirse como un sueño. Su experiencia había sido tan diferente de las que habían tenido con anterioridad que se estaba haciendo difícil de creer que realmente hubiera pasado algo. En conjunto, se estaban despertando sobresaltados y estaban regresando a ser quienes habían sido antes de quedarse dormidos. Podías ver cómo iba ocurriendo en tiempo real. Incluso antes de dejar la mágica isla, Constance Wang había comenzado el proceso de sincronización de su futuro con su vida antes del sueño. «¿Necesito un propósito?», me preguntó. «Sam me hizo sentir que tenía un propósito, ahora no sé si lo necesito. O cuál podría ser».

Yo regresé en busca de algo después de que todos se hubieron ido. Luego de revisar las cabañas estaba listo para coincidir con los demás en que efectivamente no había sido más que un producto de la imaginación. Pero había un último lugar por revisar, una vieja unidad de almacenaje que nadie se había molestado en checar. La instalación se encontraba justo a un costado de la carretera por la que Sam pasaba todos los días entre el resort Albany y las cabañas. A simple vista no era un lugar en el que guardarías algo de valor, tan solo líneas talladas en la jungla por edificios de aspecto cansado con frentes de metal corrugado. Pero fue ahí donde lo encontré. Estaba justo adentro de uno de los diez cobertizos FTX sin marcar. La caja de madera estaba dirigida a Ryan Salame. Debió haber estado muy pesada como para meterla más adentro de la unidad, por lo que solo la botaron en la entrada. El cubo de tungsteno.

AGRADECIMIENTOS

Elizabeth Riley y Jacob Weisberg leyeron y comentaron partes de este libro. Will Bennet y Christina Ferguson investigaron sobre las criptomonedas y otras cuestiones, y me ayudaron a entender mi objetivo mejor de lo que podría haber hecho yo solo. Pamela Bain y Valdez Russell siempre me tuvieron emocionado ante la idea de otro viaje a las Bahamas. Nick Yee me enseñó sobre juegos, y David Chee me instruyó sobre *Storybook Brawl.* De alguna forma, Janet Byrne todavía es considerada mi correctora de texto, pero con cada libro, su influencia se extiende más y más hacia lugares a los que no llegan los correctores comunes. Y les debo más de lo que puedo expresar aquí a mis editores, Tom Penn y, por supuesto, Starling Lawrence.